Les Cent Jours (2/2)

Mémoires pour servir à l'histoire de la vie privée, du
retour et du règne de Napoléon en 1815.

baron Pierre Alexandre Édouard Fleury de
Chaboulon

Alpha Editions

This edition published in 2023

ISBN : 9789357941099

Design and Setting By
Alpha Editions
www.alphaedis.com
Email - info@alphaedis.com

TOME II.

À LONDRES, DE L'IMPRIMERIE DE C. ROWORTH.

1820

L'empereur reçut, à la même époque (1er mai), une nouvelle preuve du peu de confiance que méritent les hommes, et de l'horrible facilité avec laquelle ils sacrifient leurs devoirs et leurs sentimens aux calculs de leur cupidité ou de leur ambition.

De tous les ministres de Napoléon, le duc d'Otrante fut celui qui, lors de son retour, lui prodigua le plus de protestations de dévouement et de fidélité. «Et cette fidélité, s'il eût pu en douter, se serait trouvée garantie par le mandat sous lequel il gémissait (M. Fouché) au moment où le retour de Napoléon vint lui rendre la liberté et peut-être la vie[1]».

Cependant, quel ne fut point l'étonnement de l'Empereur, lorsque le duc de Vicence vint lui apprendre qu'un agent secret de M. de Metternich était arrivé de Vienne à Paris, et paraissait avoir eu un entretien mystérieux avec M. Fouché!

L'Empereur, sur-le-champ, ordonna à M. Réal, préfet de police, de se mettre à la recherche de cet émissaire; il fut arrêté, et déclara: qu'envoyé par une maison de banque de Vienne pour régler des comptes d'intérêts avec plusieurs banquiers de Paris, il avait été mandé par M. de Metternich, et que ce prince l'avait chargé d'une lettre pour le ministre de la police de France; qu'il ignorait le contenu de cette lettre; qu'il savait qu'elle était écrite entre lignes avec de l'encre sympathique, et que le prince lui avait remis une poudre pour faire ressortir les caractères occultes; que M. le baron de Werner, agent diplomatique, devait se trouver à Bâle le 1er mai, pour recevoir la réponse de M. le duc d'Otrante; qu'on lui avait donné un bordereau simulé qui devait servir de point de reconnaissance entre M. Werner et l'agent que pourrait envoyer le ministre français; enfin, qu'il avait remis la lettre et le bordereau au duc d'Otrante, qui lui avait dit de vaquer promptement à ses affaires, et de repartir pour Vienne le plus tôt possible.

L'Empereur manda immédiatement M. Fouché, sous le prétexte de l'entretenir d'affaires d'état.

M. Fouché garda le plus profond silence sur ce qui s'était passé avec l'envoyé de M. de Metternich, et ne laissa pénétrer aucun embarras, aucune inquiétude.

Le premier mouvement de Napoléon fut de faire saisir les papiers de son infidèle ministre; mais il pensa qu'il était trop adroit et trop prudent pour conserver des traces de sa trahison; et il jugea qu'il serait préférable, pour apprendre la vérité, d'envoyer quelqu'un à Bâle qui se présenterait à M. Werner de la part du duc. Napoléon attachait à cette mission la plus haute importance; il daigna jeter les yeux sur moi pour la remplir, et après m'avoir révélé la *perfidie de cet infâme Fouché*, il me dit: «Vous allez vous rendre à l'instant chez le duc de Vicence; il vous remettra des passeports au nom du Roi et du mien; vous saurez à la frontière ceux qui valent le mieux. Voici un ordre, de ma main, à tous les généraux, préfets et lieutenans de police, qui se trouveront sur le Rhin, de vous faciliter les moyens de sortir de France, et d'y rentrer, et de vous accorder, au-dedans et même au-dehors, l'assistance que vous réclamerez. Je leur commande de se conformer strictement à tout ce que vous jugerez convenable de prescrire. Je crois que vous passerez. Je n'ai jamais entendu parler de ce M. Werner; mais M. de Metternich est un homme d'honneur; il ne voudrait pas tremper dans un complot contre ma vie. Je ne crois pas qu'il s'agisse de renouveler les tentatives de Georges, et les embûches du trois nivose. Cependant vous sonderez M. Werner sur ce point; je crois qu'on veut fomenter des troubles et ourdir une conspiration, plutôt contre mon trône que contre mes jours. C'est là le point essentiel à pénétrer. Je ne vous donne point d'autres instructions; vous agirez en maître; je m'en rapporte entièrement à vous. Si la sûreté de l'état était menacée, ou si vous découvriez quelque chose d'important, mandez-le moi par le télégraphe, et envoyez-moi un courrier à toute bride. Si vous ne voyez dans tout cela qu'un commencement d'intrigues, qu'un essai, ne perdez point de tems en pourparlers inutiles, et profitez franchement de la circonstance pour faire connaître à M. de Metternich ma position et mes intentions pacifiques, et tâchez d'établir un rapprochement entre moi et l'Autriche. Je serai bien aise de savoir ce que les alliés pensent d'Eugène, et s'ils seraient disposés à l'appeler à la tête des affaires de la régence, dans le cas où je laisserais ma vie sur le champ de bataille. Allez voir le duc de Vicence; causez avec lui, et dans une demi-heure revenez. Je verrai si je n'ai rien de plus à vous dire.»

Une demi-heure après, je revins; l'Empereur était dans son salon, entouré du maréchal Ney, et de plusieurs personnages importans. Il me dit, en faisant un geste de la main: «Je me repose sur vous; volez».

C'était par de semblables paroles qu'il savait flatter l'amour-propre et exalter le dévouement; je volai à Bâle: s'il m'eût fallu, pour justifier l'attente de Napoléon, traverser le Rhin sous le canon ennemi, je l'aurais fait.

Je commençai par faire usage des pouvoirs illimités que l'Empereur m'avait donnés, en prescrivant de ne laisser sortir provisoirement de France aucune des personnes qui arriveraient de Paris. Je ne voulais point me laisser devancer par l'agent véritable du duc d'Otrante.

Les communications avec Bâle n'étaient point encore interrompues; mais il fallait une permission pour y entrer, une autre pour en sortir; et sur le plus léger soupçon, on vous conduisait au directeur de police, qui, tout en fumant sa pipe, donnait l'ordre, selon son bon plaisir, de vous mettre à la porte de la ville, ou de vous jeter en prison. Je me pourvus d'une commission d'inspecteur-général des vivres, et je me présentai à Bâle, sous le prétexte d'y faire de nombreux achats. On est toujours bien reçu des Suisses avec de l'argent.

Je me rendis sans obstacles à l'auberge des Trois Rois, où devait descendre M. Werner; il était déjà arrivé. Je lui annonçai que j'avais été chargé par quelqu'un de Paris de causer avec lui; il me fit voir son bordereau de ralliement; je lui montrai *de loin* celui dont j'étais porteur, car je savais qu'il ne valait rien. Il avait été écrit de mémoire par notre prisonnier: le véritable était resté entre les mains de M. Fouché.

M. Werner commença par me témoigner, avec tout le luxe de la politesse diplomatique, le plaisir qu'il éprouvait de me voir; qu'il m'attendait depuis le 1er mai (nous étions au 3), et qu'il commençait à craindre que M. Fouché ne se fût point soucié d'entrer en conférence avec le Prince. Ce début me fit conjecturer que rien n'avait été encore proposé ni convenu. Je répondis à M. Werner, que le duc d'Otrante avait effectivement montré un peu d'hésitation, parce que la lettre de M. de Metternich laissait *quelqu'incertitude;* mais que toujours plein d'estime et de déférence pour le Prince, il s'empresserait de lui offrir toutes les preuves de dévouement qui seraient en son pouvoir; qu'il m'avait choisi pour être son interprète, et que je serais charmé de répondre par une confiance sans borne aux *nouvelles* ouvertures que lui, M. Werner, était sans doute chargé de me faire. J'ajoutai, que M. le duc d'Otrante m'avait recommandé de mettre de côté les formes diplomatiques, et de m'expliquer avec *l'abandon* que devait inspirer M. de Metternich; qu'en conséquence, je le priais de m'imiter, et de me dire sans détour *ce qu'il attendait de nous.*

Il me répondit que M. de Metternich avait conservé la plus haute opinion du mérite de M. Fouché; qu'il avait pensé qu'un homme, tel que lui, ne pouvait croire que Napoléon se soutiendrait sur le trône; qu'il était persuadé qu'il n'avait accepté le ministère de la police, que pour épargner aux Français le malheur de la guerre civile et de la guerre étrangère; et que, dans cette persuasion, il espérait que M. Fouché n'hésiterait point à seconder les efforts que les alliés avaient faire, pour se débarrasser de Bonaparte et rétablir en France les Bourbons.

Je répliquai que M. Fouché, dont le patriotisme était connu, n'avait pu envisager sans douleur les malheurs dont la France était menacée; mais que, jusqu'à présent, il n'avait point entrevu la possibilité d'y remédier. «Souvent, dis-je, on voit mieux de loin que de près; quelles sont sur ce point les vues de M. de Metternich et des alliés? *quels moyens pensent-ils qu'on pourrait employer pour, se défaire de Napoléon?*»—«M. de Metternich, dit-il, ne m'a point entièrement communiqué ses vues à cet égard. Je suis même fondé à croire qu'il n'y a rien encore d'arrêté; et c'est pour arriver à un résultat certain, qu'il a désiré se concerter avec M. Fouché qui doit mieux connaître que lui le véritable état des choses. Quant aux moyens de se défaire de Bonaparte, il en existe un dont l'issue ne peut être douteuse: c'est la force; mais les alliés ne voudraient l'employer qu'à la dernière extrémité, et ils auraient désiré *que M. Fouché eût pu trouver le moyen de délivrer la France de Bonaparte*, sans répandre de nouveaux flots de sang.

Cette réponse ambiguë me paraissant inquiétante, je repris: «Je ne connais que deux moyens de renverser du trône Napoléon: le premier, c'est de l'assassiner!» En prononçant ces mots, je détournai obliquement les yeux pour ne point embarrasser M. Werner, et l'observer à mon aise. «L'assassiner! s'écria-t-il avec indignation: jamais un tel moyen ne s'offrit à la pensée de M. de Metternich.»—«Je n'en doute point; aussi j'ai commencé par vous exprimer la haute vénération que M. de Metternich m'inspire: le second moyen, continuai-je, c'est de se réunir secrètement, ou, pour dire le mot, de conspirer contre Napoléon, et je ne vois pas trop jusqu'à présent *sur qui nous pourrions compter*, M. de Metternich et les alliés *ont-ils déjà quelques relations d'établies?*»—«Ils n'en ont aucune, me répondit-il; à peine a-t-on eu le tems à Vienne de s'entendre. C'est à M. Fouché à préparer, à combiner ses plans; c'est à lui que les alliés veulent confier le soin et l'honneur de sauver la France des calamités d'une nouvelle guerre, et de la tyrannie que lui prépare l'Empereur.»

Convaincu, par la tournure qu'avait pris la conversation, qu'il n'existait, entre le duc d'Otrante et M. de Metternich, aucune relation antérieure; convaincu que la vie de l'Empereur et la sûreté de l'état n'étaient point menacées, je changeai de langage et marchai droit au but que je m'étais principalement proposé: celui de chercher à établir sinon un rapprochement, du moins des pourparlers entre la France et l'Autriche.

«Les alliés, repris-je, croient donc qu'il est facile à M. Fouché de soulever la France contre Napoléon! Il fut un tems, il est vrai, où l'on n'aimait point l'Empereur; mais les Bourbons ont si maltraité la nation, qu'ils ont réussi à le faire regretter, et que ses ennemis sont devenus ses partisans.»—«Ce que vous me dites-là, répondit M. Werner avec étonnement, est entièrement contraire aux rapports qui nous sont arrivés de Paris.»—«Je puis vous assurer, poursuivis-je, qu'on vous a trompés; les acclamations et les voeux qui ont accompagné Napoléon depuis le golfe Juan jusqu'à Paris, auraient dû cependant vous instruire qu'il avait pour lui les suffrages unanimes de l'armée et de la nation.»—«Dites de l'armée.»—«Non point; je persiste à dire de la nation et de l'armée. Du moment où Napoléon a reparu sur le sol français, il a été accueilli avec enthousiasme, non-seulement par ses soldats, mais aussi par les citoyens. S'il n'avait eu pour lui que le suffrage de quelques régimens insubordonnés, aurait-il traversé la France sans obstacle? aurait-il recueilli sur son passage le témoignage unanime de dévouement et d'amour que firent éclater à l'envi la population entière du Dauphiné, du Lyonnais et de la Bourgogne?»—«Il est possible que Bonaparte ait été bien accueilli dans quelques lieux; mais quelques acclamations isolées n'expriment point le voeu de toute une nation; et sans l'armée, jamais il ne serait rentré aux Tuileries.»— «Il est certain que si Napoléon avait eu l'armée contre lui, il n'aurait jamais pu, avec 800 hommes, détrôner Louis XVIII; mais il ne faut pas conclure de ce que l'armée s'est déclarée pour lui, que ce soit l'armée seule qui l'ait rétabli sur le trône. Quand il prit Lyon, il n'avait avec lui que 2,000 hommes; il n'en avait que 8,000 lorsqu'il marcha sur Paris; que 800 quand il rentra dans sa capitale. Si la nation n'eût point partagé les sentimens de l'armée, aurait-il pu, avec des forces aussi méprisables, faire la loi à deux millions d'individus disséminés sur la route, et aux cinquante mille soldats, gardes nationaux et volontaires, qu'on avait réunis sous les murs de Paris? Que si la nation se fût opposée aux entreprises et aux voeux de l'armée, et que l'armée eût vaincu la nation, on pourrait prétendre avec raison que le rétablissement de Napoléon est l'ouvrage exclusif des soldats; mais vous savez, comme moi, qu'ils n'ont point exercé une seule violence; qu'ils n'ont pas tiré un seul coup de fusil, et qu'ils ont été fêtés et reçus partout comme des libérateurs et des amis. Je vous le demande, maintenant, que doit-on conclure de cette union, de cette unanimité de sentimens et d'actions?—«On peut en conclure que le peuple, naturellement timide et faible, a craint l'armée et qu'il lui a fait un bon accueil pour ne point s'exposer à ses violences; mais cela ne dit pas qu'au fond du coeur il partageât les sentimens de l'armée pour Napoléon.»—«Dieu seul sait ce qui se passe au fond des coeurs; nous ne pouvons les juger, nous autres hommes, que par des apparences, des paroles et des faits. Or, les paroles, les faits et les apparences se réunissent pour prouver évidemment que la nation approuvait et partageait l'enthousiasme de l'armée. Vous avez tort, d'ailleurs, de penser que le peuple puisse avoir en France des sentimens différens de ceux de l'armée. Quand, sous l'ancienne monarchie, l'armée était composée de débauchés tombés dans la misère, de malfaiteurs poursuivis par la justice, il existait et ne pouvait exister aucune affinité entre l'armée et la nation; mais aujourd'hui que l'armée est nationale, qu'elle se compose des fils, des frères de nos meilleurs citoyens, et que ces fils, ces frères, quoique séparés de leur famille, sont restés unis avec elles de coeur, de pensées et d'intérêts, la nation et l'armée ne font qu'un. Si les alliés, lui dis-je, n'ont fondé leurs espérances que sur un dissentiment d'opinion et de volonté entre la nation et l'armée, ils ont fait un faux calcul: l'approche de leurs troupes, loin de diviser les Français, les réunira plus étroitement encore. On ne se battra point pour Napoléon: on se battra pour l'honneur et l'indépendance nationale.»—«D'après ce que vous me dites, il semblerait que la France est décidée à courir les chances de la guerre, et qu'elle est prête, si Napoléon l'exige, à seconder, comme autrefois, ses projets de conquêtes.»—«Non, Monsieur; la gloire de Napoléon nous a coûté trop cher: nous ne voulons plus de lauriers à ce prix. Napoléon a pour lui les voeux de la nation, moins par amour pour sa personne, que parce qu'il est l'homme de la révolution, et que son gouvernement nous assure les garanties que nous avions vainement demandées aux Bourbons; mais si l'Empereur se laissait entraîner par l'appât des conquêtes, la France l'abandonnerait, et c'est alors que vous pourriez compter que M. Fouché et tous les véritables patriotes se réuniraient pour se défaire à jamais de Napoléon.»—«Vous ne pensez pas, à ce qu'il paraît, que M. Fouché soit disposé, en ce moment, à seconder les vues des souverains alliés et de M. Metternich?»—«Je ne le pense pas. M. Fouché est convaincu que les Bourbons ne peuvent point régner; que la nation a pour eux une antipathie que rien ne pourra détruire.»—Les alliés tiennent moins à rendre la couronne à Louis XVIII, qu'à l'ôter à Napoléon, dont l'existence sur le trône est incompatible avec le repos et la sûreté de l'Europe; je suis même autorisé à penser qu'ils laisseraient les Français se choisir librement le souverain et le gouvernement qu'il leur plairait. Le duc d'Orléans, par exemple, ne conviendrait-il pas à la nation? il a servi jadis dans les armées républicaines; il a été partisan de la révolution; son père a voté la mort de Louis XVI.»—«Le duc d'Orléans offrirait sans doute à la nation la plupart des garanties qu'elle désire; mais son élévation au trône, loin d'anéantir les troubles, les multiplierait: il aurait contre lui les partisans de Louis XVIII, de Napoléon et de la régence; c'est presque dire la nation toute entière.»—«Et bien alors, les alliés pourraient consentir à vous donner le jeune prince Napoléon et la régence, ou peut-être un gouvernement fédératif.»—«Lors de l'invasion de 1814, nous eûmes plusieurs fois l'occasion de débattre avec M. Fouché la question de la régence. Il pensait que la France verrait renaître, avec une régence, les discordes qu'enfantent ordinairement les minorités. Un peuple qui a été en guerre avec lui-même et avec ses voisins, a besoin d'être conduit par un homme qui sache tenir ferme les rênes du gouvernement, et se faire respecter au-dedans et au-dehors.»—«Mais vous ne manquez point d'hommes forts et capables; et l'on pourrait vous composer un conseil de régence qui répondrait à l'attente des alliés et de la France.»—«Je sais bien que nous avons dans l'archichancelier, dans le duc de Vicence et dans plusieurs de nos premiers fonctionnaires, des hommes d'état pleins de talens, de sagesse et de modération; mais la difficulté serait de faire un choix parmi les hommes de guerre. La plupart ont des droits égaux; et leurs prétentions, leurs jalousies et leurs rivalités ne pourraient être que funestes à notre tranquillité.»—«On saurait les contenir, et je n'en vois aucun parmi eux dont l'ambition puisse être redoutable.»—«Leur ambition ne s'est point manifestée, faute d'occasion. Je ne connais qu'un seul homme de guerre qu'on pourrait placer à la tête du gouvernement avec sécurité; c'est Eugène, ce prince qui a dit, en 1814, dans ses proclamations mémorables, «que ceux-là seuls sont immortels, qui savent vivre et mourir fidèles à leurs devoirs, fidèles à la reconnaissance et à l'honneur:» ce prince, dis-je, loin d'aspirer au trône, en serait au contraire la gloire et l'appui: mais les liens de famille et les devoirs qu'ils lui imposent, ne lui permettraient peut-être pas de quitter la Bavière. Peut-être aussi les alliés ne voudraient-ils point que la direction des affaires de France lui fût confiée: ne le pensez-vous pas?»—«J'ignore entièrement quelle pourrait être la détermination du prince et de sa famille.»—«Mais prévoyez-vous du moins quelle serait celle des alliés?»—«Nullement.»— «Voilà bien, lui dis-je en plaisantant, comme sont messieurs les diplomates; pourquoi ne pas être aussi ouvert avec moi que je le suis avec vous? ai-je laissé sans le satisfaire un seul de vos désirs? ai-je évité de répondre à une seule de vos questions?»—«Je ne cherche point, je vous assure, à dissimuler; mais la question que vous m'avez faite n'ayant point été prévue, je ne puis ni ne dois me permettre d'y répondre.»—«Eh bien, ajournons la; quant au gouvernement fédératif, cela ressemble beaucoup à notre république; et nous avons acheté si cher l'honneur d'être républicains, que nous ne nous en soucions plus. Le gouvernement fédératif peut convenir à un état peu populeux, comme la Suisse, ou à une nation vierge, comme l'Amérique; mais il serait une calamité pour notre vieille France: nous sommes trop légers, trop passionnés; il nous faut un gouverneur, un maître qui sache se faire craindre et se faire obéir. Tenez, M. Werner, il faut que je continue à vous parler avec franchise: le seul chef qui nous convienne est Napoléon; non plus Napoléon l'ambitieux et le conquérant, mais Napoléon corrigé par l'adversité. Le désir de régner le rendra docile aux volontés de la France et de l'Europe. Il leur donnera mutuellement les garanties qu'elles pourront exiger; et je crois que M. le duc d'Otrante s'estimerait alors très-heureux de pouvoir concourir avec M. de Metternich à pacifier l'Europe, à rétablir la bonne harmonie entre l'Autriche et la France, et à restreindre la puissance de l'Empereur, de telle manière qu'il n'eut plus la possibilité de troubler une seconde fois la tranquillité universelle. Voilà, je crois, quel doit être le but des alliés; il ne tiendra qu'à eux de l'atteindre: mais s'ils comptent, pour nous subjuguer, sur le secours de nos dissensions intestines, ils se trompent; vous pouvez en donner l'assurance à M. de Metternich. Au surplus, je rendrai compte à M. le duc d'Otrante des ouvertures que vous m'avez faites, et particulièrement de celles relatives à la régence: mais je suppose que nous consentions à accepter l'une ou l'autre de vos propositions, que ferait-on de Napoléon? car votre intention ni la nôtre n'étant point de le tuer, il faudrait qu'il vécût; et où vivrait-il? les alliés doivent avoir pris sur ce point une détermination?»—«Je l'ignore; M. de Metternich ne s'est point expliqué à cet égard; je lui soumettrai cette question. Je lui ferai connaître votre opinion sur la situation de la France et de Napoléon, et sur la possibilité d'un arrangement général; mais je prévois d'avance combien les sentimens actuels de M. Fouché lui causeront d'étonnement; il croyait qu'il détestait Bonaparte.»—«Les circonstances changent les hommes. M. Fouché a pu détester l'Empereur quand il tyrannisait la France, et s'être réconcilié avec lui, depuis qu'il veut la rendre libre et heureuse.»

Nous nous séparâmes, après avoir échangé quelques questions accessoires; et nous convînmes de nous rendre en toute hâte, lui à Vienne, moi à Paris, et de nous retrouver à Bâle sous huit jours.

Aussitôt mon arrivée à Paris, je me présentai devant l'Empereur. Je n'avais employé, pour aller et revenir, que quatre jours; et il crut, en me voyant si promptement, que je n'avais pu passer. Il fut surpris et charmé d'apprendre que j'avais vu et entretenu M. Werner; il m'emmena dans le jardin (c'était à l'Élysée), et nous y causâmes, s'il m'est permis de m'exprimer ainsi, pendant près de deux heures. Notre entretien fut tellement haché, qu'il s'échappa presqu'entièrement de ma mémoire; je ne pus en retenir que quelques fragmens. «J'avais bien prévu, me dit Napoléon, que M. de Metternich n'avait rien projeté contre ma vie; il ne m'aime point, mais c'est un homme d'honneur. Si l'Autriche le voulait, tout s'arrangerait; mais elle a une politique expectante, qui perd tout; elle n'a jamais su prendre un parti à propos. L'Empereur est mal conseillé; il ne connaît point Alexandre, et ne sait pas combien les Russes sont fourbes et ambitieux; si une fois ils devenaient les maîtres, toute l'Allemagne serait bouleversée. Alexandre ferait jouer aux quatre coins[2] le bon homme François et tous les petits rois à qui j'ai donné des couronnes. Les Russes, quand je n'y serai plus, finiront par devenir les maîtres du monde. L'Europe ne saura ce que je vaux, que quand on m'aura perdu. Il n'y avait que moi d'assez fort pour dompter d'une main l'Angleterre, et contenir de l'autre la Russie. Je leur épargnerai la peine de délibérer où ils me mettront; s'ils l'osaient, ils me fourraient dans une cage de fer et me feraient voir à leurs badauds, comme une bête féroce: mais ils ne m'auront pas; ils apprendront que le lion vit encore, et qu'il ne se laisse point enchaîner. Ils ne connaissent point mes forces; *si demain je mettais le bonnet rouge, ils seraient tous perdus.* Avez-vous demandé à M. Werner des nouvelles de l'Impératrice et de mon fils?»—«Oui, Sire; il m'a dit que l'Impératrice se portait bien, et que le jeune prince était charmant.» L'Empereur, avec feu: «Vous êtes-vous plaint qu'on violait à mon égard le droit des gens et les premières lois de la nature? lui avez-vous dit combien il est odieux d'enlever une femme à son mari, un fils à son père: qu'une telle action est indigne des peuples civilisés?»—«Sire, je n'étais que l'ambassadeur de M. Fouché.»

L'Empereur, après quelques momens de silence, continua: «Fouché, pendant votre absence, est venu me raconter l'affaire[3]: il m'a tout expliqué à ma satisfaction. Son intérêt n'est point de me tromper. Il a toujours aimé à intriguer, il faut le laisser faire: allez le voir, dites-lui tout ce qui s'est passé avec M. Werner; montrez-lui de la confiance, et s'il vous questionne sur moi, répétez-lui que je suis tranquille, et que je ne doute point de son dévouement et de sa fidélité.»

Déjà l'Empereur, dans plusieurs circonstances importantes, avait eu à se plaindre de M. Fouché; mais, subjugué par je ne sais quel charme, il lui avait toujours rendu plus de confiance qu'il ne désirait lui en accorder.

Peu d'hommes, il est vrai, possèdent, à un plus haut degré que le duc d'Otrante, le don de plaire et de persuader: aussi profond que spirituel, aussi prévoyant qu'habile, il embrasse à la fois le passé, le présent et l'avenir; il séduit et étonne tour-à-tour par la hardiesse de ses pensées, la finesse de ses aperçus, la solidité de ses jugemens.

Malheureusement, son âme blasée par la révolution, a contracté le goût et l'habitude des émotions fortes: le repos la fatigue; il lui faut de l'agitation, des dangers, des bouleversemens: de là ce besoin de se mouvoir, d'intriguer, j'ai presque dit de conspirer, qui a jeté M. Fouché dans des écarts si déplorables et si fatals à sa réputation.

Conformément aux ordres de Napoléon, je me rendis de suite chez le duc d'Otrante, et lui dis en riant que je venais lui rendre compte de la mission qu'il m'avait confiée. «Belle mission!» me dit-il, voilà comme est l'Empereur; il se méfie toujours de ceux qui le servent le mieux. Les services les plus signalés, le dévouement le plus pur, ne peuvent vous mettre à l'abri de ses soupçons. Croyez-vous, par exemple, être bien sûr de lui? Vous vous tromperiez. Si vous veniez à commettre involontairement la plus légère inconséquence et *qu'il le sût* (il prononça ces mots de manière à me faire entendre que ce serait par lui que l'Empereur pourrait l'apprendre), il n'en faudrait pas davantage pour vous perdre. Mais laissons-là les princes avec leurs défauts, et causons.» Il m'entraîna sur son canapé, et me dit: «Savez-vous que vous m'avez donné de l'inquiétude? si l'on vous avait vendu, on aurait bien pu vous envoyer dans quelques forteresses et vous y garder jusqu'à la paix.»—«Cela est vrai; j'avais effectivement cette chance à courir; mais quand il s'agit d'aussi grands intérêts, on ne doit point songer à soi.»

Je lui rapportai fidèlement les paroles de M. Werner; mais je me gardai bien de lui faire connaître l'époque véritable de notre seconde entrevue: j'aurais craint qu'il ne me fît quelque mauvais tour avec les Suisses, ou qu'il se hâtât de désabuser M. de Metternich.

Lorsque mon récit fut terminé, il reprit: «J'avais d'abord regardé tout cela comme une mystification, mais je vois bien que je m'étais trompé. Votre conférence avec M. Werner peut amener un rapprochement entre nous et l'Autriche; tout ce que vous avez dit doit faire ouvrir les yeux à M. de Metternich. Pour achever de le convaincre, je lui écrirai, et je lui peindrai, avec tant de clarté et de vérité la situation réelle de la France, qu'il sentira que le meilleur parti à prendre est d'abandonner les Bourbons à leur malheureux sort, et de nous laisser nous arranger à notre guise avec Bonaparte. Quand vous serez près de partir, venez me revoir, et je vous remettrai ma lettre.»

Il me dit alors: «Je n'avais point parlé de suite à Napoléon de la lettre de Metternich, parce que son agent ne m'avait point remis la poudre nécessaire pour faire reparaître l'écriture; il a fallu avoir recours à des procédés chimiques qui ont demandé du tems; voilà cette lettre (il m'en fit prendre lecture), vous voyez qu'elle ne dit rien; j'aurais pu d'ailleurs la déchiffrer sur-le-champ, que Napoléon n'en aurait rien su; je l'aurais servi sans le lui dire. Dans les affaires de cette espèce, il faut du secret, et Napoléon est incapable d'en garder; il se serait tant agité, et aurait mis tant d'hommes et de plumes en mouvement, qu'il aurait tout éventé. Il doit connaître mes opinions et mes sentimens; et il n'y a que lui au monde qui ait pu se mettre dans la tête, un seul instant, que je pourrais le trahir pour les Bourbons; je les méprise et je les déteste au moins autant que lui.»

Les menaces indirectes de M. Fouché et l'ensemble de ses discours, me persuadèrent qu'il n'était point de bonne foi. Je fis part de mes préventions à l'Empereur; il ne les approuva point. Il me dit que M. Fouché ne m'avait insinué qu'il pouvait me perdre, que pour se donner un air d'importance; qu'au surplus, je n'avais rien à craindre ni de lui, ni de tout autre. Je ne craignais rien non plus: quand l'Empereur aimait quelqu'un, il le prenait sous sa garde; et il était défendu à qui que ce soit d'y toucher.

Le surlendemain, je me rendis chez le duc d'Otrante pour recevoir les lettres qu'il m'avait promises. Il parut surpris de me voir sitôt; je lui avais fait accroire en effet que je ne devais retourner à Bâle que le 1er juin. Pour colorer ce départ précipité, je lui annonçai que M. Werner, à qui j'avais recommandé de m'écrire en cas d'événemens imprévus, sous le couvert de M**** banquier, venait de m'inviter à me rendre à Bâle sur-le-champ; il me laissa entrevoir qu'il n'était point dupe de ce mensonge, et me remit néanmoins de fort bonne grâce deux lettres pour M. de Metternich. L'une publiée dans les journaux anglais tendait à établir que le trône de Napoléon, soutenu par la confiance et l'amour des Français, n'avait rien à redouter des attaques de la coalition. Dans l'autre il rappelait les propositions de M. Werner; il discutait avec une sagacité admirable les avantages et les inconvéniens qui pourraient en résulter dans l'intérêt de la France et de l'Europe: et il finissait par déclarer, après avoir successivement rejeté la république, la régence et le duc d'Orléans, que Napoléon, qu'il comblait d'éloges démesurés, était évidemment le chef qui convenait le mieux aux Français et aux intérêts bien entendus des monarques alliés. Mais néanmoins, il avait su contourner ses expressions avec tant d'art et de finesse, qu'il était impossible de ne point apercevoir qu'il pensait, au fond du coeur, que le duc d'Orléans était le seul prince capable d'assurer le bonheur de la France et la tranquillité des étrangers.

Je mis cette lettre sous les yeux de l'Empereur, et cherchai vainement à lui en faire démêler la perfidie; il n'y vit que les éloges donnés à son génie; le reste lui échappa.

M. Werner avait été exact au rendez-vous; je m'empressai de me rendre chez lui. «Je craignais, me dit-il obligeamment, qu'on ne vous eût refusé l'entrée de Bâle; j'en ai parlé aux autorités; et si vous le désirez, je vous ferai délivrer la carte nécessaire pour que vous puissiez entrer en Suisse, en sortir et y résider sans obstacles et sans danger.»

Je le remerciai de cette offre, qui me prouva que les Suisses étaient aussi bien disposés pour nos ennemis, qu'ils l'étaient mal pour nous. Nous entrâmes ensuite en matière. «J'ai rapporté à M. de Metternich, me dit-il, la conversation franche et loyale que j'ai eu l'honneur d'avoir avec vous. Il s'est empressé d'en rendre compte aux souverains alliés; et les souverains ont pensé qu'elle ne devait rien changer à la résolution qu'ils ont prise de ne jamais reconnaître Napoléon pour souverain de la France, et de n'entrer personnellement avec lui dans aucune négociation; *mais en même tems, je suis autorisé à vous déclarer formellement qu'ils renoncent à rétablir les Bourbons sur le trône, et qu'ils consentent à vous accorder le jeune prince Napoléon.* Ils savent que la régence était, en 1814, l'objet des voeux de la France, et ils s'estiment heureux de pouvoir les accomplir aujourd'hui.»—«Cela est positif, lui répondis-je; mais que ferons-nous de l'Empereur?»—«Commencez par le déposer: les alliés prendront, ensuite et selon les événemens, la détermination convenable. Ils sont grands, généreux et humains; et vous pourrez compter qu'on aura pour Napoléon les égards dus à son rang, à son alliance et à son malheur.»—«Cette réponse n'explique point si Napoléon sera libre de se choisir une retraite, ou s'il sera prisonnier de la France et des alliés.»—«Je n'en sais pas davantage.»— «Je vois que les alliés voudraient qu'on leur livrât Napoléon pieds et mains liés: jamais les Français ne se rendront coupables d'une semblable lâcheté. Depuis notre entrevue, l'esprit public s'est prononcé pour lui avec une nouvelle force; et je puis vous protester qu'il n'a jamais possédé, à un si haut degré, l'amour des Français. De toutes parts, arrivent à Paris, et les électeurs convoqués pour le Champ de Mai, et les nouveaux représentans de la France[4]. Croyez-vous que ces électeurs et ces députés qui sont l'élite de la nation, auraient embrassé la cause périlleuse de Napoléon, si cette cause n'était pas commune à tous les Français? Croyez-vous, s'ils n'étaient point résolus de la défendre envers et contre tous, qu'ils seraient assez stupides ou assez imprudens pour venir, à la face du monde, jurer fidélité à l'Empereur et proscription et haine aux Bourbons? Les alliés nous ont subjugués en 1814, parce que nous étions alors sans union, sans volonté, sans moyen de résistance. Mais on ne subjugue pas deux années de suite une grande nation; et tout annonce que si la lutte s'engage, elle tournera cette fois à l'avantage des Français.»—«Si vous connaissiez les forces qui vous seront opposées, vous tiendriez d'autres discours; vous aurez douze cents mille hommes à combattre, douze cents mille hommes habitués à vaincre, et qui connaissent déjà le chemin de Paris.»—«Ils le connaissent, parce que la trahison le leur a enseigné.»—«Songez donc que vous n'avez plus d'artillerie, plus d'armée, plus de cavalerie.»—«Les Espagnols ont résisté à toutes les forces de Bonaparte, et ils avaient moins de ressources que nous.»—«Vous n'avez point d'argent.»—«On s'en procurera aux dépens des nobles et des royalistes, ou l'on s'en passera. Les armées de la république étaient payées avec des feuilles de chêne; en ont-elles moins vaincu les armées de la coalition?»—«Vous avez tort, je vous assure, de voir votre position sous d'aussi belles couleurs. Cette nouvelle guerre sera plus cruelle et plus opiniâtre que les autres. Les alliés sont décidés à ne point déposer les armes, tant que Napoléon sera sur le trône.»—«Je ne vois nullement la guerre qui se prépare, avec sécurité. Je ne puis y songer sans effroi: si Napoléon est victorieux, il est possible que les succès nous montent la tête, et nous inspirent de nouveau le désir de retourner à Vienne et à Berlin. S'il n'est point heureux, il est à craindre que nos revers portent la rage et le désespoir dans l'âme du peuple, et que les nobles et les royalistes ne soient massacrés».—«Cette perspective est sans doute fort affligeante; mais je vous l'ai dit et je vous le répète: la détermination des monarques alliés ne changera point; ils ont appris à connaître l'Empereur, et ils ne veulent point lui laisser les moyens de troubler le monde. Les souverains consentiraient à déposer les armes, que leurs peuples s'y opposeraient: ils considèrent Bonaparte comme le fléau du genre humain, et ils donneraient tout jusqu'à la dernière goutte de leur sang, pour lui arracher le sceptre et peut-être la vie».—«Je sais que les Prussiens lui ont juré une haine implacable; mais les Russes et les Autrichiens ne doivent point partager l'exaspération de la Prusse».—L'Empereur Alexandre s'est au contraire prononcé le premier contre Napoléon».—«Soit encore; mais l'Empereur d'Autriche est trop vertueux et trop politique, pour sacrifier une seconde fois son gendre et son allié naturel, à de vaines considérations».—«Ce ne sont point de vaines considérations qui ont guidé l'Empereur; il avait à opter entre ses affections comme père, et ses devoirs comme souverain; il avait à prononcer entre le sort d'une femme et d'un enfant, et le sort de l'Europe: son choix ne pouvait être douteux; et la résolution magnanime prise par l'Empereur, est incontestablement un beau titre à la reconnaissance de ses contemporains et à l'admiration de la postérité».—«Je sens, en effet, combien il a dû lui en coûter pour renverser du trône sa fille et son petit-fils, et les condamner à vivre douloureusement sur la terre, sans père, sans époux, sans patrie. Quoique Français, je rends justice à la force d'âme que l'Empereur a montrée dans cette mémorable circonstance; mais si le parti qu'il prit alors, était convenable, il me semble que celui qu'il paraît vouloir adopter aujourd'hui, serait aussi dangereux qu'impolitique. L'Autriche, dans la position critique où elle se trouve placée par le voisinage, l'ambition et l'alliance de la Prusse et de la Russie, a besoin d'être protégée et soutenue par un allié puissant; et nul prince n'est plus en état que Napoléon de la secourir et de la défendre».—«L'Autriche n'a rien à redouter de ses voisins; il règne entr'eux une harmonie que rien ne pourra troubler: leurs principes et leurs sentimens sont les mêmes. M. de Metternich m'a chargé de vous déclarer positivement qu'il n'agissait que d'un commun accord avec les alliés, et qu'il n'entamerait aucune négociation sans leur assentiment.

Ce mot de négociation me frappa: «Puisqu'il faut ne point songer, M. Werner, répondis-je, à rétablir séparément, entre l'Autriche et la France, l'union et l'amitié que commandent leurs intérêts et leurs liens de famille, ne renonçons pas du moins à l'espoir d'un accommodement général. Jamais peut-être l'humanité ne fut menacée d'une guerre aussi terrible; ce sera un combat à mort, non point d'armée à armée, mais de nation à nation: cette idée fait frémir. Le nom de M. de Metternich est déjà célèbre; mais de quelle gloire ne serait-il point entouré, si M. de Metternich, en devenant le médiateur de l'Europe, parvenait à la pacifier? Et nous-mêmes, M. Werner, croyez-vous que nous n'obtiendrions pas aussi une part dans les bénédictions des peuples? Mettons de côté notre caractère de négociateurs, et examinons la position des puissances belligérantes, non plus comme leurs agens, mais en hommes désintéressés, en amis de l'humanité! Vous avez, dites-vous, douze cent mille combattans; mais nous en avons eu un million en 1794, et nous les aurons encore. L'amour de l'honneur et l'indépendance n'est point éteint en France; il embrasera tous les coeurs, lorsqu'il s'agira de repousser le joug humiliant et injuste que vous voulez nous imposer. Si le tableau que je vous ai fait de l'état de la France et du patriotisme dont elle est animée vous paraît infidèle ou exagéré, venez avec moi; je vous offre un passe-port et toutes les garanties que vous pourrez exiger; nous voyagerons ensemble incognito; nous irons partout où vous voudrez; nous écouterons, nous interrogerons les paysans, les bourgeois, les soldats, les riches et les pauvres; et quand vous aurez vu, tout vu par vous-même, vous pourrez alors garantir à M. de Metternich qu'on l'a trompé, et que les efforts des alliés pour nous faire la loi, n'auront d'autre résultat que d'ensanglanter inutilement la terre.»

L'émotion dont je n'avais pu me défendre, était passée dans l'âme de M. Werner: «Je voudrais, me dit-il avec attendrissement, pouvoir seconder vos voeux et concourir avec vous à arrêter l'effusion du sang humain; mais je n'ose me livrer à cet espoir; cependant je rendrai compte à M. de Metternich de la force avec laquelle vous avez plaidé la cause de l'humanité, et s'il peut accepter le rôle de médiateur; je connais assez l'élévation de son âme, pour vous garantir qu'il ne le refusera pas.»

Jusqu'alors, j'avais évité, pour habituer M. de Metternich à traiter directement avec moi, de mettre en scène M. Fouché. Cependant, comme il m'avait été ordonné de faire usage de ses lettres, je fis naître l'occasion d'en parler à M.

Werner. Je lui en donnai lecture, et j'eus soin de les commenter de manière à détruire l'impression fâcheuse que lui fit éprouver, ainsi que je l'avais prévu, la partialité des éloges prodigués à Napoléon. Quand nous fûmes arrivés au passage où M. Fouché discutait les inconvéniens d'une république, M. Werner m'arrêta, et me dit que je l'avais sans doute mal compris; qu'il ne m'avait parlé de la république que d'une manière indirecte, et qu'il n'était jamais entré dans la pensée des monarques alliés de se prêter à son rétablissement; que leurs efforts tendraient plutôt à étouffer les semences de l'esprit républicain, qu'à favoriser leur dangereux développement. Je lui rappelai la conversation que nous avions eue à ce sujet, et comme il m'importait fort peu d'avoir raison, je passai condamnation.

«Au surplus, me dit-il en prenant les lettres, le langage de M. Fouché surprendra fortement M. de Metternich. Il me répétait encore, la veille de mon départ, que le duc d'Otrante lui avait témoigné, en toutes occasions, une haine invétérée contre Bonaparte; et que même, en 1814, il lui avait reproché de ne l'avoir point fait renfermer dans un château fort, lui prédisant qu'il reviendrait de l'île d'Elbe ravager de nouveau l'Europe. Il faut que M. Fouché, pour croire au salut de l'Empereur, ignore totalement ce qui se passe à Vienne; ce qu'on lui a fait dire par M. de Montron et M. Bresson, le ramènera sans doute à des idées différentes, et lui fera sentir qu'il doit, pour ses intérêts personnels et pour celui de la France, seconder les efforts des alliés.»—«Je connais, lui répondis-je, les liaisons de M. le duc d'Otrante avec ces messieurs; il n'ajoutera que peu de foi aux paroles qu'ils lui rapporteront. Je regrette que vous n'ayez point été chargé de me les confier, lors de notre première entrevue; elles auraient sans doute produit sur lui une toute autre impression; mais ce qui n'est pas fait peut se faire; et, si vous le désirez, je vous servirai très-volontiers d'interprète.»—«M. de Metternich, répliqua M. Werner, ne m'a point appris positivement ce qu'il avait chargé ces messieurs de reporter au duc d'Otrante; mais je présume que ce ne peut être que la répétition de ce qu'il m'avait ordonné de vous dire.»—«En ce cas, repris-je, vous auriez tort de vous flatter du plus léger succès. S'il ne s'agissait que de Napoléon, nous n'hésiterions point à sacrifier la cause d'un seul homme à celle de tout un peuple: Napoléon personnellement n'est rien pour nous; mais son existence sur le trône se trouve tellement liée au bonheur et à l'indépendance de la nation, que nous ne pourrions le trahir sans trahir aussi la patrie; et c'est un crime dont M. Fouché et ses amis ne se rendront jamais coupables. En résumé, M. Werner, j'espère que vous parviendrez à convaincre nos ennemis qu'ils chercheraient en vain à détrôner Napoléon par la force des armes: et que le parti le plus sage est de se borner à lui lier les mains de manière à l'empêcher d'opprimer de nouveau la France et l'Europe. Si M. de Metternich approuve ce parti, il nous trouvera tous disposés à seconder secrètement ou ouvertement ses vues salutaires, et à nous réunir à lui pour mettre Napoléon dans l'impossibilité physique et morale de recommencer sa tyrannie. Alors, je reviendrai à Bâle; j'irai à Vienne, si vous le désirez; je ferai, en un mot, tout ce qu'il faudra faire pour arriver promptement à un résultat certain. Mais si M. de Metternich ne veut point entrer franchement en pourparler, et que son unique intention soit de provoquer des trahisons, ses efforts seront infructueux; et M. Fouché désire que M. de Metternich et les alliés veuillent bien lui épargner la peine de les en convaincre.»

M. Werner m'assura, qu'il reporterait fidèlement à M. de Metternich tout ce qu'il avait entendu; et nous nous séparâmes, après nous être promis de nous retrouver à Bâle le 1er juin.

Je rendis compte à l'Empereur de cette nouvelle conférence. Il parut en concevoir quelques espérances. «Ces messieurs, dit-il, commencent à s'adoucir, puisqu'ils m'offrent la régence; mon attitude leur impose. Qu'ils me laissent encore un mois, et je ne les craindrai plus».

Je n'oubliai point de lui faire remarquer que MM. de Montron et Bresson avaient été chargés de nouvelles communications pour M. Fouché: «Il ne m'en a point ouvert la bouche, me dit Napoléon. Je suis persuadé maintenant qu'il me trahit. J'ai presque la certitude qu'il a des intrigues à Londres et à Gand; je regrette de ne l'avoir pas chassé, avant qu'il ne fût venu me découvrir l'intrigue de Metternich: à présent l'occasion est manquée; il crierait partout que je suis un tyran soupçonneux, et que je le sacrifie sans motifs. Allez le voir; ne lui parlez point de Montron ni de Bresson; laissez-le bavarder à son aise, et rapportez-moi bien tout ce qu'il vous aura dit».

L'Empereur fit part de cette seconde entrevue au duc de Vicence, et le chargea de faire appeler M. de Montron et M. Bresson, et de tâcher de les faire causer. Le duc de Vicence n'en ayant obtenu aucun éclaircissement, l'Empereur, m'a-t-on assuré, voulut les voir lui-même; et après les avoir questionnés, sondés pendant quatre heures, il les renvoya l'un et l'autre, sans en avoir obtenu autre chose, que des détails sur les dispositions hostiles des alliés, et sur les entretiens qu'ils avaient eu à Vienne avec M. de Talleyrand et M. de Metternich; entretiens dont le fond était le même que celui de mes conférences avec M. Werner.

L'Empereur avait repoussé si indifféremment mes premiers soupçons, que je fus flatté de le voir partager ma défiance; mais cette jouissance d'amour-propre fit place aux réflexions les plus pénibles.

J'avais conçu, du caractère et du patriotisme du duc d'Otrante, la plus haute opinion; je le regardais comme l'un des premiers hommes d'état de France; et je regrettai amèrement que tant de qualités et de talens, au lieu d'être consacrés au bien de la patrie, fussent employés à favoriser les desseins de nos ennemis, et à calculer froidement avec eux les moyens de nous asservir.

Ces réflexions qui auraient dû m'inspirer de l'horreur pour M. Fouché, me firent éprouver un effet tout opposé; je reculai devant l'énormité du crime que je lui attribuais. Non, me dis-je, M. Fouché ne peut-être coupable d'une si grande indignité; il a reçu trop de bienfaits de l'Empereur pour le trahir, et a donné trop de gages de dévouement et d'affection à la patrie, pour conspirer son déshonneur et sa ruine. Son penchant pour l'intrigue a pu l'entraîner; mais ses intrigues, si elles sont répréhensibles, ne sont pas du moins criminelles.

Je me rendis donc chez le duc d'Otrante avec la persuasion que je l'avais jugé trop sévèrement. Mais son air contraint et ses captieux efforts pour pénétrer ce qu'avait pu me dire M. Werner, me prouvèrent que sa conscience n'était point en repos, et je sentis renaître et s'accroître mes justes préventions[5]. Le tems que je passai près de lui fut employé en questions et dissertations oiseuses sur les probabilités de la paix et de la guerre. Il serait inutile et fastidieux de les raconter ici.

La levée de bouclier du roi de Naples devint ensuite l'objet de notre conversation. «Murat est un homme perdu, me dit M. Fouché; il n'est point de force à lutter contre l'Autriche. Je lui avais conseillé (et je l'ai écrit récemment encore à la reine) de se tenir tranquille et de se soumettre aux événemens; ils ne l'ont point voulu, et ils auront tort: ils auraient pu traiter; ils ne le pourront plus maintenant; ils seront renvoyés sans égards et sans conditions.»

L'Empereur, devenu inquiet, ordonna de mettre en surveillance M. de Montron et M. Bresson. On lui apprit que ce dernier venait d'être envoyé en Angleterre par ordre du ministre de la guerre.

Le prince d'Eckmuhl, questionné, répondit qu'ayant su qu'un armateur anglais avait à vendre 40,000 fusils, il avait chargé M. Bresson d'aller les visiter et traiter des conditions de la vente. Cette mission qui, au premier aperçu, n'éveilla point l'attention de l'Empereur, lui revint à l'esprit; il la trouva étrange, puis suspecte. «Si Davoust, me dit-il, n'avait point eu de motifs pour me cacher cette affaire, il m'en aurait parlé, cela n'est point naturel; il s'est entendu avec Fouché».

Ce trait de lumière n'aboutit à rien. Napoléon se borna à tancer sévèrement le ministre de la guerre, et à lui ordonner de ne plus se permettre d'envoyer qui que ce soit, hors de France, sans son agrément.

Un nouvel incident vint fortifier les appréhensions de l'Empereur: il fut prévenu par le préfet de police que M. Bor..., ancien employé supérieur de la police, et l'un des affidés habituels du ministre, était parti pour la Suisse, avec un passeport de M. Fouché. L'ordre d'arrêter M. Bor... fut transmis télégraphiquement au général Barbanègre, qui commandait à Huningue. Il arriva trop tard: M. Bor..., aussi prompt que l'éclair, avait déjà franchi la frontière.

L'Empereur ne douta plus de la trahison de M. Fouché; mais il craignit, en la révélant, de jeter l'alarme et le découragement: on n'aurait point manqué, en effet, d'en tirer la conséquence qu'il fallait que la cause impériale fût perdue, puisque ce ministre, dont la perspicacité était connue, l'abandonnait pour se rallier aux Bourbons.

Napoléon prévoyait d'ailleurs le prochain commencement des hostilités; et convaincu que ce ne seraient point les manoeuvres du duc d'Otrante, qui décideraient du sort de la France, il résolut d'attendre, pour se défaire de lui, une circonstance favorable. Si la victoire de Fleurus n'eût point été suivie des désastres de Waterloo, le premier décret qu'eût signé l'Empereur, en arrivant à Bruxelles, eût été probablement la destitution du duc d'Otrante.

L'époque du rendez-vous que m'avait donné M. Werner, étant arrivée, je demandai à Napoléon ses ordres. «Fouché, me dit-il, aura sans doute fait prévenir Metternich, et il est probable que son agent ne reparaîtra plus; il serait même possible qu'on eût pris des mesures pour vous arrêter. Ainsi, j'aime tout autant que vous restiez ici.»—«Je ne crois pas, Sire, que M. de Metternich soit capable d'une semblable action: le patriotisme et la franchise que j'ai montrés dans nos entretiens avec M. Werner, ont paru plaire au prince, et M. Werner m'a dit qu'il l'avait chargé formellement de m'exprimer la bonne opinion qu'il avait conçue (souffrez que je le dise) de mon mérite et de mon caractère. Votre Majesté aurait tort, je crois, de ne point me laisser faire cette dernière tentative. Comme il ne s'agit point de conspiration, mais d'entamer une négociation, il serait possible que M. Werner revînt.»—«J'y consens très-volontiers; mais je crains qu'ils ne vous prennent: soyez prudent.»

Je le craignais aussi. Je partis.

Ce que l'Empereur avait prévu arriva; M. Werner ne reparut point.

Ainsi se termina cette négociation qui peut-être aurait réalisé bien des espérances, si M. Fouché ne l'eût point fait échouer.

À l'époque où elle eut lieu, l'Angleterre dans son fameux *memorandum* du 25 avril, et l'Autriche dans celui qu'elle fit paraître le 9 mai suivant, avaient, à la suite de ma première entrevue à Bâle, déclaré authentiquement qu'elles ne s'étaient point engagées par le traité du 29 mars, à rétablir Louis XVIII sur le trône, et que leurs intentions n'étaient point de poursuivre la guerre dans la vue d'imposer à la France un gouvernement quelconque.

Ces déclarations donnaient un grand poids aux propositions de M. Werner. L'Empereur les crut sincères; et dans un de ces momens d'effusion qu'il n'était point toujours maître de réprimer, il dit, à son lever: «Eh bien, messieurs, on m'offre déjà la régence; il ne tiendrait qu'à moi de l'accepter.» Ce mot inconsidéré produisit assez de sensation; et ceux qui l'ont retenu ont affirmé depuis, que si l'Empereur n'avait point eu la soif de régner, il aurait pu placer son fils sur le trône, et éviter à la France la boucherie de Mont-Saint-Jean. L'Empereur, en descendant du trône pour y faire monter son fils, et la paix, aurait sans doute ajouté une belle page à son histoire. Mais devait-il accepter les propositions vagues de M. Werner, et se confier à la foi de ses ennemis? Je ne le pense pas. La première question à décider, avant de traiter de la régence, était celle-ci: *Que deviendra Napoléon?* et l'on a vu que les alliés gardaient sur ce point le plus profond silence.

Je suis loin de croire que l'Empereur, dans aucun cas, eût consenti à se démettre de sa couronne, qu'il regardait comme le prix de vingt ans de travaux et de victoires: je soutiens seulement qu'on ne peut lui reprocher, dans cette circonstance, de l'avoir conservée.

La confidence faite par Napoléon à ses courtisans n'est point la seule indiscrétion dont ils se soient emparés pour lui créer des torts imaginaires. Cela n'étonnera personne. Ce qui paraîtra surprenant, c'est qu'avec le caractère négatif et dissimulé qu'on lui prête, il ait pu commettre des indiscrétions.

Napoléon concevait dans le secret, et conduisait mystérieusement à leur fin les projets qui ne mettaient point en jeu ses passions, parce qu'alors il ne cessait point d'être maître de lui; mais il était excessivement rare qu'il pût observer une dissimulation soutenue et complète dans les affaires qui agissaient fortement sur son âme. L'objet dont il était alors occupé assaillait son esprit, échauffait son imagination; sa tête, en travail continuel, abondait en idées qui s'épanchaient malgré lui, et qui se manifestaient au-dehors par des mots entrecoupés, des démonstrations de joie ou de colère, qui mettaient sur la voie de ses desseins, et détruisaient entièrement le mystère dont il aurait voulu les envelopper.

Cette narration que je n'ai pas voulu interrompre, m'a fait perdre de vue Napoléon. Je l'ai laissé méditant la constitution qu'il avait promise aux Français: je reviens à lui.

Napoléon avait d'abord annoncé l'intention de refondre les anciennes constitutions avec la charte, et de composer du tout une constitution nouvelle qui serait soumise à la libre discussion des délégués de la nation. Mais il pensa que les circonstances et l'agitation des esprits ne permettraient point de débattre publiquement, sans danger, des matières d'une aussi haute importance; et il résolut de se borner momentanément à consacrer, par un acte particulier et additionnel aux constitutions de l'empire, les garanties nouvelles qu'il avait promises à la nation.

Napoléon fut encore déterminé par une autre considération: il regardait les constitutions de l'empire comme les titres de propriété de sa couronne; et il aurait craint, en les annulant, d'opérer une espèce de novation qui lui aurait donné l'air de recommencer un nouveau règne. Car Napoléon, ô faiblesse humaine! après avoir voué au ridicule les prétentions du *roi d'Hartwell*, était enclin lui-même à se persuader que son règne n'avait point été interrompu par son séjour à l'île d'Elbe.

L'Empereur avait confié à M. Benjamin Constant et à une commission composée des ministres d'état, le double soin de préparer les bases de la nouvelle constitution. Après avoir vu et amalgamé leur travail, il le soumit à l'examen du conseil d'état et du conseil des ministres. Sur la fin de la discussion, Napoléon manifesta l'idée de ne point soumettre cette constitution à des débats publics, et de ne la présenter que comme un acte additionnel aux constitutions précédentes. Cette idée fut unanimement combattue. M. Benjamin Constant, le duc Decrès, le duc d'Otrante, le duc de Vicence, etc., etc., remontrèrent à l'Empereur que ce n'était point là ce qu'il avait promis à la France; qu'on attendait de lui une nouvelle constitution purgée des actes despotiques du sénat, et qu'il fallait remplir l'attente de la nation, ou se préparer à perdre à jamais sa confiance.

L'Empereur promit d'y réfléchir; mais après avoir pesé, dans sa sagesse, les observations qui lui avaient été soumises, il persista dans son projet; et le lendemain, l'acte additionnel parut dans le *Moniteur*, tel que le voici.

ACTE ADDITIONNEL.

Paris, le 24 avril.

Napoléon, par la grâce de Dieu et les constitutions, Empereur des Français, à tous présens et à venir, salut:

> Depuis que nous avons été appelé, il y a quinze années, par le voeu de la France, au gouvernement de l'empire, nous avons cherché à perfectionner, à diverses époques, les formes constitutionnelles, suivant les besoins et les désirs de la nation, et en profitant des leçons de l'expérience.
>
> Les constitutions de l'empire se sont ainsi formées d'une série d'actes qui ont été revêtus de l'acceptation du peuple; nous avions alors pour but d'organiser un grand système fédératif Européen, que nous avions adopté comme conforme à l'esprit du siècle et favorable aux progrès de la civilisation. Pour parvenir à le compléter et à lui donner toute l'étendue et toute la stabilité dont il était susceptible, nous avions ajourné l'établissement de plusieurs institutions

intérieures plus spécialement destinées à protéger la liberté des citoyens. Notre but n'est plus désormais que d'accroître la prospérité de la France par l'affermissement de la liberté publique; de là résulte la nécessité de plusieurs modifications importantes dans les constitutions, sénatus-consultes et autres actes qui régissent cet empire.

À ces causes, voulant, d'un côté, conserver du passé ce qu'il y a de bon et de salutaire, et de l'autre, rendre les constitutions de notre empire, conformes en tout aux voeux, aux besoins nationaux, ainsi qu'à l'état de paix que nous désirons maintenir avec l'Europe, nous avons résolu de proposer au peuple une suite de dispositions tendantes à modifier et perfectionner ses actes, à entourer les droits des citoyens de toutes leurs garanties, à donner au système représentatif toute son extension, à investir les corps intermédiaires de la considération et des pouvoirs désirables; en un mot, à combiner le plus haut point de liberté politique et de sûreté individuelle, avec la force et la centralisation nécessaires pour faire respecter par l'étranger l'indépendance du peuple Français et la dignité de notre couronne.

En conséquence, les articles suivans, formant un acte supplémentaire aux constitutions de l'empire, seront soumis à l'acceptation libre et solennelle de tous les citoyens, dans toute l'étendue de la France[6].

TITRE I.

Dispositions générales.

Art. Ier. Les constitutions de l'empire, nommément l'acte constitutionnel du 22 frimaire an VIII, les sénatus-consultes des 14 et 16 thermidor an X, et celui du 28 floréal an XII, seront modifiés par les dispositions qui suivent. Toutes les autres dispositions sont maintenues et confirmées.

Art. 2. Le pouvoir législatif est exercé par l'Empereur et par deux chambres.

Art. 3. La première chambre, nommée chambre des pairs, est héréditaire.

Art. 4. L'Empereur en nomme les membres qui sont irrévocables, eux et leurs descendans mâles, d'ainé en ainé, en ligne directe. Le nombre des pairs est illimité. L'adoption ne transmet point la dignité de pair à celui qui en est l'objet. Les pairs prennent séance à 21 ans, mais n'ont voix délibérative qu'à 25.

Art. 5. La chambre des pairs est présidée par l'archichancelier de l'empire, ou, dans le cas prévu par l'article 5 du sénatus-consulte du 28 floréal an XII, par un des membres de cette chambre désigné par l'Empereur.

Art. 6. Les membres de la famille impériale, dans l'ordre de l'hérédité, sont pairs de droit. Ils siégent après le président. Ils prennent séance à 18 ans, mais n'ont voix délibérative qu'à 21.

Art. 7. La seconde chambre, nommée chambre des représentans, est élue par le peuple.

Art. 8. Les membres de cette chambre sont au nombre de six cent vingt-neuf; ils doivent être âgés de 25 ans au moins.

Art. 9. Le président de la chambre des représentans est nommé par la chambre à l'ouverture de la première session. Il reste en fonctions jusqu'au renouvellement de la chambre. Sa nomination est soumise à l'approbation de l'Empereur.

Art. 10. La chambre des représentans vérifie les pouvoirs de ses membres, et prononce sur la validité des élections contestées.

Art. 11. Les membres de la chambre des représentans reçoivent pour frais de voyage et durant la session, l'indemnité décrétée par l'assemblée constituante.

Art. 12. Ils sont indéfiniment rééligibles.

Art. 13. La chambre des représentans est renouvelée de droit, en entier, tous les cinq ans.

Art. 14. Aucun membre de l'une ou l'autre chambre ne peut être arrêté, sauf le cas de flagrant délit, ni poursuivi en matière criminelle ou correctionnelle, pendant les sessions, qu'en vertu d'une résolution de la chambre dont il fait partie.

Art. 15. Aucun ne peut être arrêté ni détenu pour dettes, à partir de la convocation, ni quarante jours après la session.

Art. 16. Les pairs sont jugés par leur chambre en matière criminelle ou correctionnelle, dans les formes qui seront réglées par la loi.

Art. 17. La qualité de pair et de représentant est compatible avec toutes les fonctions publiques, autres que celles de comptables.

Tous les préfets et sous-préfets ne sont pas éligibles par le collége électoral du département ou de l'arrondissement qu'ils administrent.

Art. 18. L'Empereur envoie dans les chambres des ministres d'état et des conseillers d'état, qui siégent et prennent part aux discussions, mais qui n'ont voix délibérative que dans les cas où ils sont membres de la chambre, comme pairs ou élus du peuple.

Art. 19. Les ministres qui sont membres de la chambre des pairs ou de celle des représentans, ou qui siégent par mission du gouvernement, donnent aux chambres les éclaircissemens qui sont jugés nécessaires, quand leur publicité ne compromet pas l'intérêt de l'état.

Art. 20. Les séances des deux chambres sont publiques. Elles peuvent néanmoins se former en comité secret: la chambre des pairs, sur la demande de dix membres; celle des députés, sur la demande de vingt-cinq. Le gouvernement peut également requérir des comités secrets pour des communications à faire. Dans tous les cas, les délibérations et les votes ne peuvent avoir lieu qu'en séance publique.

Art. 21. L'Empereur peut proroger, ajourner et dissoudre la chambre des représentans. La proclamation qui prononce la dissolution, convoque les colléges électoraux pour une élection nouvelle, et indique la réunion des représentans dans six mois au plus tard.

Art. 22. Durant l'intervalle des sessions de la chambre des représentans, ou en cas de dissolution de cette chambre, la chambre des pairs ne peut s'assembler.

Art. 23. Le gouvernement a la proposition de la loi; les chambres peuvent proposer des amendemens; si ces amendemens ne sont pas adoptés par le gouvernement, les chambres sont tenues de voter sur la loi telle qu'elle a été proposée.

Art. 24. Les chambres ont la faculté d'inviter le gouvernement à proposer une loi sur un objet déterminé, et de rédiger ce qu'il leur paraît convenable d'insérer dans la loi. Cette demande peut être faite par chacune des deux chambres.

Art. 25. Lorsqu'une rédaction est adoptée dans l'une des deux chambres, elle est portée à l'autre; et si elle est approuvée, elle est portée à l'Empereur.

Art. 26. Aucun discours écrit, excepté les rapports des commissions, les rapports des ministres sur les lois qui sont présentées et les comptes qui sont rendus, ne peut être lu dans l'une ou l'autre des chambres.

TITRE II.

Des colléges électoraux et du mode d'élection.

Art. 27. Les colléges électoraux de département et d'arrondissement sont maintenus, conformément au sénatus-consulte du 16 thermidor an X, sauf les modifications qui suivent.

Art. 28. Les assemblées de canton rempliront chaque année, par des élections annuelles, toutes les vacances dans les colléges électoraux.

Art. 29. À dater de l'an 1816, un membre de la chambre des pairs, désigné par l'Empereur, sera président à vie et inamovible de chaque collége électoral de département.

Art. 30. À dater de la même époque, le collége électoral de chaque département nommera, parmi les membres de chaque collége d'arrondissement, le président et deux vice-présidens: à cet effet, l'assemblée du collége électoral de département précédera de 15 jours celle du collége d'arrondissement.

Art. 31. Les colléges de départemens et d'arrondissemens nommeront le nombre de représentans établi pour chacun par l'acte et le tableau ci-annexé n°. 1[7].

Art. 32. Les représentans peuvent être choisis indifféremment dans toute l'étendue de la France.

Chaque collége de département ou d'arrondissement qui choisira un représentant hors du département ou de l'arrondissement, nommera un suppléant, qui sera pris nécessairement dans le département, ou l'arrondissement.

Art. 33. L'industrie et la propriété manufacturière et commerciale auront une représentation spéciale.

L'élection des représentans commerciaux et manufacturiers sera faite par le collége électoral de département, sur une liste d'éligibles dressée par les chambres de commerce et les chambres consultatives réunies, suivant l'acte et le tableau ci-annexé n°. 2.

TITRE III.

De la loi de l'impôt.

Art. 34. L'impôt général direct, soit foncier, soit mobilier, n'est voté que pour un an; les impôts indirects peuvent être votés pour plusieurs années. Dans le cas de la dissolution de la chambre des représentans, les impositions votées dans la session précédente sont continuées jusqu'à la nouvelle réunion de la chambre.

Art. 35. Aucun impôt direct ou indirect, en argent ou en nature, ne peut être perçu; aucun emprunt ne peut avoir lieu, aucune inscription de créance au grand livre de la dette publique ne peut être faite; aucun domaine ne peut être aliéné ni échangé; aucune levée d'hommes pour l'armée ne peut être ordonnée; aucune portion du territoire ne peut être échangée qu'en vertu d'une loi.

Art. 36. Toute proposition d'impôt, d'emprunt, ou de levée d'hommes, ne peut être faite qu'à la chambre des représentans.

Art. 37. C'est aussi à la chambre des représentans, qu'est porté, d'abord, 1.° le budget général de l'état, contenant l'aperçu des recettes, et la proposition des fonds assignés pour l'année à chaque département du ministère; 2.° le compte des recettes et dépenses de l'année ou des années précédentes.

TITRE IV.

Des ministres et de la responsabilité.

Art. 38. Tous les actes du gouvernement doivent être contresignés par un ministre ayant département.

Art. 39. Les ministres sont responsables des actes du gouvernement, signés par eux, ainsi que de l'exécution des lois.

Art. 40. Ils peuvent être accusés par la chambre des représentans, et sont jugés par celle des pairs.

> Art. 41. Tout ministre, tout commandant d'armée de terre et de mer, peut être accusé par la chambre des représentans, et jugé par la chambre des pairs, pour avoir compromis la sûreté ou l'honneur de la nation.

> Art. 42. La chambre des pairs, en ce cas, exerce, soit pour caractériser le délit, soit pour infliger la peine, un pouvoir discrétionnaire.

Art. 43. Avant de prononcer la mise en accusation d'un ministre, la chambre des représentans doit déclarer, qu'il y a lieu à examiner la proposition d'accusation.

> Art. 44. Cette déclaration ne peut se faire qu'après le rapport d'une commission de 60 membres tirés au sort. Cette commission ne fait son rapport que dix jours au plus tôt après sa nomination.

> Art. 45. Quand la chambre a déclaré qu'il y a lieu à l'examen, elle peut appeler le ministre dans son sein, pour lui demander des explications. Cet appel ne peut avoir lieu que dix jours après le rapport de la commission.

> Art. 46. Dans tout autre cas, les ministres ayant département ne peuvent être appelés ni mandés par les chambres.

> Art. 47. Lorsque la chambre des représentans a déclaré qu'il y a lieu à examen contre un ministre, il est formé une nouvelle commission de 60 membres, tirés au sort comme la première; et il est fait par cette commission un nouveau rapport sur la mise en accusation. Cette commission ne fait son rapport que dix jours après sa nomination.

> Art. 48. La mise en accusation ne peut être prononcée que dix jours après la lecture et la distribution du rapport.

Art. 49. L'accusation étant prononcée, la chambre des représentans nomme cinq commissaires pris dans son sein, pour poursuivre l'accusation devant la chambre des pairs.

Art. 50. L'article 75 du titre 8 de l'acte constitutionnel du 22 frimaire an 8, portant que les agens du gouvernement ne peuvent être poursuivis qu'en vertu d'une décision du conseil d'état, sera modifié par une loi.

TITRE V.

Du pouvoir judiciaire.

Art. 51. L'Empereur nomme tous les juges. Ils sont inamovibles et à vie, dès l'instant de leur nomination; sauf la nomination des juges de paix et de commerce, qui aura lieu comme par le passé.

Les juges actuels, nommés par l'Empereur, aux termes du sénatus-consulte du 13 octobre 1807, et qu'il jugera convenable de conserver, recevront des provisions à vie, avant le 1er janvier prochain.

Art. 52. L'institution du jury est maintenue.

Art. 53. Les débats en matière criminelle sont publics.

Art. 54. Les délits militaires, seuls, sont du ressort des tribunaux militaires.

Art. 55. Tous les autres délits, même ceux commis par les militaires, sont de la compétence des tribunaux civils.

Art. 56. Tous les crimes et délits qui étaient attribués à la haute cour impériale, et dont le jugement n'est pas réservé par le présent acte à la chambre des pairs, seront portés devant les tribunaux ordinaires.

Art. 57. L'Empereur a le droit de faire grâce même en matière correctionnelle, et d'accorder des amnisties.

Art. 58. Les interprétations de lois demandées par la cour de cassation, seront données dans la forme d'une loi.

TITRE VI.

Droits des citoyens.

Art. 59. Les Français sont égaux devant la loi, soit pour les contributions aux impôts et charges publics, soit pour l'admission aux emplois civils et militaires.

Art. 60. Nul ne peut, sous aucun prétexte, être distrait des juges qui lui sont assignés par la loi.

Art. 61. Nul ne peut être poursuivi, arrêté, détenu, ni exilé, que dans les cas prévus par la loi, et suivant les formes prescrites.

Art. 62. La liberté des cultes est garantie à tous.

Art. 63. Toutes les propriétés possédées, ou acquises en vertu des lois, et toutes les créances sur l'état, sont inviolables.

Art. 64. Tout citoyen a le droit d'imprimer et de publier ses pensées, en les signant, sans aucune censure préalable, sauf la responsabilité légale, après la publication, par jugement par jurés, quand même il n'y aurait lieu qu'à l'application d'une peine correctionnelle.

Art. 65. Le droit de pétition est assuré à tous les citoyens. Toute pétition est individuelle. Ces pétitions peuvent être adressées, soit au gouvernement, soit aux deux chambres: néanmoins ces dernières mêmes doivent porter l'intitulé: à Sa Majesté l'Empereur. Elles seront présentées aux chambres, sous la garantie d'un membre qui recommande la pétition. Elles sont lues publiquement; et si la chambre les prend en considération, elles sont portées à l'Empereur par le président.

Art. 66. Aucune place, aucune partie du territoire ne peut être déclarée en état de siége, que dans le cas d'invasion de la part d'une force étrangère, ou de troubles civils.

Dans le premier cas, la déclaration est faite par un acte du gouvernement.

Dans le second cas, elle ne peut l'être que par la loi. Toutefois, si, le cas arrivant, les chambres ne sont pas assemblées, l'acte du gouvernement déclarant l'état de siége, doit être converti en une proposition de loi dans les quinze premiers jours de la réunion des chambres.

Art. 67. Le peuple Français déclare en outre que, dans la délégation qu'il a faite et qu'il fait de ses pouvoirs, il n'a pas entendu et n'entend pas donner le droit de proposer le rétablissement des Bourbons, ou d'aucun prince de cette famille sur le trône, même en cas d'extinction de la dynastie impériale, ni le droit de rétablir soit l'ancienne noblesse féodale, soit les droits féodaux et seigneuriaux, soit les dîmes, soit aucun culte privilégié et dominant; ni la faculté de porter aucune atteinte à l'irrévocabilité de la vente des domaines nationaux; il interdit formellement au gouvernement, aux chambres, et aux citoyens, toute proposition à cet égard.

Donné à Paris, le 22 avril 1815.

Signé: NAPOLÉON.

Par l'Empereur,

Le ministre secrétaire d'état,

Signé: LE DUC DE BASSANO.

Cet acte additionnel ne répondit point à l'attente générale.

On avait espéré recevoir de Napoléon une constitution neuve, affranchie des vices et des abus des constitutions précédentes; et l'on fut surpris, affligé, mécontent, quand on vit, par le préambule même de l'acte additionnel, qu'il n'était qu'une *modification* des anciennes constitutions et des sénatus-consultes et autres actes qui régissaient l'empire.

Quelle confiance, s'écriait-on, peut inspirer une semblable production? quelle garantie peut-elle offrir à la nation? ne sait-on pas que c'est à l'aide de ces sénatus-consultes que Napoléon s'est joué de nos lois les plus saintes? et puisqu'ils sont maintenus et confirmés, ne pourra-t-il pas s'en servir, comme il le fit autrefois, pour interpréter à sa guise son acte additionnel, pour le dénaturer et le rendre illusoire?

Il eût été à désirer, sans doute, que l'acte additionnel n'eût point rappelé le nom et emprunté le secours de tous les actes sénatoriaux, devenus à tant de titres l'objet de la risée et du mépris public; mais cela n'était point possible[8]. Ils étaient la base de nos institutions, et l'on n'aurait pu les proscrire en masse, sans arrêter la marche de l'administration et intervertir de fond en comble l'ordre établi.

La crainte que Napoléon pût les remettre en vigueur, n'était d'ailleurs fondée que sur de vaines suppositions. Les dispositions oppressives des sénatus-consultes se trouvaient annulées, de fait et de droit, par les principes que consacraient l'acte additionnel; et Napoléon, par le pouvoir immense dont il avait investi les chambres, par la responsabilité à laquelle il avait dévoué ses agens et ses ministres, par les garanties inviolables qu'il avait données à la liberté des opinions et des individus, s'était mis dans l'impuissance d'accroître son autorité ou d'en abuser. Le moindre effort aurait trahi ses intentions secrètes, et mille voix se seraient élevées pour lui dire: *Nous qui sommes autant que vous, nous vous avons fait notre roi, à condition que vous garderiez nos lois: sinon, non*[9].

Le rétablissement de la chambre des pairs, importée d'Angleterre par les Bourbons, excita non moins vivement le mécontentement public.

Il était certain, en effet, que les priviléges et la jurisdiction particulière dont jouissaient exclusivement les pairs, constituaient une violation manifeste des lois de l'égalité, et que l'hérédité de la pairie était une infraction formelle à l'égale admission de tous les Français aux charges de l'état.

Aussi, les amis de la liberté et de l'égalité reprochèrent-ils avec raison à Napoléon d'avoir trahi ses promesses, et de leur avoir donné, au lieu d'une constitution basée sur les principes d'égalité et de liberté qu'il avait solennellement professés, un acte informe plus favorable que la charte et que toutes les constitutions précédentes, à la noblesse et à ses institutions.

Mais Napoléon, en promettant aux Français une constitution qu'on pourrait appeler *républicaine*, avait plutôt suivi les inspirations de la politique du moment, que consulté les intérêts de la France. Rendu à lui-même, devait-il s'attacher rigoureusement à la lettre de ses promesses, ou les interpréter seulement comme un engagement de donner à la France une constitution libérale, aussi parfaite que possible?

La réponse ne peut être douteuse.

Or, le témoignage des plus savans publicistes, l'expérience faite par l'Angleterre pendant cent vingt-cinq années, lui avait démontré que le gouvernement le mieux approprié aux habitudes, aux moeurs et aux rapports sociaux d'une grande nation; celui qui offre le plus de gages de bonheur et de stabilité; celui enfin qui sait le mieux concilier les libertés politiques avec la force nécessaire au chef de l'état, était évidemment le gouvernement monarchique représentatif. Il était donc du devoir de Napoléon, comme législateur et comme souverain paternel, de donner la préférence à ce mode de gouvernement.

Ce point accordé (et il est incontestable), il fallait nécessairement que Napoléon établît une chambre des pairs héréditaire et privilégiée; car il ne peut exister de monarchie représentative sans une chambre haute, ou des pairs: comme il ne peut exister de chambre des pairs sans privilége et sans hérédité.

Le reproche d'avoir introduit cette institution dans notre organisation politique, ne pouvait donc être adressé à Napoléon que par des gens de mauvaise foi, ou par des hommes bons patriotes sans doute, mais qui, à leur insu, mettaient leurs répugnances ou leurs passions à la place du bien-être public.

Le rétablissement d'une chambre intermédiaire ne les aurait peut-être point blessés aussi vivement, si l'on avait eu le soin de lui donner un nom moins entaché de souvenirs féodaux, mais la révolution avait épuisé la nomenclature des magistratures publiques. L'Empereur, d'ailleurs, trouva que ce titre était le seul qui pût remplir sa haute destination. Peut-être, encore, fut-il bien aise, comme Louis XVIII avait eu ses pairs, d'avoir aussi les siens.

Une troisième accusation pesait sur Napoléon. Il nous avait promis, disait-on, comme une conséquence naturelle de cette vérité fondamentale, *le trône est fait pour la nation, et non la nation pour le trône,* que nos députés réunis au Champ de Mai donneraient à la France, concurremment avec lui, une constitution conforme aux intérêts et aux volontés nationales; et par un odieux manque de foi, il nous octroie un acte additionnel à la manière de Louis XVIII, et nous force de l'adopter dans son ensemble, sans nous permettre d'en rejeter les parties qui peuvent blesser nos droits les plus chers et les plus sacrés.

Napoléon avait proclamé, il est vrai, le 1er mars, que cette constitution serait l'ouvrage de la nation; mais, depuis cette époque, les circonstances étaient changées. Il importait à la conservation de la paix intérieure et aux rapports de Napoléon avec les étrangers, que l'état fût promptement constitué, et que l'Europe trouvât, dans les lois nouvelles, les sauve-gardes qu'elle pouvait désirer contre l'ambition et le despotisme de l'Empereur, *et peut-être aussi contre le rétablissement de la république.*

Pour accomplir textuellement la parole de Napoléon, il aurait fallu que les colléges électoraux donnassent des cahiers, comme en 1789, à leurs députés. La réunion de ces colléges, la rédaction raisonnée de leurs cahiers, le choix des commissaires, leur arrivée à Paris, la distribution du travail, la préparation, l'examen et la discussion des bases de la constitution, les conférences contradictoires avec les délégués de l'Empereur, etc., etc., auraient absorbé un tems incalculable, et laissé la France dans un état d'anarchie qui aurait ôté les moyens et la possibilité de faire la paix ou la guerre avec les étrangers.

Ainsi donc (et loin de blâmer l'Empereur d'avoir dérogé momentanément à cette partie de ses promesses), on devait au contraire lui savoir gré de s'être démis volontairement de la dictature dont les circonstances l'avaient revêtu, et d'avoir placé la liberté publique sous la protection des lois. S'il n'eût point été *de bonne foi,* s'il n'avait point été disposé *sincèrement* à rendre au peuple ses droits et à renfermer les siens dans de justes limites, il ne se serait point empressé de publier l'acte additionnel; il aurait gagné du tems, dans l'espoir que la victoire ou la paix, en consolidant le sceptre dans ses mains, lui permettrait de dicter des lois au lieu de s'y soumettre.

On reprochait enfin à l'acte additionnel d'avoir rétabli les confiscations abolies par la Charte.

La plupart des conseillers d'état et des ministres, et M. de Bassano plus spécialement, s'élevèrent avec force contre cette disposition renouvelée de nos lois révolutionnaires. Mais l'Empereur regardait la confiscation des biens, comme le moyen le plus efficace de contenir les royalistes; et il persista opiniâtrement à ne point s'en dessaisir, sauf à y renoncer, lorsque les circonstances le permettraient.

En résumé, l'acte additionnel n'était point sans taches; mais ces taches, faciles à faire disparaître, n'altéraient en rien la beauté et la bonté de ses bases. Il reconnaissait le principe de la souveraineté du peuple. Il assurait, aux trois pouvoirs de l'état, la force et l'indépendance nécessaires pour que leur action fût libre et efficace. L'indépendance des représentans était garantie par leur nombre et le mode de leur élection. L'indépendance des pairs, par l'hérédité. L'indépendance du souverain, par le *veto* impérial, et l'heureuse combinaison des deux autres pouvoirs qui lui servaient mutuellement de sauve-garde. Les libertés publiques solidement fondées, étaient dotées libéralement de toutes les concessions accordées par la Charte, et de toutes celles réclamées depuis. Le jugement par jurés des délits de la presse protégeait et assurait la liberté des opinions. Il préservait les écrivains patriotes de la colère du prince et de la complaisance de ses agens. Il leur assurait même l'impunité, toutes les fois que leurs écrits seraient en harmonie avec les voeux ou les sentimens secrets de la nation. La liberté individuelle était garantie non-seulement par les anciennes lois et l'inamovibilité des juges, mais aussi par deux dispositions nouvelles: l'une, la responsabilité des ministres; l'autre, l'abolition prochaine de l'inviolabilité dont les fonctionnaires de toutes classes avaient été revêtus par la constitution de l'an VIII, et après elle, par le gouvernement royal. Elle l'était encore par la barrière insurmontable opposée à l'abus du droit d'exil, par la réduction dans ses limites naturelles de la jurisdiction des commissions militaires, et par la restriction du pouvoir de déclarer en état de siége une portion quelconque du territoire: pouvoir jusqu'alors arbitraire, et à l'aide duquel le souverain suspendait à son gré l'empire de la constitution, et mettait, de fait, les citoyens hors la loi. L'acte additionnel, enfin, par les obstacles qu'il apportait aux usurpations du pouvoir suprême, et les garanties sans nombre qu'il assurait à la nation, affermissait sur des fondemens inébranlables les libertés politiques et particulières: et cependant, par la plus bizarre des contradictions, il fut considéré comme l'*oeuvre du despotisme*, et fit perdre à Napoléon sa popularité.

Les écrivains les plus renommés par leurs lumières et leur patriotisme, prirent la défense de Napoléon; mais ils eurent beau citer Delolme, Blackstone, Montesquieu, et démontrer que jamais aucun état moderne, aucune république n'avait possédé des lois aussi bienfaisantes, aussi libérales, leur éloquence et leur érudition furent sans succès. Les contempteurs de l'acte additionnel, sourds à la voix de la raison, ne voulaient le juger que d'après son titre; et comme ce titre leur déplaisait et les inquiétait, ils persistèrent à dénigrer l'ouvrage et à le condamner, comme on le dit vulgairement, *sur l'étiquette du sac*.

Napoléon, loin de prévoir ce funeste résultat, s'était persuadé au contraire qu'on lui saurait gré d'avoir accompli si promptement et si généreusement, les espérances de la nation; et il avait préparé de sa main une longue proclamation aux Français, dans laquelle il se félicitait sincèrement avec eux du bonheur dont la France allait jouir sous l'empire de ses nouvelles lois.

Cette proclamation, on le devine facilement, n'eut point de suite[10]: elle fut remplacée par un décret de convocation des colléges électoraux, dans lequel Napoléon, averti des rumeurs publiques, s'excusa sur la gravité des circonstances, d'avoir abrégé les formes qu'il avait promis de suivre pour la rédaction de l'acte constitutionnel, et annonça que cet acte, contenant en lui-même le principe de toute amélioration, pourrait être modifié conformément aux voeux de la nation. Aux termes de ce décret, les colléges électoraux étaient appelés à nommer les membres de la prochaine assemblée des représentans; et Napoléon s'excusait derechef d'être forcé, par la position de l'état, de faire procéder à la nomination des députés avant l'acceptation de la constitution.

C'était au Champ de Mai que les électeurs de tous les départemens devaient se réunir, pour procéder au recensement des votes de rejet ou d'adoption.

L'idée de renouveler les antiques assemblées de la nation, telle que l'Empereur l'avait d'abord conçue, était sans contredit une idée grande, généreuses, et singulièrement propre à redonner au patriotisme de l'éclat et de l'énergie; mais, il faut l'avouer aussi, elle était marquée au coin de l'audace et de l'imprudence, et pouvait porter à Napoléon un coup irréparable. N'était-il pas à craindre, dans la position équivoque où il se trouvait placé, que les électeurs ayant tout à redouter des Bourbons et des étrangers, ne voulussent point accepter une mission aussi périlleuse, et que l'assemblée ne fût déserte? N'était-il point probable encore, que personne ne briguerait le dangereux honneur de faire partie de la nouvelle représentation nationale, dont le premier acte serait nécessairement de proscrire à jamais la dynastie des Bourbons, et de reconnaître Napoléon, en dépit des étrangers, seul et légitime souverain de la France?

Cependant, tant il est vrai que l'événement avec Napoléon démentait toujours les plus sages conjectures, les électeurs accoururent en foule à Paris; et les hommes les plus recommandables par leur caractère ou leur fortune, se mirent sur les rangs pour être députés, et sollicitèrent les suffrages avec autant d'ardeur que si la France eût été tranquille et heureuse[11].

Et pourquoi? c'est qu'il s'agissait moins, aux yeux des électeurs et des députés, de la cause d'un homme, que du sort de la patrie: c'est que la crise où se trouvait la France, loin d'intimider les partisans de la révolution, réveilla dans leurs coeurs les sentimens du plus courageux patriotisme.

Et ce que j'appelle ici les partisans de la révolution, n'étaient point, comme certaines personnes cherchent à le persuader, ces êtres sanguinaires flétris du titre de jacobin, mais cette masse énorme de Français qui, depuis 1789, ont concouru plus ou moins à la destruction du régime féodal, de ses priviléges et de ses abus; de ces Français enfin, qui connaissent le prix de la liberté et de la dignité de l'homme.

Mais l'assemblée du Champ de Mai devait être privée de son plus bel ornement, de l'Impératrice et de son fils! L'Empereur n'ignorait point que cette princesse était soigneusement surveillée, et qu'on lui avait arraché, par surprise et par menaces, le serment de communiquer toutes les lettres qu'elle pourrait recevoir. Il savait aussi qu'elle était mal entourée; mais il pensa qu'il se devait à lui-même et à son attachement pour l'Impératrice, d'épuiser tous les moyens de faire cesser sa captivité. Il tenta d'abord, par plusieurs lettres pleines de sentimens et de dignité, d'émouvoir la justice et la sensibilité de l'Empereur d'Autriche. Les réclamations, les prières étant restées sans effet, il résolut de charger un officier de la couronne de se rendre à Vienne, pour négocier ou requérir publiquement, au nom de la nature et du droit des gens, la délivrance de l'Impératrice et de son fils. Il confia cette mission à M. le comte de Flahaut, l'un de ses aides-de-camp. Personne n'était plus en état que cet officier, de la remplir dignement. C'était un véritable Français: spirituel, aimable et brave, il était aussi brillant sur un champ de bataille, que dans une conférence diplomatique ou dans un salon, et savait plaire en tous lieux par l'agrément et la fermeté de son caractère.

M. de Flahaut partit, et ne put dépasser Stuttgard. Cette disgrâce convertit en regret douloureux la joie qu'avait déjà fait naître l'espérance de revoir le jeune prince et son auguste mère.

Les peuples qui se trouvaient répandus sur leur passage, avaient d'avance préparé les moyens de faire éclater leur amour et leur respect.

Le retour de Napoléon avait été célébré par des cris d'enthousiasme qui ressemblaient â l'ivresse de la victoire; celui de l'Impératrice n'eût inspiré que de tendres émotions. Les acclamations modérées par de douces larmes, les routes jonchées de fleurs, les villageoises parées de leurs atours et de leur bonheur, auraient donné à ce spectacle l'aspect d'une fête de famille; et Marie-Louise n'eût point semblé la fille des Césars rentrant dans ses états, mais une mère bien aimée qui, après une longue et douloureuse absence, est enfin rendue aux voeux de ses enfans.

Son fils, sur la tête duquel reposaient alors de si hautes destinées, aurait excité des transports non moins vifs, non moins touchans. Arraché, dès le berceau, à son trône, à sa patrie, il n'avait point cessé de reporter ses souvenirs et ses regards vers le sol qui l'avait vu naître; une foule de mots hardis et ingénieux avait révélé ses regrets, ses espérances; et ces mots répétés et appris par coeur, rendaient cet auguste enfant l'objet des pensées et des affections les plus chères.

Par une contradiction étrange, les Français avaient déploré le caractère impérieux et l'humeur belliqueuse de Napoléon; et précisément ils chérissaient le fils, parce qu'il promettait d'avoir l'audace et le génie de son père, et qu'ils espéraient qu'il rendrait un jour à la France *le lustre des victoires et le langage du maître*[12].

L'Empereur fut profondément affligé de la détention arbitraire de sa femme et de son fils. Il en sentait toute l'importance; plusieurs fois on lui offrit de les enlever; moi-même je fus chargé, par un très-grand personnage, de l'entretenir d'une offre de cette nature. Mais il persista obstinément à ne vouloir accueillir aucune proposition. Peut-être répugnait-il à sa tendresse ou à sa fierté, de confier, aux hasards d'une semblable entreprise, des personnes aussi chères, et qu'il était assuré d'obtenir plus dignement de la victoire ou de la paix. Peut-être craignait-il de compromettre leurs destinées, s'il succombait dans la lutte qui allait s'engager entre l'Europe et lui; car, malheureusement, cette lutte si long-tems incertaine, n'était plus douteuse, même à ses yeux.

Les ouvertures indirectes faites aux cabinets étrangers, et celles renouvelées sous toutes les formes par l'Empereur, par le duc de Vicence, avaient échoué complétement.

Les efforts tentés, en faveur de la France, dans le parlement britannique, par les généreux défenseurs des droits et de l'indépendance des nations, étaient demeurés sans succès.

M. de Saint-L… et M. de Mont…, revenus de Vienne, avaient annoncé que les alliés ne se départiraient jamais des principes manifestés dans leurs déclaration et traité des 13 et 25 mars.

M. de Talleyrand, sur lequel on comptait, convaincu du triomphe des Bourbons, avait refusé de les trahir ou de les abandonner.

M. de Stassard avait été arrêté à Lintz et forcé de revenir sur ses pas. Ses dépêches, saisies et envoyées à l'empereur d'Autriche, avaient été mises sous les yeux des monarques étrangers; et ces monarques avaient arrêté unanimement qu'elles ne seraient point prises en considération, et qu'ils adhéraient de nouveau, et plus formellement que jamais, à leur déclaration.

La princesse Hortense avait reçu, de la part de l'empereur de Russie, cette réponse laconique: *Point de paix, point de trêve avec cet homme: tout, excepté lui*[13]. ●

Les agens que l'Empereur entretenait à l'étranger l'avaient instruit que les troupes de toutes les puissances étaient sous les armes, et que l'on n'attendait que l'arrivée des Russes pour entrer en campagne[14].

Tout espoir de conciliation était donc anéanti; les amis de Napoléon commençaient à douter de son salut: lui seul contemplait, avec une imperturbable fermeté, les dangers dont il était menacé.

Les événemens de 1814 lui avaient révélé l'importance de la capitale, et l'on pense bien qu'il ne négligea point les moyens de la mettre en état de défense. Quand le moment fut venu d'arrêter définitivement les travaux de fortifications qu'il avait déjà fait ébaucher, M. Fontaine, son architecte favori, était près de lui et voulut se retirer. «Non, lui dit l'Empereur, restez-là; vous allez m'aider à fortifier Paris.» Il se fit apporter la carte des chasses, examina les sinuosités du terrain, consulta M. Fontaine sur l'emplacement des redoutes, l'établissement des couronnes, triple-couronnes, lunettes, etc., etc., et en moins d'une demi-heure, il conçut et arrêta, sous le bon plaisir de son architecte, un plan définitif de défense qui obtint l'assentiment des ingénieurs les plus exercés.

Une nuée d'ouvriers couvrit bientôt les alentours de Paris; mais, pour augmenter l'effet que devait produire en France et à l'étranger la fortification de cette ville, Napoléon fit insinuer à la garde nationale d'y travailler. Aussitôt, des détachemens de légions, accompagnés d'une foule de citoyens et de fédérés des faubourgs Saint-Antoine et Saint-Marceau, se portèrent à Montmartre, à Vincennes, et procédèrent, en chantant, à l'ouverture des tranchées. Les grenadiers de la garde ne voulurent pas rester oisifs, et vinrent, leur musique en tête, prendre part aux travaux. L'Empereur, accompagné seulement de quelques officiers de sa maison, allait souvent encourager le zèle des travailleurs. Sa présence et ses paroles enflammaient leur imagination; ils croyaient voir les Thermopyles, dans chaque passage à fortifier; et, nouveaux Spartiates, ils juraient, avec enthousiasme, de les défendre jusqu'à la mort.

Les fédérés ne s'en tinrent point à ces démonstrations si souvent stériles; ils demandèrent des armes, et s'offensèrent du retard qu'on apportait à leur en donner. Ils se plaignirent non moins vivement, de n'avoir point encore été passés en revue par l'Empereur.

L'Empereur, pour les apaiser, s'empressa de leur annoncer qu'il les admettrait avec plaisir à défiler devant lui le premier jour de parade.

Le 24 mai, ils se présentèrent aux Tuileries: leurs bataillons se composaient en grande partie d'anciens soldats et de laborieux ouvriers; mais il s'était glissé à leur suite quelques-uns de ces vagabonds qui affluent dans les grandes villes; et ces derniers, par leurs figures patibulaires et le désordre de leurs vêtemens, ne rappelaient que trop les bandes homicides qui ensanglantèrent autrefois la demeure de l'infortuné Louis XVI.

Lorsque Louis XIII et le superbe Richelieu invoquèrent les secours des communautés d'arts et métiers, ils accordèrent à leurs députés une audience solennelle, leur prirent les mains, et les embrassèrent tous, dit l'histoire, jusqu'aux savetiers. Napoléon, quoique placé dans une position éminemment plus critique, ne voulut point s'humilier devant la nécessité; il conserva sa dignité, et laissa pénétrer, malgré lui, combien il souffrait d'être forcé, par les circonstances, d'accepter de semblables secours.

Les chefs de la confédération lui adressèrent un discours, où l'on remarqua principalement les passages suivans:

> Vous êtes, Sire, l'homme de la nation, le défenseur de la patrie; nous attendons de vous une glorieuse indépendance et une sage liberté. Vous nous assurerez ces deux biens précieux; vous consacrerez à jamais les droits du peuple; vous régnerez par la constitution et les lois: nous venons vous offrir nos bras, notre courage, et notre sang pour le salut de la capitale.

> Ah! Sire, que n'avions-nous des armes au moment où les rois étrangers, enhardis par la trahison, s'avancèrent jusques sous les murs de Paris!... nous versions des larmes de rage en voyant nos bras inutiles à la cause commune;... nous sommes presque tous d'anciens défenseurs de la patrie: la patrie doit remettre avec confiance des armes à ceux qui ont versé leur sang pour elle. Donnez-nous des armes en son nom... Nous ne sommes les instrumens d'aucun parti, les agens d'aucune faction... Citoyens, nous obéissons à nos magistrats et aux lois; soldats, nous obéissons à nos chefs...

Vive la nation! vive la liberté! vive l'Empereur!

L'Empereur leur répondit en ces termes:

Soldats, fédérés des faubourgs Saint-Antoine et Saint-Marceau: Je suis revenu seul, parce que je comptais sur le peuple des villes, les habitans des campagnes et les soldats de l'armée, dont je connaissais l'attachement à l'honneur national. Vous avez tous justifié ma confiance. J'accepte votre offre. Je vous donnerai des armes, je vous donnerai pour vous guider des officiers couverts d'honorables blessures, et accoutumés à voir fuir l'ennemi devant eux. Vos bras robustes et faits aux pénibles travaux, sont plus propres que tous autres au maniement des armes. Quant au courage, vous êtes Français; vous serez les éclaireurs de la garde nationale. Je serai sans inquiétude pour la capitale, lorsque la garde nationale et vous vous serez chargé de sa défense; et s'il est vrai, que les étrangers persistent dans le projet impie d'attenter à notre indépendance et à notre honneur, je pourrai profiter de la victoire sans être arrêté par aucune sollicitude.

Soldats, fédérés! s'il est des hommes dans les hautes classes de la société qui ayent déshonoré le nom Français; l'amour de la patrie et le sentiment d'honneur national, se sont conservés tout entiers dans le peuple des villes, les habitans des campagnes et les soldats de L'armée. Je suis bien aise de vous voir. J'ai confiance en vous: vive la nation!

Néanmoins, malgré sa promesse, l'Empereur, sous le prétexte que le nombre des fusils n'était point suffisant, ne fit donner des armes qu'aux fédérés de service; en sorte qu'elles passaient journellement de mains en mains, et ne restaient par conséquent en la possession de personne. Plusieurs motifs lui firent prendre cette précaution. Il voulait conserver à la garde nationale une supériorité qu'elle aurait perdue, si la totalité des fédérés eût été armée. Il craignait ensuite que les républicains qu'il regardait toujours comme ses ennemis implacables, ne s'emparassent de l'esprit des fédérés et ne parvinssent, au nom de la liberté, à leur faire tourner contre lui les armes qu'il leur aurait données. Prévention funeste! qui lui fit placer sa force autre part que dans le peuple, et lui ravit par conséquent son plus ferme soutien.

Au moment où la population de Paris témoignait à l'Empereur et à la patrie le plus fidèle dévouement, le tocsin de l'insurrection retentissait dans les campagnes de la Vendée.

Dès le 1er mai, quelques symptômes d'agitation avaient été remarqués dans le Boccage[15]. Le brave et infortuné Travot par fermeté, par persuasion, était parvenu à rétablir l'ordre; et tout paraissait tranquille, lorsque des émissaires de l'Angleterre vinrent de nouveau rallumer l'incendie.

MM. Auguste de la Roche-Jaquelin, d'Autichamp, Suzannet, Sapineau, Daudigné, et quelques autres chefs de la Vendée, se réunirent. La guerre civile fut résolue. Le 15 mai, jour convenu, le tocsin se fit entendre; des proclamations énergiques appelèrent aux armes les habitans de l'Anjou, de la Vendée, du Poitou; et l'on parvint à rassembler une masse confuse de sept à huit mille paysans.

Les agens Anglais avaient annoncé que le marquis Louis de la Roche-Jaquelin apportait aux provinces de l'Ouest des armes, des munitions, et de l'argent. Les insurgés se portèrent aussitôt à Croix-de-Vic pour favoriser son débarquement. Quelques douaniers réunis à la hâte, s'y opposèrent, mais vainement: la Roche-Jaquelin triomphant remit, entre les mains des malheureux Vendéens, les funestes présens de l'Angleterre[16].

La nouvelle de ce soulèvement que des rapports inexacts avaient considérablement exagéré, parvint à l'Empereur dans la nuit du 17. Il m'appela près de son lit, me fit mettre sur la carte les positions des Français et des insurgés, et me dicta ses volontés.

Il prescrivit à une partie des troupes stationnées dans les divisions limitrophes, de se porter en toute hâte sur Niort et sur Poitiers, au général Brayer de se rendre en poste à Angers, avec deux régimens de la jeune garde; au général Travot de rappeler ses détachemens et de se concentrer jusqu'à nouvel ordre; des officiers d'ordonnance expérimentés furent chargés d'aller reconnaître le terrain; et le général Corbineau dont l'Empereur connaissait les talens, la modération et la fermeté, fut envoyé sur les lieux pour apaiser la révolte, ou présider en cas de besoin aux opérations militaires. Toutes ces dispositions arrêtées, l'Empereur referma tranquillement les yeux; car la faculté de goûter à volonté les douceurs du sommeil, était une des prérogatives que lui avait accordé la nature.

Des dépêches télégraphiques apportèrent bientôt des détails plus circonstanciés et plus rassurans. On sut que les paysans, auxquels on avait donné l'ordre de fournir seulement quatre hommes par paroisse, avaient montré de l'hésitation et de la mauvaise volonté, et que les chefs avaient eu beaucoup de peine à rassembler quatre à cinq mille hommes, composés en grande partie de vagabonds et d'ouvriers sans ouvrage. On sut enfin que le général Travot, ayant été instruit du débarquement et de la route qu'avait suivi le convoi, s'était mis à la poursuite des insurgés, les avait atteints en avant de St.-Gilles, leur avait tué trois cents hommes, et s'était emparé de la majeure partie des armes et des munitions.

L'Empereur pensa que cette émeute pourrait se résoudre autrement que par la force; et adoptant à cet égard les vues de conciliation proposées par le général Travot, il chargea le ministre de la police d'inviter MM. de Malartic et deux autres chefs Vendéens, MM. de la Beraudière et de Flavigny, à se rendre en qualité de pacificateurs près de leurs anciens compagnons d'armes, et à leur remontrer que ce n'était point dans les plaines de l'Ouest que le sort du trône serait décidé; et que l'expulsion définitive ou le rétablissement de Louis XVIII, ne dépendant ni de leurs efforts ni de leurs revers, le sang français qu'ils allaient verser dans la Vendée serait inutilement répandu.

Il transmit l'ordre au général Lamarque qu'il venait d'investir de la direction suprême de cette guerre[17], de favoriser de tout son pouvoir les négociations de M. de Malartic; il lui prescrivit en même tems de déclarer formellement à la Roche-Jaquelin et aux autres chefs des insurgés, que s'ils persistaient à continuer la guerre civile, il ne leur serait plus fait de quartier, et que leurs maisons et leurs propriétés seraient saccagées et incendiées[18].

Il lui recommanda aussi de presser le plus vivement possible les bandes de la Vendée, afin de ne leur laisser d'autre espoir de salut qu'une prompte soumission. Mais cette recommandation était superflue. Déjà le général Travot, par des attaques imprévues, des marches savantes, des succès toujours croissans, était parvenu à porter le trouble et l'effroi dans l'âme des insurgés, et ils cherchaient moins à le combattre qu'à l'éviter.

En opérant le mouvement de concentration qui lui avait été prescrit, ce général se rencontra la nuit et par hasard, à Aisenay, avec l'armée royale. Les Vendéens, surpris, se crurent perdus. Quelques coups de fusils jetèrent dans leurs rangs le désordre et l'épouvante; ils se précipitèrent les uns sur les autres, et se débandèrent si complétement que MM. de Sapineau et Suzannet se trouvèrent plusieurs jours sans soldats. M. d'Autichamp, quoiqu'éloigné du lieu du combat, éprouva le même sort. Ses troupes l'abandonnèrent avec autant de facilité, qu'il avait eu de peine à les réunir.

Cette défection n'était point le seul effet de la terreur que l'armée impériale devait naturellement inspirer à de malheureux paysans; elle tenait encore à plusieurs autres circonstances. D'abord, elle résultait du peu de confiance des insurgés dans l'expérience et la capacité de leur général en chef le marquis de la Roche-Jaquelin. Ils rendaient justice à sa belle bravoure, mais il s'était perdu dans leur esprit en les compromettant sans cesse par de fausses manoeuvres, et en voulant les assujettir à un service régulier, incompatible avec leurs habitudes domestiques et leur manière de faire la guerre. Elle provenait ensuite de la division qui s'était introduite, dès le début de la guerre, parmi leurs généraux. Le marquis de la Roche-Jaquelin, ardent et ambitieux, s'était arrogé le commandement suprême; et les vieux fondateurs de l'armée royale, les d'Autichamp, les Suzannet, les Sapineau, n'obéissaient qu'à regret aux ordres impérieux d'un jeune officier, jusques-là sans service et sans réputation.

Mais la cause première, la cause fondamentale de la mollesse ou de l'inertie des Vendéens, était plus encore le changement survenu depuis le couronnement de Napoléon dans l'état politique et militaire de la France: ils savaient que le tems où ils faisaient peur aux bleus et s'emparaient à coups de bâton de leur artillerie, était passé. Ils savaient que le tems de la terreur, de l'anarchie, était fini pour toujours, et qu'ils n'avaient plus à redouter ni les abus, ni les excès, ni les crimes qui avaient provoqué et entretenu leur première insurrection. Quant à l'attachement qu'ils avaient hérité de leurs pères pour la famille des Bourbons, cet attachement, sans être banni de leurs coeurs, était balancé par la crainte de voir renaître les malheurs et les dévastations de l'ancienne guerre civile, par l'inquiétude que leur inspirait la renaissance du double despotisme des prêtres et des nobles, et peut-être encore par le souvenir des bienfaits de Napoléon. C'était lui qui leur avait rendu leurs églises et leurs ministres, qui avait relevé les ruines de leurs habitations désolées[19], et qui les avait affranchis à la fois des exactions révolutionnaires et des brigandages de la chouannerie.

L'Empereur, ne doutant point de la fin prochaine et de l'heureuse issue de cette guerre, l'annonça hautement en audience publique. «Tout, dit-il, sera terminé avant peu dans la Vendée. Les Vendéens ne veulent plus se battre. Ils se retirent chez eux, un à un, et le combat finira, faute de combattans.»

Les nouvelles qu'il reçut du roi de Naples furent bien loin de lui inspirer la même satisfaction.

Ce prince, comme je l'ai dit précédemment, après avoir remporté plusieurs avantages assez brillans, s'était avancé jusqu'aux portes de Plaisance, et se disposait à marcher sur Milan, à travers le territoire Piémontais, lorsque lord Bentink lui fit notifier que l'Angleterre se déclarerait contre lui, s'il ne respectait point les états du roi de Sardaigne. Joachim, craignant une diversion des Anglais sur Naples, consentit à changer de direction. Les Autrichiens eurent le tems d'accourir, et Milan fut sauvé.

Sur ces entrefaites, un corps d'armée napolitain, qui avait pénétré en Toscane et chassé devant lui le général Nugent, fut surpris et forcé de se retirer précipitamment sur Florence.

Ce revers inattendu, et les renforts considérables que les Autrichiens reçurent, déterminèrent Joachim à rétrograder: il se retira pied à pied sur Ancone.

Les Anglais, neutres jusqu'alors, se déclarèrent contre lui, et s'allièrent à l'Autriche et aux Siciliens. Joachim, menacé, pressé de tous côtés, concentra ses forces. Une bataille générale fut livrée à Tolentino. Les Napolitains, animés par la présence et la valeur de leur roi, attaquèrent vivement le général Bianchi, et tout leur présageait la victoire, quand l'arrivée du général Neipperg, à la tête de troupes fraîches, changea la face des affaires. L'armée napolitaine, rompue, abandonna le champ de bataille et s'enfuit à Macerata.

Un second combat aussi malheureux eut lieu à Caprano, et la prise de cette ville, par les Autrichiens, leur ouvrit l'entrée du royaume de Naples, tandis que le corps du général Nugent, qui s'était dirigé de Florence sur Rome, pénétrait par une autre route sur le territoire napolitain.

Le bruit de la défaite et de la mort du roi, l'approche des armées autrichiennes et leurs proclamations[20], excitèrent une sédition à Naples. Les Lazzaronis, après avoir assassiné quelques Français et massacré le ministre de la police, se portèrent au Palais-Royal, dans le dessein d'égorger la reine. Cette princesse, digne du sang qui coulait dans ses veines, ne s'effraya point de leurs cris et de leurs menaces; elle leur tint tête courageusement, et les força de rentrer dans l'obéissance.

Joachim, resté debout au milieu des débris de son armée, soutenait, avec une constance héroïque, les efforts de ses ennemis; résolu de périr les armes à la main, il s'élançait sur les bataillons, et portait, dans leur sein, l'épouvante et la mort. Mais sa valeur ne pouvait qu'illustrer sa chute. Toujours repoussé, toujours invulnérable, il abandonna l'espoir de vaincre ou de se faire tuer. Il revint à Naples, dans la nuit du 19 au 20 mars; la reine parut indignée de le voir. «Madame, lui dit-il, je n'ai pas pu mourir.» Il partit aussitôt, pour ne point tomber au pouvoir des Autrichiens, et vint se réfugier en France. La reine, malgré les dangers qui menaçaient sa vie, voulut rester à Naples, jusqu'à ce que le sort de l'armée et le sien eussent été décidés. Le traité signé, elle se retira à bord d'un bâtiment anglais, et se fit conduire à Trieste.

La catastrophe du roi fit sur l'esprit superstitieux de Napoléon, la plus profonde impression; mais elle n'inspira aux Français que peu de regrets et point de crainte. Je dis point de crainte, car la nation s'était familiarisée avec l'idée de la guerre. Le patriotisme et l'énergie dont elle se sentait animée, lui inspiraient une telle confiance, qu'elle se croyait assez forte pour se passer de l'appui des Napolitains et lutter seule contre la coalition. Elle se rappelait la campagne de 1814; et si, à cette époque, Napoléon, avec soixante mille soldats, avait battu et tenu en échec les armées victorieuses de l'étranger, que ne devait-elle point espérer aujourd'hui, que l'armée, forte de trois cents mille combattans, ne serait, au besoin, que l'avant-garde de la France? Les royalistes et leurs journaux, en répétant les manifestes de Gand et de Vienne, en énumérant les armées étrangères, en exagérant nos dangers, étaient bien parvenus à amollir quelques âmes et à ébranler leurs opinions; mais les sentimens de la masse nationale n'avaient rien perdu de leur vigueur et de leur énergie. Chaque jour, de nouvelles offrandes[21] étaient déposées sur l'autel de la patrie; et chaque jour se formaient, sous le nom de lanciers, de partisans, de fédérés, de chasseurs des montagnes, de tirailleurs, de nouveaux corps de volontaires aussi nombreux que redoutables.

Les Parisiens, si souvent spectateurs paisibles des événemens, partageaient cet élan patriotique; non contens d'élever leurs retranchemens de leurs propres mains, ils sollicitèrent l'honneur de les défendre; et vingt mille hommes, composés de gardes nationaux, de fédérés des faubourgs, et de citoyens de toutes les classes, s'organisèrent en bataillons de guerre, sous la dénomination de tirailleurs de la garde nationale.

Napoléon applaudissait aux nobles efforts de la grande nation; mais malheureusement nos arsenaux avaient été spoliés en 1814; et quelle que fut l'activité de nos ateliers, il éprouvait le désespoir de ne pouvoir armer tous les bras levés pour sa défense; il lui aurait fallu six cents mille fusils, et à peine pouvait-on suffire à l'armement des troupes de ligne et des gardes nationales envoyées dans les places.

Mais pendant que Paris d'un côté contemplait ses remparts, de l'autre il voyait s'achever les préparatifs de la fête du Champ de Mai. Partout la foule abondait; et le Français, toujours le même, toujours valeureux et frivole, parcourait avec un égal plaisir les lieux où il devait se battre, et ceux où il espérait s'amuser.

L'assemblée du Champ de Mai, que plusieurs circonstances imprévues avaient retardée, eut enfin lieu le 1er juin. L'Empereur crut devoir y étaler tout le faste impérial, et il se trompa. Il allait se trouver en présence de vieux patriotes qu'il avait abusés, et il fallait éviter de réveiller leurs souvenirs et d'offusquer leurs regards.

Son costume, celui de ses frères et de sa cour, firent d'abord une impression désagréable; elle s'évanouit bientôt, pour faire place aux sensations qu'excitait cette grande réunion nationale. Quoi, en effet, de plus imposant que l'aspect d'un peuple menacé d'une guerre formidable, formant paisiblement un pacte solennel avec le souverain qu'on veut lui ravir; et s'unissant avec lui, à la vie et à la mort, pour défendre en commun l'indépendance et l'honneur de la patrie!

Un autel s'élevait au milieu de la vaste et superbe enceinte du Champ de Mars, et l'on commença la cérémonie par invoquer l'Être suprême. Les hommages rendus à Dieu, en présence de la nature, semblent inspirer à l'homme plus de religion, de confiance et de respect. Au moment de l'élévation, cette foule de citoyens, de soldats, d'officiers, de magistrats, de princes, se prosterna dans la poussière, et implora pour la France, avec une tendre et religieuse émotion, la protection tutélaire du Souverain Arbitre des peuples et des rois. L'Empereur lui-même, ordinairement si distrait, fit paraître beaucoup de recueillement. Tous les regards étaient fixés sur lui: on se rappelait ses victoires et ses revers, sa grandeur et sa chute; on s'attendrissait sur les nouveaux dangers accumulés sur sa tête; et l'on faisait des voeux, des voeux bien sincères! pour qu'il pût triompher de ses implacables ennemis.

Une députation composée de cinq cents électeurs s'avança au pied du trône, et l'un d'eux, au nom du peuple Français, lui parla en ces termes:

> SIRE, le peuple Français vous avait décerné la couronne; vous l'avez déposée sans son aveu; ses suffrages viennent de vous imposer le devoir de la reprendre.

Un contrat nouveau s'est formé entre la nation et votre Majesté.

> Rassemblés de tous les points de l'empire autour des tables de la loi, où nous venons inscrire le voeu du peuple, ce voeu, seule source légitime du pouvoir, il nous est impossible de ne pas faire retentir la voix de la France dont nous sommes les organes immédiats, de ne pas dire, en présence de l'Europe, au chef auguste de la nation, ce qu'elle attend de lui, ce qu'il doit attendre d'elle.

Nos paroles sont graves comme les circonstances qui les inspirent.

> Que veut la ligue des rois alliés, avec cet appareil de guerre dont elle épouvante l'Europe et afflige l'humanité.

> Par quel acte, par quelle violation avons-nous provoqué leur vengeance, motivé leur agression?

> Avons-nous, depuis la paix, essayé de leur donner des lois? Nous voulons seulement faire et suivre celles qui s'adaptent à nos moeurs.

> Nous ne voulons point du chef que veulent pour nous nos ennemis, et nous voulons celui dont ils ne veulent pas.

> Ils osent vous proscrire personnellement, vous, Sire, qui, maître tant de fois de leurs capitales, les avez raffermis généreusement sur leurs trônes ébranlés! Cette haine de nos ennemis ajoute à notre amour pour vous; on proscrirait le moins connu de nos citoyens, que nous devrions le défendre avec la même énergie: il serait, comme vous, sous l'égide de la loi et de la puissance Française.

> On nous menace d'une invasion, et cependant resserrés dans des frontières que la nature ne nous: point imposées, que long-tems, et avant votre règne, la victoire et la paix mêmes avaient reculées, nous n'avons point franchi cette étroite enceinte, par respect pour des traités que vous n'avez point signés, et que vous avez offert de respecter.

Ne demande-t-on que des garanties? elles sont toutes dans nos constitutions et dans la volonté du peuple Français, unie désormais à la vôtre.

Ne craint-on pas de nous rappeler des tems, un état de choses, naguères si différens, et qui pourraient encore se reproduire!

Ce ne serait pas la première fois que nous aurions vaincu l'Europe armée contre nous.

Ces droits sacrés, imprescriptibles, que la moindre peuplade n'a jamais réclamés en vain au tribunal de la justice et de l'histoire, c'est à la nation Française qu'on ose les disputer une seconde fois, au 19e siècle, à la face du monde civilisé!

Parce que la France veut être la France, faut-il qu'elle soit dégradée, déchirée, démembrée? et nous réserve-t-on le sort de la Pologne? Vainement veut-on cacher de funestes desseins sous l'apparence du dessein unique de vous séparer de nous; pour vous donner à des maîtres avec qui nous n'avons plus rien de commun, que nous n'entendons plus, et qui ne peuvent plus nous entendre.

Les trois branches de la législation vont se mettre en action; un seul sentiment les animera. Confians dans les promesses de votre Majesté, nous lui remettons, nous remettons à nos représentans et à la chambre des pairs, le soin de recevoir, de consolider, de perfectionner, de concert, sans précipitation, sans secousse, avec maturité, avec sagesse, notre système constitutionnel, et les institutions qui doivent en être la garantie.

Et, cependant, si nous sommes forcés de combattre, qu'un seul cri retentisse dans tous les coeurs. Marchons à l'ennemi qui veut nous traiter comme la dernière des nations. Serrons-nous tous autour du trône où siége le père et le chef du peuple et de l'armée.

Sire, rien n'est impossible, rien ne sera épargné pour nous assurer l'honneur et l'indépendance, ces biens plus chers que la vie; tout sera tenté, tout sera exécuté pour repousser un joug ignominieux. Nous le disons aux nations: Puissent leurs chefs nous entendre! s'ils acceptent vos offres de paix, le peuple Français attendra de votre administration, forte, libérale, paternelle, des motifs de se consoler des sacrifices que lui a coûtés la paix; mais si l'on ne lui laisse que le choix entre la guerre et la honte, la nation toute entière se lève pour la guerre; elle est prête à vous dégager des offres trop modérées peut-être, que vous avez faites pour épargner à l'Europe un nouveau bouleversement. Tout Français est soldat: la victoire suivra vos aigles, et nos ennemis, qui comptaient sur une division, regretteront bientôt de nous avoir provoqués.

Ce discours fini, on proclama le résultat des votes[22], et l'acceptation de l'acte constitutionnel.

L'Empereur alors, se tournant du côté des électeurs, dit:

Messieurs les électeurs des collèges de départemens et d'arrondissements, Messieurs les députés des armées de terre et de mer au Champ de Mai,

Empereur, Consul, Soldat, je tiens tout du peuple. Dans la prospérité, dans l'adversité, sur le champ de bataille, au conseil, sur le trône, dans l'exil, la France a été l'objet unique et constant de mes pensées et de mes actions.

Comme ce roi d'Athènes, je me suis sacrifié pour mon peuple, dans l'espoir de voir se réaliser la promesse donnée de conserver à la France son intégrité naturelle, ses honneurs et ses droits.

L'indignation de voir ces droits sacrés, acquis par vingt années de victoires, méconnus et perdus à jamais; le cri de l'honneur français flétri; les voeux de la nation, m'ont ramené sur ce trône, qui m'est cher parce qu'il est le palladium de l'indépendance, de l'honneur et des droits du peuple.

Français, en traversant, au milieu de l'allégresse publique, les diverses provinces de l'empire, pour arriver dans ma capitale, j'ai dû compter sur une longue paix; les nations sont liées par les traités conclus par leurs gouvernemens, quels qu'ils soient.

Ma pensée se portait alors toute entière sur les moyens de fonder notre liberté par une constitution conforme à la volonté et à l'intérêt du peuple. J'ai convoqué le Champ de Mai.

Je ne tardai pas à apprendre que les princes qui ont méconnu tous les principes, froissé l'opinion et les plus chers intérêts de tant de peuples, veulent nous faire la guerre. Ils méditent d'accroître le royaume des Pays-Bas, de lui donner pour barrières toutes nos places fortes du nord, et de concilier les différends qui les divisent encore, en se partageant la Loraine et l'Alsace.

Il a fallu se préparer à la guerre.

Cependant, devant courir personnellement les hasards des combats, ma première sollicitude a dû être de consulter sans retard la nation. Le peuple a accepté l'acte que je lui ai présenté.

Français! lorsque nous aurons repoussé ces injustes agressions, et que l'Europe sera convaincue de ce qu'on doit aux droits et à l'indépendance de 28 millions de Français, une loi solennelle, faite dans les formes voulues par l'acte constitutionnel, réunira les différentes dispositions de nos constitutions, aujourd'hui éparses.

Français, vous allez retourner dans vos départemens. Dites aux citoyens que les circonstances sont grandes!!! Qu'avec de l'union, de l'énergie et de la persévérance, nous sortirons victorieux de cette lutte d'un grand peuple contre ses oppresseurs; que les générations à venir scruteront sévèrement notre conduite; qu'une nation a tout perdu quand elle a perdu l'indépendance. Dites-leur que les rois étrangers que j'ai élevés sur le trône, ou qui me doivent la conservation de leur couronne; qui tous, au tems de ma prospérité, ont brigué mon alliance et la protection du peuple Français, dirigent aujourd'hui tous leurs coups contre ma personne. Si je ne voyais que c'est à la patrie qu'ils en veulent, je mettrais à leur merci cette existence contre laquelle ils se montrent si acharnés. Mais dites aussi aux citoyens, que tant que les Français me conserveront les sentimens d'amour dont ils me donnent tant de preuves, cette rage de nos ennemis sera impuissante.

Français, ma volonté est celle du peuple, mes droits sont les siens; mon honneur, ma gloire, mon bonheur, ne peuvent être autres que l'honneur, la gloire et le bonheur de la France.

Les paroles de Napoléon, prononcées d'une voix forte et expressive, produisirent la plus vive sensation. Un cri de *Vive l'Empereur!* retentit en un instant dans l'immensité du Champ de Mars, et fut répété de proche en proche dans les lieux environnans.

L'Empereur, après avoir juré sur l'évangile d'observer et de faire observer les constitutions de l'Empire, fit proclamer, par l'archichancelier, le serment de fidélité du peuple Français représenté par les électeurs: ce serment fut spontanément répété par mille et mille voix.

Les ministres de la guerre, et de la marine, au nom des armées de terre et de mer, et à la tête de leurs députations; le ministre de l'intérieur au nom des gardes nationales de France et à la tête des électeurs; les états-majors de la garde impériale et de la garde nationale, s'avancèrent ensuite pour prêter serment et recevoir, de la main de l'Empereur, les aigles qui leur étaient destinées.

Cette cérémonie terminée, les troupes qui formaient environ 50,000 hommes, défilèrent devant Napoléon, et la fête se termina comme elle avait été commencée, au milieu des acclamations du peuple, des soldats et de la majorité des électeurs; mais au mécontentement d'un certain nombre d'entr'eux qui se plaignirent, avec raison, que l'Empereur eût substitué une stérile distribution de drapeaux au grand congrès national qu'il avait convoqué.

Les partis, qui déjà commençaient à poindre, ne furent pas satisfaits non plus de l'issue du Champ de Mai. Les vieux révolutionnaires auraient désiré que Napoléon eût aboli l'empire et rétabli la république. Les partisans de la régence lui reprochaient de n'avoir point proclamé Napoléon II. Et les libéraux soutenaient qu'il aurait dû se démettre de la couronne, et laisser à la nation souveraine le droit de la lui rendre ou de l'offrir au plus digne.

Ces diverses prétentions étaient-elles fondées? Non.

Le rétablissement de la République eût perdu la France.

L'abdication en faveur de Napoléon II ne l'aurait point sauvée. Les alliés s'étaient expliqués à Bâle; ils n'auraient déposé les armes, que si l'Empereur eût consenti à leur livrer sa personne. «Chose, qui étant pour un prince le plus grand des malheurs, ne peut jamais faire une condition de paix[23].»

Quant à la dernière proposition, j'avoue que Napoléon, s'il eût remis entre les mains du peuple Français, le 21 mars ou le 12 avril[24], le sceptre qu'il venait d'arracher aux Bourbons, aurait achevé d'imprimer un caractère héroïque à la révolution du 20 mars. Il aurait déconcerté les étrangers, accru sa popularité, centuplé ses forces: mais, le 1er juin, il n'était plus tems: l'acte additionnel avait paru.

Napoléon, malheureusement pour lui, n'avait donc rien de mieux à faire au Champ de Mai que ce qu'il y fit; c'est-à-dire, de chercher à cacher le vide de la journée sous l'appareil d'une solennité religieuse et militaire, propre à émouvoir les âmes et à resserrer, par de nouveaux liens, l'union déjà subsistante entre lui, le peuple et l'armée.

L'Empereur n'avait pu remettre de sa main aux électeurs les aigles de leurs départemens; il profita de cette circonstance pour les réunir de nouveau. On ne lui avait point caché que quelques-uns d'entr'eux avaient paru mécontens, et il voulut essayer de dissiper leur mauvaise humeur et de réchauffer leur dévouement. Dix mille personnes furent rassemblées dans les vastes galeries du Louvre: d'un côté, on apercevait les députés et les électeurs de la nation: de l'autre, ses glorieux défenseurs. L'aigle de chaque département et de chaque députation des corps de l'armée, se trouvait placé en tête des groupes de citoyens ou de guerriers, et rien n'offrait un tableau plus animé et plus imposant, que cette réunion confuse de Français de tous les ordres de l'état, se pressant mutuellement autour des étendards et du héros qui devaient les conduire à la victoire et à la paix.

L'Empereur fut poli, affectueux, aimable; il se mit, avec un art infini, à la portée de tout le monde, et tout le monde fut, à peu près, enchanté de lui. Il était convaincu du tort que lui avait fait l'acte additionnel; et pour reconquérir l'opinion, il répéta, jusqu'à satiété, aux représentans et aux électeurs, qu'il s'occuperait, avec le concours des deux chambres, de réunir les dispositions des lois constitutionnelles non-abrogées, et de former, du tout, une seule et unique constitution qui deviendrait la loi fondamentale de la nation.

Ce retour sur lui-même était le résultat des observations de ses ministres, et plus particulièrement de M. Carnot. «Sire, lui répétait-il sans cesse, ne luttez point, je vous en conjure, contre l'opinion. Votre acte additionnel a déplu à la nation. Promettez-lui de le modifier, de le rendre conforme à ses voeux. Je vous le répète, Sire, jamais je ne vous trompai, votre salut, le nôtre, dépend de votre déférence aux volontés nationales. Ce n'est point tout; Sire, les Français sont devenus un peuple libre. Ce titre de *sujet* que vous leur donnez sans cesse, les blesse et les offusque. Appelez-les citoyens, ou nommez-les vos enfans; ne souffrez pas non plus qu'on appelle *monseigneur* vos ministres, vos maréchaux, vos grands officiers. Il n'y a pas de seigneurs dans un pays où l'égalité fait la base des lois; il n'y a que des citoyens.»

Cependant, l'Empereur ne voyait point arriver l'ouverture des chambres, sans une certaine appréhension. Son intention était de subir franchement les principes et les conséquences du gouvernement représentatif; premièrement, parce qu'il voulait régner et qu'il était convaincu qu'il ne pourrait point conserver le trône, s'il ne gouvernait point dans le sens qu'exigeait la nation; secondement, parce qu'il était persuadé que la nation attachait ses idées de bonheur au gouvernement représentatif, et que, avide de tous les genres de célébrité, il trouvait, comme il me le dit à Lyon, qu'il y avait de la gloire à rendre un grand peuple heureux. Mais quels que fussent les sentimens et la bonne volonté de Napoléon, il n'avait point eu le tems de se dépouiller complétement de ses vieilles idées, de ces anciennes préventions. Le souvenir de nos assemblées précédentes l'obsédait encore malgré lui; et il paraissait craindre que les Français n'eussent trop de chaleur dans l'imagination, de mobilité dans les volontés, de penchant à abuser de leurs droits, pour jouir tout-à-coup, sans préparation, des bienfaits d'une liberté absolue. Il craignait aussi que l'opposition inhérente aux gouvernemens représentatifs, ne fût en France mal sentie, mal comprise; qu'elle ne dégénérât en résistance; qu'elle ne nuisît à l'action du pouvoir; qu'elle ne lui ôtât son prestige, sa force morale, et n'en fît qu'un instrument d'oppression[25].

Indépendamment de ces considérations générales, Napoléon avait encore d'autres motifs pour redouter la prochaine assemblée des chambres. Elles allaient se réunir dans des circonstances où il était indispensable que le chef de l'état pût gouverner sans contradiction; et il prévoyait que les représentans, égarés par leur ardent amour de la liberté et par la crainte du despotisme, chercheraient à entraver l'exercice de son autorité, au lieu d'en seconder l'entier développement.

«Quand la guerre est engagée, disait-il un jour, la présence d'un corps délibérant est aussi embarrassante que funeste. *Il lui faut des victoires.* Que le monarque ait des revers, la terreur s'empare des gens timides et les rend, à leur insçu, l'instrument et les complices des hommes audacieux. La crainte du péril, l'envie de s'y soustraire, dérangent toutes les têtes. La raison n'est plus rien; *les sensations physiques sont tout.* Les turbulens, les ambitieux, avides de bruit, de popularité, de domination, s'érigent de leur propre autorité en avocats du peuple, en conseillers du prince; ils veulent tout savoir, tout règler, tout diriger. Si on n'écoute point leurs conseils, de conseillers ils deviennent censeurs, de censeurs factieux, et de factieux rebelles. Il faut alors, ou que le prince subisse leur joug, ou qu'il les chasse, et dans l'un ou l'autre cas, il compromet presque toujours sa couronne et l'état.»

Napoléon, tourmenté par l'inquiétude que lui inspiraient et l'application subite et irréfléchie du système populaire, et les dispositions des députés, reportait toute sa sécurité sur la chambre des pairs. Il espérait qu'elle imposerait aux représentans par son exemple, ou les contiendrait par sa fermeté.

Les ministres reçurent l'ordre de lui présenter chacun une liste de candidats.

M. de Lavalette, en qui l'Empereur avait une confiance particulière, fut également invité à lui fournir une liste.

M. de Lavalette, ancien aide-de-camp de Napoléon et son allié[26], lui avait voué un attachement à toute épreuve. Phocion disait à Antipater: je ne puis être à la fois ton flatteur et ton ami; et M. de Lavalette, pensant comme

Phocion, avait abjuré toute espèce de flatterie pour s'en tenir au langage sévère de l'amitié. Doué d'un esprit froid, d'un jugement sain, il appréciait les événemens avec sagesse et habileté. Réservé dans le monde, franc et ouvert avec Napoléon, il lui confessait son opinion avec l'abandon d'un coeur aimant, pur et droit. Aussi Napoléon attachait-il beaucoup de prix à ses conseils, et avouait-il, avec une noble franchise, qu'il avait eu souvent à se féliciter de les avoir suivis.

Les listes présentées à l'Empereur offraient un assortiment complet d'anciens nobles, de sénateurs, de généraux, de propriétaires, de négocians[27]. L'Empereur, c'est le cas de le dire, n'avait que l'embarras du choix, mais il était fort grand. D'un côté, il aurait désiré, par amour-propre et par esprit de conciliation, avoir dans la chambre des pairs de ces grands noms historiques qui résonnaient si agréablement à son oreille. De l'autre, il voulait que cette chambre, comme je l'ai dit plus haut, pût tenir en bride les députés; et il ne se dissimulait point que, s'il y faisait entrer d'anciens nobles, elle n'exercerait sur celle des représentans aucune influence, et vivrait probablement avec elle dans une fort mauvaise intelligence. Il se décida donc à faire le sacrifice de ses penchans au bien de la chose; et au lieu d'accorder la pairie à cette foule de nobles à parchemins qui l'avait humblement sollicitée, il ne la conféra qu'à quelques-uns d'entr'eux, connus par leur patriotisme et leur attachement aux doctrines libérales. Beaucoup de ces illustres solliciteurs se sont vantés, depuis, de l'avoir refusée. Cela est tout naturel; mais cela est-il vrai? Je leur laisse le soin de répondre en leur âme et conscience à cette interpellation.

L'Empereur, craignant des refus, avait eu la précaution de faire sonder d'avance les dispositions des candidats douteux. Quelques-uns montrèrent de l'hésitation, d'autres refusèrent nettement. De tous ces refus directs et indirects, dont le nombre fut de cinq à six tout au plus, nul ne contraria plus vivement Napoléon, que celui du maréchal Macdonald. Il n'avait point oublié la noble fidélité que le maréchal lui avait gardée, en 1814, jusqu'au dernier moment; et il regrettait que ses scrupules l'eussent éloigné d'une dignité où l'appelaient son rang, ses services et l'estime publique.

Le 3 juin étant arrivé, la chambre des représentans se réunit à l'ancien palais du corps législatif, et se constitua provisoirement sous la présidence du doyen d'âge.

La constitution avait laissé aux représentans le droit de nommer leur président. L'Empereur espérait que les suffrages tomberaient sur son frère Lucien, et dans cet espoir, il ne publia point sur-le-champ la liste des pairs, pour se réserver la faculté d'y comprendre ou d'en retrancher le prince, s'il était ou n'était point appelé à la présidence[28]. Mais la chambre, malgré l'estime et la confiance que lui inspiraient les principes et le caractère du prince Lucien, pensa que son élection serait regardée comme une déférence aux volontés de l'Empereur; elle résolut de faire un autre choix, afin de prouver à la France et aux étrangers qu'elle était et voulait rester libre et indépendante. M. Lanjuinais fut nommé; et Napoléon, qui savait que M. Lanjuinais, frondeur par tempérament, n'avait jamais pu s'accorder avec aucun gouvernement[29], fut doublement irrité qu'on eût repoussé le prince Lucien, et qu'on lui eût donné un semblable successeur.

La séance du jour suivant fut, pour Napoléon, un second sujet de mécontentement. L'assemblée avait exprimé la veille le désir de connaître la liste des membres de la chambre des pairs; l'Empereur, par le motif que je viens d'indiquer, fit répondre que cette liste ne serait arrêtée qu'après l'ouverture de la session. Cette réponse excita de violens murmures: un membre proposa de déclarer que la chambre ne procéderait à sa constitution définitive, que lorsqu'on lui aurait fourni la liste qu'elle avait demandée. Ainsi, dès son entrée dans la carrière, et avant même d'être installée, la chambre annonçait déjà l'intention de se constituer en état d'insurrection contre le chef de l'état.

La troisième séance fut témoin d'un scandale jusqu'alors inouï dans nos assemblées nationales. Le même membre [M. Dupin][30] exposa que le serment à prêter au souverain par la nation, pour être valable et légitime, ne doit pas être prêté en vertu d'un décret qui ne renferme que la seule volonté du prince, mais en vertu d'une loi qui est le voeu de la nation, constitutionnellement exprimé. Il proposa, en conséquence, de décider qu'aucun serment ne pourrait être exigé d'elle, qu'en exécution d'une loi; et que ce serment ne préjudicierait en rien au droit d'améliorer postérieurement la constitution.

Cette proposition, appuyée par M. Roi[31], tendait à déclarer nul, de fait et de droit, le serment que la nation et l'armée, représentées par leurs électeurs et leurs députés, venaient de prêter à l'Empereur et à la constitution, dans la solennité du Champ-de-Mai; et, comme c'était ce serment qui jusqu'alors liait uniquement la nation à l'Empereur, et Napoléon à la nation, il en résultait qu'en l'annulant, on dépouillait l'Empereur du caractère de souveraineté et de légitimité dont il était revêtu, et qu'on remettait ses droits en délibération.

La motion de M. Dupin fut rejetée d'un accord unanime; mais la chambre en souffrant complaisamment qu'on osât, dans son sein, révoquer en doute la légitimité de l'Empereur et de son autorité, et chercher à le rendre étranger à la nation, fit un acte d'indifférence et de faiblesse qui affligea profondément Napoléon.

«J'aperçois avec douleur, dit-il, que les députés ne sont point disposés à ne faire qu'un avec moi, et qu'ils ne laissent échapper aucune occasion de me chercher querelle. De quoi ont-ils à se plaindre? Que leur ai-je fait? je leur ai donné de la liberté à pleine main, je leur en ai peut-être trop donné, car les rois ont aujourd'hui plus de besoin de garantie que les nations. J'y mettrai du mien tant que je pourrai; mais s'ils croient faire de moi un soliveau ou un second Louis XVI, ils se trompent; je ne suis pas homme à me laisser faire la loi par des avocats[32], ni à me laisser couper la tête par des factieux.»

Les dispositions hostiles des représentans ne l'auraient point inquiété en tout autre tems; la constitution lui donnait le droit de dissoudre la chambre, et il en aurait usé; mais à la veille de la guerre, et dans la situation critique où il se trouvait placé, il ne pouvait avoir recours à un semblable expédient, sans risquer de compromettre le sort de la France. Il prit donc le parti de dissimuler ses peines et sa mauvaise humeur, et de souffrir ce qu'il ne pouvait empêcher.

Le 7 juin, il se rendit au corps législatif, pour faire l'ouverture des chambres; et après avoir reçu le serment des pairs et des députés, il prononça le discours suivant:

MM. de la chambre des pairs et MM. de la chambre des représentans,

> Depuis trois mois les circonstances et la confiance du peuple m'ont revêtu d'un pouvoir illimité. Aujourd'hui s'accomplit le désir le plus pressant de mon coeur: je viens commencer la monarchie constitutionnelle.

Les hommes sont trop impuissans pour assurer l'avenir; les institutions seules fixent les destinées des nations. La monarchie est nécessaire en France pour garantir la liberté, l'indépendance et les droits du peuple.

> Nos constitutions sont éparses: une de nos plus importantes occupations sera de les réunir dans un seul cadre, et de les coordonner dans une seule pensée. Ce travail recommandera l'époque actuelle aux générations futures.

> J'ambitionne de voir la France jouir de toute la liberté possible; je dis *possible*, parce que l'anarchie ramène toujours au gouvernement absolu.

> Une coalition formidable de rois en veut à notre indépendance; ses armées arrivent sur nos frontières.

> La frégate *la Melpomène* a été attaquée et prise dans la Méditerranée après un combat sanglant, contre un vaisseau Anglais de 74. Le sang a coulé pendant la paix![33]

> Nos ennemis comptent sur nos divisions intestines. Ils excitent et fomentent la guerre civile. Des rassemblemens ont lieu; on communique avec Gand, comme en 1792 avec

Coblentz. Des mesures législatives sont indispensables: c'est à votre patriotisme, à vos lumières et à votre attachement à ma personne, que je me confie sans réserve.

La liberté de la presse est inhérente à la constitution actuelle; on n'y peut rien changer sans altérer tout notre système politique; mais il faut des lois répressives, surtout dans l'état actuel de la nation. Je recommande à vos méditations cet objet important.

Les ministres vous feront connaître la situation de nos affaires.

Les finances seraient dans un état satisfaisant, sans le surcroît de dépenses que les circonstances actuelles ont exigé.

Cependant on pourrait faire face à tout, si les recettes comprises dans le budget étaient toutes réalisables dans l'année; et c'est sur les moyens d'arriver à ce résultat, que mon ministre des finances fixera votre attention.

Il est possible que le premier devoir du prince m'appelle bientôt à la tête des enfans de la nation pour combattre pour la patrie. L'armée et moi nous ferons notre devoir.

Vous, pairs et représentans, donnez à la nation l'exemple de la confiance, de l'énergie et du patriotisme, et, comme le sénat du grand peuple de l'antiquité, soyez décidés à mourir plutôt que de survivre au déshonneur et à la dégradation de la France. La cause sainte de la patrie triomphera!

Ce discours, plein de mesure et de raison, fit une profonde impression sur l'assemblée. Des cris de *vive l'Empereur!* beaucoup plus nombreux que ceux qui avaient éclaté à son arrivée, se firent entendre et se prolongèrent long-tems après son départ.

Le lendemain, la chambre des représentans s'occupa de la rédaction de son adresse.

Un indiscret admirateur de Napoléon[34], après avoir fait observer que la flatterie avait décerné le surnom de *Désiré* à un prince que la nation n'avait point appelé ni attendu, demanda qu'on décernât à Napoléon, qui était venu sauver la France de l'esclavage royal, le titre de *Sauveur*. Cette demande ridicule, étouffée par des rires ironiques, donna naissance à une multitude de sarcasmes et de réflexions offensantes, qui furent reportés à Napoléon, et qui, sans le blesser personnellement (car il estimait trop sa gloire pour la croire ravalée par de semblables clameurs), l'affectèrent dans l'intérêt de la France.

Napoléon, comme tous les grands hommes, aimait la louange: le blâme public, lorsqu'il le croyait injuste, ne lui faisait aucune impression. Cette insouciance n'était point l'effet de l'orgueil du diadême, elle était le résultat du mépris que lui inspirait la plupart des jugemens des hommes. «Il s'était accoutumé à ne voir la récompense des peines et des travaux de la vie, que dans l'opinion de la postérité.»

L'assemblée rejeta la proposition adulatrice de M. Lepelletier, et elle fit bien; mais elle eut tort de ne point colorer sa décision, de manière à adoucir ce qu'elle avait de dur, d'injuste et de désagréable pour l'Empereur qui ne l'avait point provoquée.

Cette rudesse ne l'étonna point: l'expérience lui avait déjà prouvé que la chambre ne laissait échapper aucune occasion de le molester.

Cette chambre, cependant, n'était composée que de partisans du 20 mars; mais tous les députés, s'ils étaient partisans de cette révolution, ne l'étaient point de Napoléon: les uns, par suite d'inimitiés personnelles; les autres, par le souvenir et la crainte du retour de son despotisme.

Les ennemis de Napoléon, déguisant leur haine sous les dehors de l'amour de la liberté, s'étaient insinués dans l'esprit des patriotes; et, l'acte additionnel à la main, les avaient entraînés dans leurs rangs, sous le prétexte apparent de combattre et de réfréner l'incurable tyrannie de l'Empereur.

D'un autre côté, les amis de Napoléon, tout en refusant de participer à cette coalition, ne cherchaient point à la dissoudre, parce qu'ils redoutaient intérieurement les envahissemens du pouvoir impérial, et qu'ils n'étaient point fâchés de laisser à d'autres le soin de s'y opposer.

Ainsi, l'assemblée toute entière, quoique mue par des motifs différens, s'était réunie pour s'ériger en état d'opposition hostile contre le chef de l'état, sans s'apercevoir que cette opposition irréfléchie, injuste et intempestive, allait jeter, dans toutes les âmes, l'inquiétude, la défiance et l'irrésolution, et détruire cette harmonie nationale, cette union d'intérêts, de volontés et de sentimens, seule force de Napoléon, seul salut de la France.

Quoi qu'il en soit, la chambre des députés, après avoir passé deux jours à discuter les bases et les termes de son adresse, fut admise, ainsi que la chambre des pairs, à se présenter au pied du trône.

La chambre des pairs porta la première la parole, et dit:

> Sire, votre empressement à soumettre aux formes et aux règles constitutionnelles le pouvoir absolu que les circonstances et la confiance du peuple vous avaient imposé, les nouvelles garanties données aux droits de la nation, le dévouement qui vous conduit au milieu des périls

que va braver l'armée, pénètrent tous les coeurs d'une profonde reconnaissance. Les pairs de France viennent offrir à Votre Majesté l'hommage de ce sentiment.

Vous avez manifesté, Sire, des principes qui sont ceux de la nation: ils doivent être les nôtres. Oui, tout pouvoir vient du peuple, est institué pour le peuple; la monarchie constitutionnelle est nécessaire au peuple Français, comme garantie de sa liberté et de son indépendance.

Sire, tandis que vous serez à la frontière à la tête des enfans de la patrie, la chambre des pairs concourra avec zèle à toutes les mesures législatives que les circonstances exigeront, pour forcer l'étranger à reconnaître l'indépendance nationale et faire triompher dans l'intérieur les principes consacrés par la volonté du peuple.

L'intérêt de la France est inséparable du vôtre. Si la fortune trompait vos efforts, des revers, Sire, n'affaibliraient pas notre persévérance, et redoubleraient notre attachement pour vous.

Si les succès répondent à la justice de notre cause et aux espérances que nous sommes accoutumés à concevoir de votre génie et de la bravoure de nos armées, la France n'en veut d'autre fruit que la paix. Nos institutions garantissent à l'Europe que jamais le gouvernement Français ne peut être entraîné par les séductions de la victoire.

L'Empereur répondit:

La lutte dans laquelle nous sommes engagés est sérieuse. L'entraînement de la prospérité n'est pas le danger qui nous menace aujourd'hui. C'est sous les *Fourches Caudines* que les étrangers veulent nous faire passer!

La justice de notre cause, l'esprit public de la nation, et le courage de l'armée, sont de puissans motifs pour espérer des succès; mais si nous avions des revers, c'est alors surtout que j'aimerais à voir déployer toute l'énergie de ce grand peuple; c'est alors que je trouverais dans la chambre des pairs des preuves d'attachement à la patrie et à moi.

C'est dans les tems difficiles que les grandes nations, comme les grands hommes, déploient toute l'énergie de leur caractère, et deviennent un objet d'admiration pour la postérité.

Monsieur le président et Messieurs les députés de la chambre des pairs, je vous remercie des sentimens que vous m'exprimez au nom de la chambre.

Le comte Lanjuinais, à la tête de la députation de la chambre des représentans, prononça ensuite le discours suivant:

Sire, la chambre des représentans a recueilli avec une profonde émotion les paroles émanées du trône dans la séance solennelle où V. M. déposant le pouvoir extraordinaire qu'elle exerçait, a proclamé le commencement de la monarchie constitutionnelle.

Les principales bases de cette monarchie protectrice de la liberté, de l'égalité, du bonheur du peuple, ont été reconnues par V. M., qui, se portant d'elle-même au-devant de tous les scrupules, comme au devant de tous les voeux, a déclaré que le soin de réunir nos constitutions éparses, et de les coordonner, était une des plus importantes occupations réservées à la législature. Fidèle à sa mission, la chambre des représentans remplira la tâche qui lui est dévolue dans ce noble travail: elle demande que, pour satisfaire à la volonté publique, ainsi qu'aux voeux de V. M., la délibération nationale rectifie le plus tôt possible ce que l'urgence de notre situation a pu produire de défectueux, ou laisser d'imparfait dans l'ensemble de nos constitutions.

Mais en même tems, Sire, la chambre des représentans ne se montrera pas moins empressée de proclamer ses sentimens et ses principes sur la lutte terrible qui menace d'ensanglanter l'Europe. À la suite d'événemens désastreux, la France envahie ne parut un moment écoutée sur l'établissement de sa constitution que pour se voir presqu'aussitôt soumise à une charte royale émanée du pouvoir absolu, à une ordonnance de réformation toujours révocable de sa nature, et qui, n'ayant pas l'assentiment exprimé du peuple, n'a jamais pu être considérée comme obligatoire par la nation.

Reprenant aujourd'hui l'exercice de ses droits, se ralliant autour du héros que sa confiance investit de nouveau du gouvernement de l'état, la France s'étonne et s'afflige de voir des souverains en armes lui demander raison d'un changement intérieur qui est le résultat de la volonté nationale, et qui ne porte atteinte ni aux relations existantes avec les autres gouvernemens ni à leur sécurité. La France ne peut admettre les distinctions à l'aide desquelles les puissances coalisées cherchent à voiler leur agression. Attaquer le monarque de son choix, c'est attaquer l'indépendance de la nation. Elle est armée toute entière pour défendre cette indépendance et pour repousser sans exception toute famille et tout prince qu'on oserait vouloir lui imposer. Aucun projet ambitieux n'entre dans la pensée du peuple Français; la volonté même du prince victorieux serait impuissante pour entraîner la nation hors des limites de sa propre défense. Mais aussi pour garantir son territoire, pour maintenir sa liberté, son honneur, sa dignité, elle est prête à tous les sacrifices. Que n'est-il permis, Sire, d'espérer encore que cet appareil de guerre, formé peut-être par les irritations de l'orgueil et par des illusions que chaque jour doit affaiblir, s'éloignera devant le besoin d'une paix nécessaire à tous les peuples de l'Europe, et qui rendrait à Votre Majesté sa compagne, aux Français l'héritier du trône? Mais déjà le sang a coulé, le signal des combats, préparés contre l'indépendance et la liberté française, a été donné au nom d'un peuple qui porte au plus haut degré l'enthousiasme de l'indépendance et de la liberté. Sans doute, au nombre des communications que nous promet Votre Majesté, les chambres trouveront la preuve des efforts qu'elle a faits pour maintenir la paix du monde. Si tous ces efforts doivent rester inutiles, que les malheurs de la guerre retombent sur ceux qui l'auront provoquée!

La chambre des représentans n'attend que les documens qui lui sont annoncés, pour concourir de tout son pouvoir aux mesures qu'exigera le succès d'une guerre aussi légitime. Il lui tarde, pour énoncer son voeu, de connaître les besoins et les ressources de l'état; et tandis que Votre Majesté, opposant à la plus injuste agression la valeur des armées nationales et la force de son génie, ne cherchera, dans la victoire, qu'un moyen d'arriver à une paix durable, la chambre des représentans croira marcher vers le même but, en travaillant sans relâche au pacte, dont le perfectionnement doit cimenter encore l'union du peuple et du trône, et fortifier aux yeux de l'Europe, par l'amélioration de nos institutions, la garantie de nos engagemens.

L'Empereur répondit:

Je retrouve avec satisfaction mes propres sentimens dans ceux que vous m'exprimez. Dans ces graves circonstances, ma pensée est absorbée par la guerre imminente, au succès de laquelle sont attachés l'indépendance et l'honneur de la France.

Je partirai cette nuit pour me rendre à la tête de mes armées, les mouvemens des différens corps ennemis y rendent ma présence indispensable. Pendant mon absence, je verrais avec plaisir qu'une commission nommée par chaque chambre méditât sur nos constitutions.

La constitution est notre point de ralliement; elle doit être notre étoile polaire dans ces momens d'orage. Toute discussion publique qui tendrait à diminuer, directement ou indirectement, la confiance qu'on doit avoir dans ses dispositions, serait un malheur pour l'état; nous nous trouverions au milieu des écueils, sans boussole et sans direction. La crise où nous sommes engagés est forte. N'imitons pas l'exemple du Bas-Empire, qui, pressé de tous côtés par les barbares, se rendit la risée de la postérité en s'occupant de discussions abstraites, au moment où le bélier brisait les portes de la ville.

Indépendamment des mesures législatives qu'exigent les circonstances de l'intérieur, vous jugerez peut-être utile de vous occuper des lois organiques destinées à faire marcher la constitution. Elles peuvent être l'objet de vos travaux publics sans avoir aucun inconvénient.

Monsieur le président et Messieurs les députés de la chambre des représentans, les sentimens exprimés dans votre adresse me démontrent assez l'attachement de la chambre à ma personne, et tout le patriotisme dont elle est animée. Dans toutes les affaires, ma marche sera toujours droite et ferme. Aidez-moi à sauver la patrie. Premier représentant du peuple, j'ai contracté l'obligation que je renouvelle, d'employer dans des tems plus tranquilles toutes les prérogatives de la couronne et le peu d'expérience que j'ai acquis, à vous seconder dans l'amélioration de nos institutions.

La voix, naturellement accentuée, de Napoléon, fit ressortir les mâles pensées dont étincelaient ces deux discours; et quand il fut arrivé à ce passage, *toute discussion publique qui tendrait à diminuer la confiance, etc. etc.* et à celui-ci, *n'imitons pas le Bas-Empire*, il enveloppa cette exhortation salutaire, d'un regard scrutateur qui fit baisser les yeux aux provocateurs de la discorde. La saine partie des représentons approuva la réponse de l'Empereur; les autres la regardèrent comme une leçon injurieuse à la dignité de la chambre. Il est des hommes qui se croient permis de pousser les remontrances jusqu'à l'outrage, et qui ne peuvent entendre, sans s'offenser, les avis même les plus sages et les plus mesurés.

L'Empereur partit, ainsi qu'il l'avait annoncé, dans la nuit du 12 mai.

La question de savoir s'il devait donner ou recevoir le signal des hostilités, s'était souvent offerte à ses méditations.

En attaquant l'ennemi, il avait l'avantage de combattre avant l'arrivée des Russes, et de transporter la guerre hors du territoire français; s'il était victorieux, il pouvait faire soulever la Belgique, et détacher de la coalition une partie de l'ancienne confédération du Rhin, et peut-être l'Autriche.

En se laissant attaquer, il restait le maître de choisir son champ de bataille, de multiplier à l'infini ses moyens de résistance, et de porter, à son plus haut degré d'exaltation, la force et le dévouement de son armée. Une armée de Français combattant sous les yeux de leurs mères, de leurs épouses, de leurs enfans, pour la conservation de leur bien-être et la défense de l'honneur et de l'indépendance de la patrie, eût été invincible. C'était ce dernier parti que Napoléon préférait; il s'accordait avec l'espoir qu'il nourrissait involontairement de se rapprocher des étrangers, et avec la crainte d'indisposer la chambre, en commençant la guerre sans avoir épuisé préalablement tous les moyens d'obtenir la paix.

Mais Napoléon sentit que, pour rendre une guerre nationale, il faut que tous les citoyens soient unis avec leur chef, de coeur et de volontés; et convaincu que le mauvais esprit de la chambre ferait chaque jour de nouveaux progrès et porterait la division et le trouble dans l'état, il résolut de commencer la guerre, espérant que la fortune favoriserait ses armes, et que la victoire le réconcilierait avec les députés, ou lui donnerait les moyens de les faire rentrer dans l'ordre.

L'Empereur chargea du gouvernement, pendant son absence, un conseil composé des quatorze personnes suivantes, savoir: le prince JOSEPH, président; le prince LUCIEN. *Les ministres*: le prince CAMBACÉRÈS; le prince d'ECKMUHL; le duc de VICENCE; le duc de GAÈTE; le duc de DECRÈS; le duc d'OTRANTE; le comte MOLLIEN; le comte CARNOT. *Les ministres d'état*: le comte DÉFERMON; le comte REGNAUD (de Saint-Jean-d'Angely); le comte BOULAY (de la Meurthe); le comte MERLIN. Il leur dit: «Je pars cette nuit: faites votre devoir; l'armée française et moi nous allons faire le nôtre. Je vous recommande de l'union, du zèle et de l'énergie.»

Il parut étrange, dans une monarchie représentative où la responsabilité pèse sur les ministres, de voir associer, au gouvernement, des ministres d'état non responsables.

On le fit observer à l'Empereur; il répondit qu'il avait adjoint des ministres d'état au conseil, pour qu'ils fussent, près de la chambre des députés, les interprètes du gouvernement; qu'il désirait que les ministres à portefeuille, tant que leur éducation constitutionnelle ne serait point terminée, ne parussent, à cette chambre, que le moins possible; qu'ils n'étaient point familiers avec la tribune; qu'ils pourraient y émettre, sans le vouloir, des opinions et des principes que le gouvernement ne pourrait avouer; qu'il serait inconvenant et difficile de démentir les paroles d'un ministre, tandis que celles d'un ministre d'état pouvaient être désavouées, sans compromettre le gouvernement et sans blesser sa dignité.

Ces motifs étaient-ils les seuls? Je ne le crois pas. Il se défiait de la perfidie du duc d'Otrante, du laisser-aller de tel et tel ministre, et il était bien aise de trouver une raison ou un prétexte pour introduire, dans le conseil du gouvernement, les quatre ministres d'état dont le dévouement et l'inébranlable fidélité lui paraissaient un surcroît de garantie. Lorsqu'il manifesta la volonté de commencer la guerre, le duc de Vicence sollicita la faveur de le suivre à l'armée. «Si je ne vous laissais point à Paris, lui répondit-il, sur qui pourrais-je compter?» Que de choses dans ce peu de mots!

Les ministres de l'intérieur et des affaires étrangères se présentèrent, le lendemain de son départ, à la chambre des pairs. M. Carnot lui soumit un exposé de la situation de l'Empereur et de l'empire.

«Sa Majesté, dit-il, éclairée par les événemens passés, et revenu, le coeur plein du désir et de l'espoir de conserver la paix au dehors, et de pouvoir gouverner paternellement.

[...]

«Si l'Empereur était moins sûr de la force de son caractère et de la pureté de ses résolutions, il pourrait se regarder comme placé entre deux écueils, les partisans de la dynastie dépossédée, et ceux du *système républicain*. Mais les premiers, n'ayant pas su conserver ce qu'ils tenaient, sauront bien moins encore le ressaisir; les autres, désabusés par une longue expérience et liés par gratitude au prince qui les a délivrés, en sont devenus les plus zélés défenseurs; leur franchise aussi connue que le fut leur exaltation philantropique, environne ce trône, occupé par l'auguste fondateur d'une dynastie nouvelle, qui se fait gloire d'être sortie de nos rangs populaires.

Après cette déclaration, à laquelle les opinions républicaines de M. Carnot donnaient une grande importance; ce ministre se livra à l'examen successif des diverses branches d'administration publique.

Il révéla l'état dans lequel se trouvaient réduits par les malheurs du tems et la mauvaise gestion du gouvernement royal, les finances des communes, les hospices, les cultes, les travaux publics, les mines, les manufactures, le commerce, l'instruction publique, et fit connaître le système d'amélioration que l'Empereur avait conçu et déjà mis en oeuvre, pour rendre aux communes et aux hospices leurs anciennes ressources, aux travaux publics leur activité, au commerce son essor, à l'université son éclat, aux manufactures leur prospérité, au clergé l'aisance et la considération que lui avaient fait perdre les persécutions dirigées par lui à l'instigation des émigrés, contre les prétendus spoliateurs de leurs biens.

Arrivé au département de la guerre, il annonça que l'Empereur avait rétabli, sur ses anciennes bases, l'armée dont le dernier gouvernement avait à dessein dispersé les élémens; que, depuis le 20 mars, nos forces s'étaient élevées, par suite des enrôlemens volontaires et du rappel des anciens militaires, de cent mille hommes à trois cent soixante-quinze mille; que la garde impériale, le plus bel ornement de la France pendant la paix, et son plus ferme rempart pendant la guerre, serait bientôt portée à quarante mille hommes; que l'artillerie, malgré les douze mille six cents bouches à feu livrées à l'ennemi par la fatale convention du 23 avril 1814, s'était relevée de ses ruines, et comptait maintenant cent batteries et vingt mille chevaux; que nos arsenaux désorganisés avaient repris leurs travaux de construction, et rétabli le matériel de l'armée; que nos manufactures d'armes, naguères abandonnées et désertes, avaient, depuis deux mois, fabriqué ou réparé quatre cent mille fusils; que cent soixante-dix places ou forteresses, tant sur les frontières que dans l'intérieur, avaient été approvisionnées, réparées et mises en état de résister à l'ennemi; que la garde nationale, réorganisée complétement, avait déjà fourni, pour la défense des frontières, deux cent quarante bataillons ou cent cinquante mille hommes, et que la formation successive des autres bataillons d'élite produirait plus de deux cent mille hommes; que les volontaires dans les villes fermées et les élèves des lycées et des écoles spéciales avaient été organisés en compagnies d'artillerie, et formaient une masse de plus de vingt-cinq mille excellens canonniers; en sorte que huit cent cinquante mille Français défendraient l'indépendance, la liberté, l'honneur de la patrie, pendant que les gardes nationales sédentaires se prépareraient, dans l'intérieur, à offrir de nouvelles ressources pour le triomphe de la cause nationale.

Enfin, après avoir jeté un coup d'oeil rapide sur les dispositions hostiles de nos ennemis, sur les troubles intérieurs qu'ils avaient suscités, et les moyens de répression qu'avait adoptés l'Empereur, M. Carnot termina son rapport par exprimer le voeu que les deux chambres pussent bientôt donner à la France, de concert avec l'Empereur, les lois organiques dont elle avait besoin, pour que *la licence ne prît point la place de la liberté, et l'anarchie la place de l'ordre.*

Cet exposé, où M. Carnot laissa percer les craintes qu'inspirait à l'Empereur et à la nation, les progrès de l'esprit d'insubordination et de démagogie manifesté par certains membres de la chambre, fut immédiatement suivi d'un rapport du duc de Vicence, sur les dispositions menaçantes des puissances étrangères, et sur les efforts infructueux qu'avait fait l'Empereur pour les ramener à des sentimens modérés et pacifiques. Il attribua principalement leurs résolutions hostiles aux suggestions du cabinet de Londres. Il fit connaître ensuite les préparatifs militaires des quatre grandes puissances, les ligues renouvelées ou formées récemment contre nous, et conclut ainsi: «Croire à la possibilité du maintien de la paix, serait donc aujourd'hui un dangereux aveuglement; la guerre nous entoure de toutes parts, et ce n'est plus que sur le champ de bataille, que la France peut reconquérir la paix. Les Anglais, les Prussiens, les Autrichiens sont en ligne; les Russes sont en pleine marche. C'est un devoir d'accélérer l'heure du combat, quand une hésitation trop prolongée peut compromettre les intérêts de l'état.»

Ces deux rapports furent présentés à la chambre des députés par des ministres d'état, au même moment où les ministres en donnaient connaissance à celle des pairs. Au lieu de pénétrer les représentans de la nécessité de se rallier franchement à l'Empereur, et, comme le dit l'un d'eux, de ne point rétablir de lutte avec le gouvernement, dans un moment où le sang français allait couler, ils ne lui suggérèrent que de stériles discussions sur l'inconvenance des rapports des ministres d'état avec la chambre, et sur l'urgence de nommer une commission pour s'occuper de réformer l'acte additionnel. Un désir immodéré de discourir et de faire des lois, s'était emparé du plus grand nombre des députés; mais ce n'est point avec de vaines paroles et des projets de constitution, qu'on sauve un état. Quand la patrie était en danger, les Romains, au lieu de délibérer, suspendaient l'empire des lois et se donnaient un dictateur.

Le lendemain 17, les deux chambres reçurent la communication d'un nouveau rapport fait à l'Empereur, par le ministre de la police, sur la situation morale de la France.

> «Sire», disait ce ministre, «je dois vous dire la vérité toute entière. Nos ennemis ont de l'audace, des instrumens au-dehors, des appuis au-dedans; ils n'attendent que le moment favorable pour réaliser le plan conçu depuis vingt ans, et depuis vingt ans déjoué, d'unir le camp de Jalès à la Vendée, et d'entraîner une partie de la multitude dans cette confédération qui s'étend de la Manche à la Méditerranée.»

> «Dans ce système, les campagnes de la rive gauche de la Loire, dont la population est plus facile à égarer, sont le principal foyer de l'insurrection, qui doit, à l'aide des bandes

errantes de la Bretagne, se propager jusqu'en Normandie, où le voisinage des îles et les dispositions de la côte, rendent les communications plus faciles. Elle s'appuie d'un autre côté sur les Cevennes pour s'étendre jusqu'aux rives du Rhône, par les révoltes qu'on peut exciter dans quelques parties du Languedoc et de la Provence. Bordeaux est depuis l'origine, le centre de direction de ces mouvemens».

«Ce système n'a pas été abandonné. Il y a plus, le parti s'est grossi, à chaque phase de notre révolution, de tous les mécontens que les événemens produisaient, de tous les factieux encouragés par la certitude de l'amnistie, de tous les ambitieux qui désiraient acquérir quelque importance politique dans les changemens qu'on présageait.

[...]

«C'est ce parti qui trouble maintenant la tranquillité intérieure. C'est lui qui agite Marseille, Toulouse et Bordeaux. Marseille, où l'esprit de sédition anime jusqu'aux dernières classes de la population, où les lois ont été méconnues; Toulouse, qui semble encore sous l'influence de l'organisation révolutionnaire qui lui en fut donnée il y a quelques mois. Bordeaux, où reposent et fermentent avec intensité tous les germes de révolte.

[...]

«C'est ce parti qui, par de fausses alarmes, de fausses espérances, des distributions d'argent, et l'emploi des menaces, est parvenu à soulever de paisibles cultivateurs dans tous le territoire enclavé entre la Loire, la Vendée, l'Océan et le Rhône. On y a débarqué des armes, des munitions de guerre. L'hydre de la rébellion renaît, se reproduit partout où il exerça jadis ses ravages, et n'est point abattu par nos succès de Saint-Gilles et d'Aisenay. De l'autre côté de la Loire, des bandes désolent le département de Morbihan, quelques parties d'Ille-et-Vilaine, des côtes du nord, et de la Sarthe. Elles ont en un moment envahi les villes d'Aurai, de Rhedon, de Ploërmel, les campagnes de Mayenne jusqu'aux portes de Laval; elles arrêtent les marins et les militaires rappelés; elles désarment les propriétaires, se grossissent des paysans qu'elles font marcher de force, pillent les caisses publiques, anéantissent les instrumens de l'administration, menacent les fonctionnaires, s'emparent des diligences, saisissent les courriers, et ont intercepté un instant les communications du Mans à Angers, d'Angers à Nantes, de Nantes à Rennes, de Rennes à Vannes.»

«Sur les bords de la Manche, Dieppe, le Hâvre ont été agités par des mouvemens séditieux. Dans toute la 15e division, les bataillons de la milice nationale n'ont été formés qu'avec la plus grande difficulté. Les militaires et les marins ont refusé de répondre aux appels, et n'ont obéi qu'aux moyens de contraintes. Caen a été troublé deux fois par des réactions royalistes, et dans quelques arrondissemens de l'Orne, des bandes se forment comme en Bretagne et dans la Mayenne».

«Enfin, tous les écrits qui peuvent décourager les hommes faibles, enhardir les factieux, ébranler la confiance, diviser la nation, jeter de la déconsidération sur le gouvernement; tous les pamphlets qui sortent des presses de la Belgique, ou des imprimeries clandestines de France; tout ce que les journaux étrangers publient contre nous; tout ce que les écrivains des partis composent, se distribue, se colporte se répand impunément par défaut de lois répressives, et l'abus de la liberté de la presse».

«Inébranlable dans le système de modération qu'elle avait adopté, Votre Majesté crut devoir attendre la convocation des chambres, pour n'opposer que des précautions légales aux manoeuvres que la législation ordinaire ne punit pas toujours, et qu'elle ne pouvait ni prévoir ni prévenir.»

Le duc d'Otrante, entrant alors en matière, discutait les lois qui, nées dans des circonstances analogues, auraient pu être appliquées aux circonstances présentes; et ces lois lui paraissant impolitiques, dangereuses, insuffisantes, il en concluait qu'il était indispensable que les chambres s'occupassent sur-le-champ, des lois nouvelles nécessaires pour réprimer la licence de la presse, et circonscrire la liberté individuelle jusqu'au retour de l'ordre et de la paix intérieure.

Ce rapport ne fit point autant d'impression qu'on aurait dû s'y attendre. Les députés, exactement informés de ce qui se passait dans leurs départemens, reconnurent que les faits avaient été falsifiés; ils se persuadèrent que le tableau lugubre que M. Fouché leur présentait de la situation de la France, lui avait été commandé par l'Empereur pour les effrayer et les rendre plus dociles à ses volontés.

Les bureaux particuliers de la chambre retentirent des démentis plus ou moins formels donnés par chaque représentant aux assertions ministérielles.

L'un des membres de la députation du Calvados ne voulut même point se contenter de ces démentis à l'amiable, et déclara hautement à la tribune que les agens du ministère avaient abusé leur chef, en lui dépeignant une rixe individuelle, sans conséquence et sur-le-champ appaisée, comme une insurrection générale de royalistes. On aurait pu s'éviter la peine d'apprendre à M. Fouché, que son rapport amplifiait la vérité, et transformait des accidens particuliers en événemens publics; il le savait. Déjà voué à la cause des Bourbons, il avait, à dessein, dénaturé les faits, dans l'intention de rendre de l'espoir et de la consistance aux royalistes, et d'intimider, de refroidir, de diviser les partisans de Napoléon[35].

La chambre, au lieu de s'occuper des lois et des mesures de salut public, dont l'initiative lui avait été déférée, abandonna au ministère le soin de les lui proposer. Elle préféra reprendre ses discussions sur son sujet favori, l'acte additionnel; et je la laisse se consumer en dissertations abstraites, pour retourner à Napoléon.

L'Empereur, parti le 12 à trois heures du matin, avait visité en passant les fortifications de Soissons et de Laon, et était arrivé le 13 à Avesnes. Ses regards inquiets se reportaient sans cesse vers Paris. Placé, pour ainsi dire, entre deux feux, il semblait moins redouter les ennemis qu'il avait devant lui, que ceux qu'il laissait en arrière.

La totalité de ses forces s'élevait au 14 juin à trois cents mille hommes, dont seulement cent cinquante mille hommes d'infanterie et trente-cinq mille de cavalerie étaient en état d'entrer en campagne.

Il avait formé de ces cent quatre-vingt-cinq mille hommes, quatre armées et quatre corps d'observation.

La première, portant le nom de *grande armée*, était destinée à agir immédiatement sous ses ordres; elle était subdivisée en cinq corps principaux, commandés, le 1er par le comte d'ERLON; le 2e par le comte REILLE; le 3e par le comte VANDAMME; le 4e par le comte GÉRARD; le 5e (dit le 6e) par le comte LOBEAU[36]: et en un corps de cavalerie commandé par le maréchal GROUCHY.

Cette armée, non compris la garde impériale, forte de 4500 chevaux et 14000 fantassins, était à-peu-près de cent mille hommes, dont seize mille de cavalerie.

La deuxième, sous le titre d'*armée des Alpes*, était commandée par le maréchal duc d'ALBUFÉRA: elle devait occuper les débouchés de l'Italie et la lisière du pays de Gex. Sa force pouvait être de douze mille hommes.

La troisième, sous le titre d'*armée du Rhin*, avait à sa tête le général comte RAPP, et était chargée de protéger les frontières de l'Alsace. On l'évaluait à dix-huit mille hommes.

La quatrième, dite *armée de l'Ouest*, agissait dans la Vendée, et devait, après sa pacification, venir se confondre dans la *grande armée*: elle était de dix-sept mille hommes; le général LAMARQUE en avait le commandement en chef.

Le 1er corps d'observation, placé à Béford, était commandé par le général LECOURBE. Il devait défendre les issues de la Suisse et la Franche-Comté, et se lier, suivant les circonstances, par sa gauche à l'armée des Alpes, ou par sa droite à l'armée du Rhin.

Les trois autres corps ayant pour chefs le maréchal BRUNE à Marseille, le général CLAUSEL à Bordeaux, et le général DECAEN à Toulouse, devaient maintenir la tranquillité dans le pays, et s'opposer, en cas de besoin, aux invasions que pourraient tenter les Espagnols d'un côté, les Piémontais et les Anglais de l'autre.

Ces quatre corps d'observation formaient ensemble vingt mille hommes.

Ils devaient être appuyés, et renforcés par dix mille soldats, et cinquante mille gardes nationaux soldés.

Les deux armées du Rhin et des Alpes, devaient l'être également, par cinquante mille hommes de ligne et cent mille chasseurs et grenadiers de la garde nationale.

Enfin, l'armée que commandait l'Empereur en personne, devait être augmentée de cent mille gardes nationaux qui auraient été placés en seconde ligne, et de soixante mille hommes de troupes réglées qui, ainsi que celles dont il est parlé plus haut, s'organisaient journellement dans les dépôts.

Toutes ces ressources, lorsqu'elles auraient été disponibles (et elles pouvaient l'être avant la fin de la campagne), auraient porté la force de l'armée active à plus de trois cents mille combattans, et celle de l'armée de réserve, c'est-à-dire, des gardes nationales en deuxième ligne ou dans les places fortes, à quatre cents mille hommes. Elles auraient été alimentées: la première, par les levées des conscriptions de 1814 et de 1815; l'autre, par la mobilisation de nouveaux bataillons d'élite.

L'armée entière était superbe et pleine d'ardeur; mais l'Empereur, esclave (plus qu'on ne peut le croire) de ses souvenirs et de ses habitudes, fit la faute de la replacer sous le commandement de ses anciens chefs. La plupart (malgré leurs adresses au Roi) n'avaient point cessé de faire des voeux pour le triomphe de la cause impériale; mais, néanmoins, ils ne paraissaient point disposés à la servir avec l'ardeur et le dévouement qu'exigeaient les circonstances. Ce n'était plus ces hommes qui, pleins de jeunesse et d'ambition, prodiguaient généreusement leurs vies pour acquérir des grades et de la renommée; c'étaient des hommes fatigués de la guerre, et qui, parvenus au suprême degré d'élévation, et enrichis par les dépouilles des ennemis ou les largesses de Napoléon, n'avaient plus d'autres désirs que de jouir paisiblement de leur fortune à l'ombre de leurs lauriers.

Les colonels et les généraux entrés après eux dans la carrière, murmurèrent de se trouver placés sous leur tutelle. Les soldats eux-mêmes furent mécontens; mais ce mécontentement n'altéra point leur confiance dans la victoire: Napoléon était à leur tête[37].

Le 14, l'Empereur fit mettre à l'ordre du jour la proclamation suivante:

Avesnes, le 14 juin 1815.

SOLDATS,

C'est aujourd'hui l'anniversaire de Marengo et de Friedland, qui décida deux fois du destin de l'Europe. Alors, comme après Austerlitz, comme après Wagram, nous fûmes trop généreux! nous crûmes aux protestations et aux sermens des princes que nous laissâmes sur le trône! Aujourd'hui, cependant, coalisés contre nous, ils en veulent à l'indépendance et aux droits les plus sacrés de la France. Ils ont commencé la plus injuste des agressions. Marchons donc â leur rencontre: eux et nous, ne sommes-nous plus les mêmes hommes?

Soldats! à Jena, contre ces mêmes Prussiens, aujourd'hui si arrogans, vous étiez un contre trois, et à Montmirail, un contre six! Que ceux d'entre vous qui ont été prisonniers des Anglais, vous fassent le récit de leurs pontons et des maux affreux qu'ils ont soufferts.

Les Saxons, les Belges, les Hanovriens, les soldats de la confédération du Rhin, gémissent d'être obligés de prêter leurs bras à la cause des princes ennemis de la justice et des droits de tous les peuples. Ils savent que cette coalition est insatiable. Après avoir dévoré douze millions de Polonais, douze millions d'Italiens, un million de Saxons, six millions de Belges, elle devra dévorer les états du deuxième ordre de l'Allemagne.

Les insensés! Un moment de prospérité les aveugle. L'oppression et l'humiliation du peuple Français sont hors de leur pouvoir! S'ils entrent en France, ils y trouveront leur tombeau.

Soldats, nous avons des marches forcées à faire, des batailles à livrer, des périls à courir; mais avec de la constance, la victoire sera à nous; les droits, l'honneur et le bonheur de la patrie seront reconquis.

Pour tout Français qui a du coeur, le moment est arrivé de vaincre ou de périr!

Le plan de campagne adopté par l'Empereur était digne du courage des Français et de la haute réputation de leur chef.

Des renseignemens donnés d'une main sûre, et les agens que fournissait le duc d'Otrante[38], avaient fait connaître, dans tous ses détails, la position des alliés; Napoléon savait que l'armée de Wellington se trouvait disséminée depuis les bords de la mer jusqu'à Nivelles, que les Prussiens appuyaient leur droite à Charleroi, et que le reste de leur armée s'échelonnait indéfiniment jusqu'au Rhin. Il jugea que les lignes ennemies étaient trop étendues, et qu'il lui serait possible, en ne leur donnant point le tems de se resserrer, de diviser les deux armées et de tomber successivement sur leurs troupes éperdues.

À cet effet, il avait réuni toute la cavalerie en un seul corps de vingt mille chevaux, qu'il se proposait de lancer, avec la rapidité de la foudre, au milieu des cantonnemens ennemis.

Si la victoire favorisait ce coup d'audace, le centre de notre armée devait le second jour occuper Bruxelles; et les corps de droite et de gauche, rejeter les Anglais sur l'Escaut, et les Prussiens sur la Meuse. La Belgique conquise, on aurait armé les mécontens et marché de succès en succès jusqu'au Rhin, où l'on aurait de nouveau sollicité la paix.

Le 14, dans la nuit, notre armée, dont l'Empereur avait eu soin de dérober la présence, devait se mettre en marche; rien n'annonçait que l'ennemi eût prévu notre irruption, et tout nous promettait de grands résultats; lorsque Napoléon apprit que le général Bourmont, les colonels Clouet et Villoutreys, et deux autres officiers, venaient de déserter à l'ennemi.

Il avait su, par le maréchal Ney, que M. de Bourmont, lors des événemens de Besançon, avait montré de l'hésitation; et il ne s'était point soucié de l'employer. Mais M. de Bourmont, ayant donné sa parole d'honneur au général Gérard, de servir loyalement l'Empereur; et ce général, dont Napoléon faisait un grand cas, ayant répondu de Bourmont, l'Empereur consentit à lui accorder du service. Comment aurait-il pu supposer que cet officier qui s'était couvert de gloire en 1814, voudrait, en 1815, passer à l'ennemi, la veille d'une bataille!!

Napoléon fit sur-le-champ, à son plan d'attaque, les changemens que cette trahison inattendue rendait nécessaires, et se porta de suite en avant.

Le 15, à une heure du matin, il était de sa personne à Jumiguan sur l'Heure.

À trois heures, son armée se mit en mouvement sur trois colonnes, et déboucha brusquement par Beaumont, Maubeuge et Philippeville.

Un corps d'infanterie du général Ziethen voulut disputer le passage de la Sambre; le quatrième corps de chasseurs, soutenu par le neuvième, l'enfonça à coups de sabre, et lui fit trois cents prisonniers. Les sapeurs et les marins de la garde, envoyés à la suite de l'ennemi pour réparer les ponts, ne lui laissèrent point le tems de les détruire. Ils le suivirent en tirailleurs, et pénétrèrent avec lui dans la place. Le valeureux Pajol arriva bientôt avec sa cavalerie, et Charleroi fut à nous. Les habitans, heureux de revoir les Français, les saluèrent unanimement par des cris prolongés de *vive l'Empereur! vive la France!*

Le général Pajol mit sur-le-champ les hussards du général Clary à la poursuite des Prussiens; et ce brave régiment termina sa journée en prenant un drapeau, et en détruisant un bataillon qui avait osé résister.

Pendant ce tems, le deuxième corps passait la Sambre à Marchiennes, et culbutait tout ce qui se trouvait devant lui. Les Prussiens, étant parvenus à se rallier, voulurent lui opposer quelque résistance; le général Reille les fit enfoncer par sa cavalerie légère, leur prit deux cents hommes, et tua ou dispersa le reste. Battus de toutes parts, ils se rejetèrent sur les hauteurs de Fleurus, qui, vingt ans auparavant, avaient été déjà si fatales aux ennemis de la France[39].

Napoléon, d'un coup d'oeil, reconnut le terrain. Nos troupes s'élancèrent sur les Prussiens au pas de course. Trois carrés d'infanterie, appuyés par plusieurs escadrons et de l'artillerie, soutinrent le choc avec intrépidité. Fatigué de leur immobilité, l'Empereur ordonne au général Letort de les charger à la tête des dragons de la garde. Au même moment, le général Excelmans débusque sur le flanc gauche de l'ennemi; le vingtième de dragons, commandé par le jeune et brave Briqueville, se précipite sur les Prussiens d'un côté, tandis que Letort les attaque de l'autre. Ils furent enfoncés, anéantis; mais ils nous vendirent cher la victoire: Letort fut tué.

Cette journée, peu importante par ses résultats, puisqu'elle ne coûta à l'ennemi que cinq pièces d'artillerie et trois mille hommes tués ou prisonniers, produisit, sur l'armée, les plus heureux effets. La sciatique du maréchal Mortier[40], la trahison du général Bourmont, avaient fait naître un sentiment d'incertitude et de crainte, qui fut entièrement dissipé par l'issue favorable de ce premier combat.

Jusques-là, chaque chef de corps en avait conservé le commandement immédiat, et l'on pense quelle devait être leur ardeur et leur émulation: l'Empereur fit la faute de renverser les espérances de leur courage et de leur ambition; il plaça le général d'Erlon et le comte Reille sous les ordres du maréchal Ney, qu'il avait fait venir après coup; et le comte Gérard et le comte Vandamme sous ceux du maréchal Grouchy, qu'il eût été préférable de laisser à la tête de la cavalerie.

Le 16 au matin, l'armée, ainsi partagée, occupait les positions suivantes:

Le maréchal Ney, avec les premier et deuxième corps, la cavalerie du général Lefèvre-Desnouettes et celle du général Kellerman, avait son avant-garde à Frasnes, et les autres troupes disséminées autour de Gosselies[41].

Le maréchal Grouchy, avec les 3e et 4e corps et la cavalerie des généraux Pajol, Excelmans et Milhaud, était placé en avant et sur les hauteurs de Fleurus.

Le 6e corps et la garde étaient échelonnés entre Fleurus et Charleroi.

Le même jour, l'armée du maréchal Blucher, forte de 90,000 hommes, ralliés avec une grande habileté, était postée sur les hauteurs de Bry et de Sombref, et occupait les villages de Ligny et de St.-Amand, qui garnissaient son front. Sa cavalerie se prolongeait fort avant sur la route de Namur[42].

L'armée du duc de Wellington, que ce général n'avait point encore eu le tems de rassembler, se composait d'environ cent mille hommes, éparpillés entre Ath, Nivelle, Gennappes et Bruxelles.

L'Empereur fut reconnaître, en personne, la position de Blucher; et, pénétrant les desseins de ce général, résolut de lui livrer bataille, avant que ses réserves et l'armée Anglaise qu'il cherchait à atteindre, n'aient eu le tems de se rallier et de venir le rejoindre.

Il expédia sur-le-champ l'ordre au maréchal Ney, qu'il supposait en marche sur les Quatre-Bras, *où il n'aurait trouvé que peu de monde*, de chasser vigoureusement devant lui les Anglais, et de tomber ensuite à bras raccourci sur les derrières de l'armée Prussienne.

En même tems, il fit opérer un changement de front à l'armée impériale; le général Grouchy avança sur Sombref, le général Girard sur Ligny, le général Vandamme sur St.-Amand.

Le général Girard, avec sa division forte de 5000 hommes, fut détaché du 2e corps et placé derrière la gauche du général Vandamme, de manière à le soutenir et à lier en même temps l'armée du maréchal Ney avec celle de Napoléon.

La garde et les cuirassiers Milhaud furent disposés en réserve en avant de Fleurus.

À trois heures, le 3e corps aborda St.-Amand, et parvint à s'en emparer. Les Prussiens, ramenés par Blucher, reprirent le village; les Français, retranchés dans le cimetière, s'y défendirent avec opiniâtreté; mais, accablés par le nombre, ils allaient succomber, lorsque le général Drouot qui, plus d'une fois, décida le sort des batailles, s'élança au galop avec quatre batteries de la garde, prit l'ennemi à revers et le força de s'arrêter.

Au même moment, le maréchal Grouchy se battait avec succès à Sombref, et le général Girard attaquait avec impétuosité le village de Ligny. Ses murs crénelés et un long ravin en rendaient les approches aussi difficiles que périlleuses; ces obstacles n'intimidèrent point le général Lefol ni les braves qu'il commandait. Ils s'avancèrent la baïonnette en avant, et en peu d'instans les Prussiens, repoussés et anéantis, abandonnèrent le terrain.

Le maréchal Blucher, sachant que la possession de Ligny nous rendait maîtres du sort de la bataille, revint à la charge avec des troupes d'élite, et là, pour me servir de ses paroles, commença un combat qui peut être considéré comme l'un des plus acharnés dont l'histoire fasse mention. Pendant cinq heures, deux cents bouches à feu firent pleuvoir, sur ce champ de carnage les blessures et la mort. Pendant cinq heures, les Français et les Prussiens, tantôt vainqueurs, tantôt vaincus, se disputèrent corps à corps, pied à pied, ce poste ensanglanté, et sept fois consécutives se l'arrachèrent et se le reprirent tour-à-tour.

L'Empereur espérait, à chaque instant que le maréchal Ney allait venir prendre part à l'action. Dès le commencement de l'affaire, il lui avait réitéré l'ordre de manoeuvrer de manière à envelopper la droite des Prussiens; et il attachait un si grand prix à cette diversion, qu'il écrivit au maréchal, et lui fit dire à plusieurs reprises *que le sort de la France était entre ses mains.* Ney lui répondit qu'il avait sur les bras toute l'armée Anglaise; qu'il lui promettait de tenir toute la journée, mais rien de plus. L'Empereur, mieux instruit, l'assura qu'il n'avait en tête que l'avant-garde de Wellington, et lui ordonna de nouveau d'enfoncer les Anglais, et de s'emparer (coûte qui coûte) des Quatre-Bras. Le maréchal persista dans sa funeste erreur. Napoléon, pénétré de l'importance du mouvement que le maréchal Ney refusait de comprendre et d'exécuter, envoya directement au 1er corps l'ordre de se porter en toute hâte sur la droite des Prussiens; mais après avoir perdu un tems précieux à l'attendre, il jugea que le combat ne pouvait se prolonger davantage sans danger, et il prescrivit au général Girard qui n'avait avec lui que cinq mille hommes, d'opérer le mouvement que devaient effectuer les vingt mille hommes du comte d'Erlon, c'est-à-dire, de tourner St.-Amand et de tomber sur les derrières de l'ennemi.

Cette manoeuvre, habilement exécutée et secondée par une attaque de front de la garde, et par une charge brillante des cuirassiers de la brigade du général Delore et des grenadiers à cheval de la garde, décida la victoire. Les Prussiens, affaiblis de toutes parts, se retirèrent en désordre, et nous abandonnèrent, avec le champ de bataille, quarante canons et plusieurs drapeaux.

À la gauche, le maréchal Ney, au lieu de se porter rapidement sur les Quatre-Bras, et d'opérer la diversion qui lui avait été recommandée, avait employé douze heures en tâtonnemens inutiles, et donné le tems au prince d'Orange de renforcer son avant-garde. Les ordres pressans de Napoléon ne lui permettant point de rester en contemplation, il se porta en avant, et voulant sans doute réparer le tems perdu, il ne fit point reconnaître à fond ni la position ni les forces de l'ennemi; il se jeta sur lui tête baissée. La division du général Foy commença l'attaque, et fit replier les tirailleurs et les postes avancés. La cavalerie Bachelu, aidée, protégée, et soutenue par cette division, enfonça et mit en pièces trois bataillons Écossais; mais l'arrivée de nouveaux renforts, conduits par le duc de Wellington, et l'éclatante bravoure des Écossais, des Belges et du prince d'Orange, suspendirent nos succès. Cette résistance, loin de décourager le maréchal Ney, lui rendit une énergie qu'il n'avait point montrée jusqu'alors. Il attaqua les Anglo-Hollandais avec furie, et les rejeta sur les lisières du bois de Bossu. Le 1er de chasseurs et le 6e de lanciers culbutèrent les Brunswikois; le 8e de cuirassiers passa sur le corps à deux bataillons Écossais et leur prit un drapeau; le 11e non moins intrépide, le poursuivit jusqu'à l'entrée du bois. Mais ce bois qu'on n'avait point fait fouiller, était garni d'infanterie Anglaise. Nos cuirassiers furent assaillis par des feux dirigés à bout portant, qui jetèrent tout-à-coup le trouble et la confusion dans leurs rangs. Quelques officiers, nouvellement incorporés, au lieu d'apaiser le désordre, l'augmentèrent par des cris de *sauve qui peut*. Ce désordre, qui en un instant se communiqua de proche en proche jusqu'à Beaumont, aurait pu causer de grands malheurs, si l'infanterie du général Foy, restée inébranlable, n'eût continué à soutenir le combat, avec autant de persévérance que d'intrépidité.

Le maréchal Ney, qui n'avait avec lui que vingt mille hommes, voulut faire avancer le premier corps qu'il avait laissé en arrière; mais l'Empereur (comme je l'ai dit plus haut) avait ordonné directement au comte d'Erlon, qui le commandait, de venir le rejoindre; et ce général s'était mis en marche. Ney, lorsqu'il reçut cette nouvelle, était au milieu du feu croisé des batteries ennemies. «Voyez-vous ces boulets? s'écria-t-il avec un sombre désespoir, je voudrais qu'ils m'entrassent tous dans le ventre.» Il fit voler sur les traces du comte d'Erlon, et lui prescrivit, quels que soient les ordres qu'il ait pu recevoir de l'Empereur lui-même, de rétrograder. Le comte d'Erlon eut la faiblesse et le malheur d'obéir. Il ramena ses troupes au maréchal: mais il était neuf heures du soir; et le maréchal, rebuté par les entraves qu'il avait éprouvées, et mécontent de lui et des autres, avait cessé le combat.

Le duc de Wellington, dont les forces s'étaient accrues successivement au-delà de cinquante mille hommes, se retira en bon ordre dans la nuit, à Gennappes.

Le maréchal Ney dut, à la grande bravoure de ses troupes et à la fermeté des généraux, l'honneur de n'avoir pas été forcé d'abandonner ses positions.

L'acharnement avec lequel on se battit dans cette journée, fit frémir les hommes les plus habitués à contempler de sang-froid les horreurs de la guerre. Les ruines fumantes de Ligny et de Saint-Amand étaient encombrées de morts et de mourans; le ravin, en avant de Ligny, ressemblait à un fleuve de sang, sur lequel surnageaient des cadavres; aux Quatre-Bras, même spectacle! le chemin creux qui bordait le bois, avait disparu sous les corps ensanglantés des braves Écossais et de nos cuirassiers. La garde impériale se distingua surtout par sa rage meurtrière: elle combattit aux cris de *vive l'Empereur! point de quartier!* Le corps du général Girard montra la même animosité; ce fut lui qui, ayant épuisé toutes ses munitions, demandait à grands cris des cartouches et des Prussiens.

La perle des Prussiens, rendue considérable par le feu terrible de notre artillerie, fut de vingt-cinq mille hommes. Blucher, renversé de cheval par nos cuirassiers, ne leur échappa que par miracle.

La perte des Anglais et des Hollandais fut de quatre mille cinq cents hommes. Trois régimens écossais, et la légion noire de Brunswick, furent presqu'entièrement exterminés. Le prince de Brunswick lui-même et une foule d'autres officiers de marque, furent tués.

Nous perdîmes, à l'aile gauche, près de 5,000 hommes et plusieurs généraux. Le prince Jérôme, déjà blessé au passage de la Sambre, reçut un léger coup de feu à la main; il se tint constamment à la tête de sa division, et déploya beaucoup de valeur et de sang-froid.

Notre perte à Ligny, évaluée à 6,500 hommes, fut rendue plus douloureuse encore par la blessure à mort du général Girard. Peu d'officiers étaient doués d'un caractère aussi noble et d'une intrépidité aussi journalière. Plus avide des faveurs de la gloire que des dons de la fortune, il ne possédait que son épée; et ses derniers momens, au lieu d'être embellis par le seul souvenir de ses actions héroïques, furent troublés par la douleur de laisser sa famille à la merci du besoin.

La victoire de Ligny ne remplit point entièrement l'attente de l'Empereur. «Si le maréchal Ney, dit-il, avait attaqué les Anglais avec toutes ses forces, il les aurait écrasés, et serait venu donner le coup de grâce aux Prussiens; et si, après avoir fait cette première faute, il n'eût point fait la seconde sottise, d'empêcher le mouvement du comte d'Erlon, l'intervention du premier corps aurait abrégé la résistance de Blucher, et rendu sa défaite irréparable: toute son armée aurait été prise ou détruite.»

Cette victoire, quoiqu'imparfaite, n'en fut pas moins considérée par les généraux, comme étant de la plus haute importance. Elle séparait l'armée anglaise des Prussiens, et nous laissait l'espoir de pouvoir la vaincre à son tour.

L'Empereur, *sans perdre de tems*, voulait, dès la pointe du jour, attaquer d'un côté les Anglais, et de l'autre, faire poursuivre sans relâche l'armée de Blucher. On lui objecta que l'armée anglaise était intacte et prête à recevoir la bataille, tandis que nos troupes, harassées par les combats et la fatigue de Ligny, ne seraient peut-être point en état de se battre avec la vigueur nécessaire. On lui fit enfin de si nombreuses objections, qu'il consentit à laisser prendre du repos à l'armée. Le malheur rend timide. Si, comme autrefois, Napoléon n'eût écouté que les inspirations de son audace, il est probable, il est certain (et je l'ai entendu dire au général Drouot), qu'il aurait pu, selon son projet, conduire le 17 ses troupes à Bruxelles; *et qui peut calculer quelles auraient été les suites de l'occupation de cette capitale!*

L'Empereur se borna donc le 17, à former son armée en deux colonnes; l'une de 65,000 hommes, conduite par l'Empereur, après avoir rallié l'aile gauche, suivit la trace des Anglais. L'artillerie légère, les lanciers du général Alphonse Colbert et de l'intrépide colonel Sourd, les pourchassèrent jusqu'à l'entrée de la forêt de Soignes, où le duc de Wellington prit position. L'autre, forte de 36,000 hommes, fut détachée sous les ordres du maréchal Grouchy, pour observer et poursuivre les Prussiens: elle ne dépassa point Gembloux.

La nuit du 17 au 18 fut affreuse, et semblait présager les malheurs de la journée. Une pluie violente et non interrompue ne permit point à l'armée de goûter un seul moment de repos. Pour surcroît d'infortune, le mauvais état des chemins retarda l'arrivée des vivres; et la plupart des soldats furent privés de nourriture; cependant, ils supportèrent gaîment cette double disgrâce, et à la pointe du jour ils annoncèrent à Napoléon, par des acclamations multipliées, qu'ils étaient prêts à voler à une nouvelle victoire.

L'Empereur avait pensé que lord Wellington, isolé des Prussiens et pressentant la marche du corps de Grouchy, qui pouvait, en passant la Dyle, se porter sur son flanc ou sur ses derrières, n'oserait point garder sa position, et se retirerait sur Bruxelles[43]. Il fut surpris, lorsque le jour lui découvrit que l'armée Anglaise n'avait point quitté ses positions et paraissait disposée à accepter la bataille. Il fit reconnaître ces positions par plusieurs généraux, et pour me servir des expressions de l'un d'eux, il sut qu'elles étaient défendues *par une armée de canons, et par des montagnes d'infanterie.*

Napoléon prévint sur-le-champ le maréchal Grouchy, qu'il allait probablement livrer une grande bataille aux Anglais, et lui ordonna de pousser vigoureusement les Prussiens, de se rapprocher de la grande armée le plus promptement possible, et de diriger ses mouvemens de manière à lier avec elle ses opérations[44].

Il fit appeler ensuite ses principaux officiers, pour leur donner ses instructions.

Les uns, pleins de confiance et d'audace, prétendirent qu'il fallait attaquer et emporter de vive force la position ennemie. D'autres, plus prudens, non moins braves, remontrèrent que la pluie avait abîmé les terres; que les troupes (et particulièrement la cavalerie) ne pourraient manœuvrer sans beaucoup de difficultés et de fatigues; que l'année Anglaise aurait l'immense avantage de nous attendre de pied ferme dans ses retranchemens, et qu'il était préférable de chercher à les tourner. Tous rendaient hommage à la valeur de leurs troupes, et promettaient qu'elles feraient des prodiges: mais ils différaient d'opinion sur la résistance qu'opposeraient les Anglais. Leur cavalerie, disaient les généraux qui avaient fait la guerre en Espagne, ne vaut point la nôtre; mais leur infanterie est plus redoutable qu'on ne pense. Retranchée, elle est dangereuse par son adresse à tirer juste; en plaine, elle tient ferme; et si on la culbute, elle se rallie cent pas plus loin, et revient à la charge. De nouvelles discussions s'engagèrent, et, chose remarquable, *il ne vint dans l'esprit de personne* que les Prussiens, dont quelques partis assez nombreux avaient été aperçus du côté de Moustier, pussent être en mesure de faire sur notre droite une diversion sérieuse.

L'Empereur, après avoir écouté et débattu tous les avis, se décida, par des considérations qui réunirent tous les suffrages, à faire attaquer de front les Anglais. Des ordres itératifs furent expédiés au maréchal Grouchy, et Napoléon, pour lui donner le tems d'effectuer le mouvement qu'il lui avait prescrit employa toute la matinée à déployer son armée.

L'Empereur fit en personne une nouvelle reconnaissance de l'armée Anglaise: sa position centrale, appuyée au village de Mont-St.-Jean, était soutenue à droite par la ferme d'Hougoumont, à gauche par celle de la Haie Sainte. Ses deux ailes s'étendaient jusqu'au delà du hameau de Terre-la-Haie et de Merke-Braine: des haies, des bois, des ravins, une artillerie immense, et 85 à 90,000 hommes, défendaient cette formidable position.

L'Empereur disposa son armée dans l'ordre suivant[45]: Le deuxième corps, dont le prince Jérôme faisait toujours partie, fut placé vis-à-vis les bois qui entouraient Hougoumont. Le 1er corps vis-à-vis la Haie-Sainte. Le 6e corps fut envoyé à l'extrême droite, de manière à pouvoir se lier avec le maréchal Grouchy, lorsqu'il déboucherait; la cavalerie légère et les cuirassiers furent flanqués en seconde ligne, derrière les 1er et 2e corps; la garde et sa cavalerie resta en réserve, sur les hauteurs de Planchenois; l'ancienne division du général Girard fut laissée à Fleurus; l'Empereur, avec son état-major, se plaça sur un petit mamelon, près la ferme de la Belle-Alliance, d'où il dominait la plaine et pouvait facilement diriger les mouvemens de l'armée, et apercevoir ceux des Anglais.

À midi et demi, l'Empereur, persuadé que le maréchal Grouchy devait être en mouvement, fit donner le signal du combat.

Le prince Jérôme se porta avec sa division sur Hougoumont. Les approches en étaient défendues par des haies et un bois où l'ennemi avait placé une nombreuse artillerie. L'attaque, rendue si difficile par les accidens du terrain, fut opérée avec une extrême impétuosité; le bois fut pris et repris tour-à-tour. Nos troupes et les Anglais, séparés le plus souvent par une simple haie, se tiraient à bout portant, et recevaient réciproquement leur feu, sans reculer d'un pas; de part et d'autre, l'artillerie faisait des ravages épouvantables. Le succès restait indécis, lorsque le général Reille fit soutenir l'attaque du prince Jérôme par la division Foy, et parvint à forcer l'ennemi de lui abandonner le bois et les vergers qu'il avait si vaillamment défendus et conservés jusqu'alors.

Il était une heure: ce fut quelques momens auparavant qu'une dépêche interceptée apprit à l'Empereur l'arrivée prochaine de trente mille Prussiens, commandés par Bulow[46].

Napoléon pensa que la force de ce corps, dont quelques éclaireurs avaient paru sur les hauteurs de Saint-Lambert, était exagérée; et persuadé d'ailleurs que l'armée de Grouchy le suivait, et qu'il allait se trouver entre deux feux, il ne s'en inquiéta que légèrement: cependant, plutôt par prévoyance que par crainte, il donna l'ordre au général Domont de se porter, avec sa cavalerie et celle du général Suberwick, au-devant des Prussiens, et prescrivit au comte de Lobau de se mettre en mesure de soutenir le général Domont, en cas de besoin. Des ordonnances furent expédiées en même tems au maréchal Grouchy, pour l'informer de ce qui se passait, et lui enjoindre *de nouveau* de hâter sa marche, de poursuivre, d'attaquer et d'écraser Bulow.

Notre armée se trouvait donc réduite, par la distraction des divisions Domont et Suberwick, et par la paralysation du sixième corps, à moins de cinquante-sept mille hommes: mais elle montrait tant de résolution, que l'Empereur ne douta point qu'elle ne fût suffisante pour battre les Anglais.

Le deuxième corps (je l'ai déjà dit) était parvenu à débusquer les Anglais des bois d'Hougoumont; mais le premier corps, malgré le jeu continuel de plusieurs batteries, et la résolution de notre infanterie et de la cavalerie légère des généraux Lefèvre-Desnouettes et Guyot, n'avait pu forcer ni la Haie-Sainte, ni Mont-Saint-Jean. L'Empereur ordonna au maréchal Ney d'entreprendre une nouvelle attaque, et de la faire soutenir par quatre-vingts pièces de canon. Un feu terrible de mousqueterie et d'artillerie s'engagea dès-lors, sur toute la ligne. Les Anglais, insensibles au danger, supportaient les charges de notre infanterie et de notre cavalerie avec une grande fermeté; plus ils montraient de résistance, plus nos soldais s'acharnaient au combat. Les Anglais, enfin, repoussés de position en position, évacuèrent la Haie-Sainte et Mont-Saint-Jean, et nos troupes s'en emparèrent aux cris de *vive l'Empereur!*

Le comte d'Erlon envoya sur-le-champ, pour les y maintenir, la seconde brigade du général Alix. Un corps de cavalerie anglaise lui coupa le passage, la mit en désordre, et se jetant ensuite sur nos batteries, parvint à désorganiser plusieurs pièces. Les cuirassiers du général Milhaud partirent au galop, pour repousser la cavalerie des Anglais. Une nouvelle division des leurs vint se jeter sur nos cuirassiers. Nos lanciers et nos chasseurs furent envoyés à leur secours. Une charge générale s'engagea, et les Anglais, rompus, culbutés et sabrés, furent forcés de se replier en désordre.

Jusqu'alors, l'armée française, ou pour mieux dire les quarante mille hommes des généraux Reille et d'Erlon, avaient obtenu et conservé une supériorité marquée. L'ennemi, rebuté, paraissait incertain de ses mouvemens. On avait remarqué des dispositions qui semblaient annoncer une prochaine retraite. L'Empereur, satisfait, répétait avec joie: «Ils sont à nous, je les tiens;» et le maréchal Soult et tous les généraux regardaient, comme lui, la victoire assurée[47].

La garde avait déjà reçu l'ordre de se mettre en mouvement pour occuper le terrain que nous avions conquis, et achever l'ennemi, lorsque le général Domont fit prévenir l'Empereur que le corps de Bulow venait d'entrer en ligne et s'avançait rapidement sur les derrières de notre droite. Cet avis changea la résolution de Napoléon; au lieu de se servir de sa garde pour soutenir les 1er et 2e corps, il la tint en réserve, et fit ordonner au maréchal Ney, de se maintenir dans les bois d'Hougoumont, à la Haie-Sainte et à Mont-St.-Jean, jusqu'à ce que l'on eût connu l'issue du mouvement qu'allait opérer le comte de Lobau contre les Prussiens.

Les Anglais, instruits de l'arrivée de Bulow, reprirent l'offensive et cherchèrent à nous chasser des positions que nous leur avions enlevées. Nos troupes les repoussèrent victorieusement. Le maréchal Ney, emporté par sa bouillante ardeur, oublia les ordres de l'Empereur. Il chargea l'ennemi à la tête des cuirassiers Milhaud et de la cavalerie légère de la garde, et parvint, au milieu des applaudissemens de l'armée, à s'établir sur les hauteurs de Mont-St.-Jean, jusqu'alors inaccessibles.

Ce mouvement intempestif et hasardeux n'échappa point au duc de Wellington. Il fit avancer son infanterie et lança sur nous toute sa cavalerie.

L'Empereur fit dire sur-le-champ au général Kellerman et à ses cuirassiers, de courir dégager notre première ligne. Les grenadiers à cheval et les dragons de la garde, soit par un mal-entendu du maréchal Ney, soit spontanément, s'ébranlèrent et suivirent les cuirassiers, sans qu'il fût possible de les arrêter. Une seconde mêlée, plus meurtrière que la première, s'engagea sur tous les points. Nos troupes, exposées au feu non interrompu de l'infanterie et des batteries ennemies, soutinrent et engagèrent héroïquement, pendant deux heures, de nombreuses et brillantes charges, dans lesquelles nous eûmes la gloire de prendre six drapeaux, de renverser plusieurs batteries et de hacher par morceaux quatre régimens; mais dans lesquelles aussi nous perdîmes l'élite de nos intrépides cuirassiers et de la cavalerie de la garde.

L'Empereur, que ce funeste engagement mettait au désespoir, ne pouvait y remédier. Grouchy n'arrivait point; et déjà, pour parvenir à maîtriser les Prussiens dont le nombre et les progrès allaient toujours croissans, il avait été forcé d'affaiblir ses réserves de 4000 hommes de la jeune garde.

Cependant, notre cavalerie, épuisée par une perte considérable et des combats inégaux sans cesse renouvelés, commençait à se décourager et à fléchir. L'issue de la bataille paraissait devenir douteuse. Il fallait frapper un grand coup par une attaque désespérée.

L'Empereur n'hésita point.

L'ordre est immédiatement donné au comte Reille de rassembler toutes ses forces et de se jeter impétueusement sur la droite de l'ennemi, tandis que Napoléon en personne va l'attaquer de front avec ses réserves.

Déjà l'Empereur disposait sa garde en colonne d'attaque, lorsqu'il apprit que notre cavalerie venait d'être forcée d'évacuer en partie les hauteurs de Mont-St.-Jean. Il ordonna sur-le-champ au maréchal Ney, de prendre avec lui quatre bataillons de moyenne garde, et de se porter en toute hâte sur le fatal plateau, pour y soutenir les cuirassiers qui l'occupaient encore.

La bonne contenance de la garde et les harangues de Napoléon enflammèrent les esprits; la cavalerie et quelques bataillons qui avaient suivi son mouvement en arrière, firent face à l'ennemi, aux cris de *vive l'Empereur!*

Au même moment une fusillade se fait entendre[48]. «Voilà Grouchy! s'écrie l'Empereur: la victoire est à nous.» Labédoyère vole annoncer à l'armée cette heureuse nouvelle; il pénètre, malgré l'ennemi, à la tête de nos colonnes: *le maréchal Grouchy arrive, la garde va donner, du courage! du courage! les Anglais sont perdus.*

Un dernier cri d'espoir part de tous les rangs; les blessés en état de faire quelques pas encore, retournent au combat; et mille et mille voix répètent à l'envi: *En avant! en avant!*

La colonne commandée par le *brave des braves*, arrivée en présence de l'ennemi, est accueillie par des décharges d'artillerie, qui lui font éprouver une perte affreuse. Le maréchal Ney, fatigué des boulets, ordonna d'emporter les batteries à la baïonnette. Les grenadiers se précipitent dessus avec une telle impétuosité, qu'ils méconnaissent cet ordre admirable qui tant de fois leur valut la victoire. Leur chef, ivre d'intrépidité, ne s'aperçoit point de ce désordre. Ses soldats et lui, abordent tumultueusement l'ennemi. Une nuée de balles, de mitraille, crève sur leurs têtes. Le cheval de Ney est tué, les généraux Michel et Friant tombent morts ou blessés; une foule de braves sont renversés. Wellington ne laisse point le tems à nos grenadiers de se reconnaître. Il les fait attaquer en flanc par sa cavalerie, et les force de se retirer dans le plus grand désordre. Au même instant, les 50,000 Prussiens de Ziethen, qu'on avait pris pour l'armée de Grouchy, enlevèrent de vive force le village de la Haie et nous repoussèrent devant eux. Notre cavalerie, notre infanterie, déjà ébranlées par la défaite de la garde moyenne, craignirent d'être coupées et se retirèrent précipitamment. La cavalerie anglaise, profitant habilement de la confusion que cette retraite inopinée avait occasionnée, se fit jour à travers nos rangs et acheva d'y semer le désordre et le découragement. Les autres troupes de la droite, qui ne résistaient déjà qu'avec une peine infinie aux attaques des Prussiens, et qui depuis plus d'une heure manquaient de munitions, voyant quelques escadrons pêle-mêle, et des hommes de la garde à la débandade, crurent que tout était perdu et quittèrent leur position. Ce mouvement contagieux se communiqua en un instant à la gauche; et toute l'armée, après avoir enlevé si vaillamment les meilleures positions de l'ennemi, les lui abandonna avec autant d'empressement, qu'elle avait mis d'ardeur à les conquérir.

L'armée anglaise qui s'était avancée à mesure que nous reculions, les Prussiens qui n'avaient point cessé de nous poursuivre, fondirent à la fois sur nos bataillons épars; la nuit augmenta le tumulte et l'effroi; et bientôt l'armée entière ne fut plus qu'une masse confuse que les Anglais et les Prussiens renversèrent sans efforts, et massacrèrent sans pitié.

L'Empereur, témoin de cette épouvantable défection, put à peine en croire ses yeux. Ses aides-de-camp coururent de tous côtés pour rallier les troupes. Lui-même se jeta au milieu de la foule. Mais ses paroles, ses ordres, ses prières, ne furent point entendus. Comment l'armée aurait-elle pu se reformer sous le canon et au milieu des charges continuelles des 80,000 Anglais et des 80,000 Prussiens qui avaient envahi le champ de bataille?

Cependant, huit bataillons que l'Empereur avait réunis précédemment, se formèrent en carrés, et barrèrent le chemin aux armées prussienne et anglaise. Ces braves, quels que furent leur constance et leur courage, ne pouvaient résister long-tems aux efforts d'un ennemi vingt fois plus nombreux. Environnés, assaillis, foudroyés de toutes parts, la plupart finirent enfin par succomber. Les uns vendirent chèrement leur vie; les autres, exténués de fatigue, de soif et de faim, n'eurent plus la force de combattre, et se laissèrent égorger sans pouvoir se défendre. Deux seuls bataillons[49], que l'ennemi n'avait pu rompre, se retirèrent en disputant le terrain, jusqu'à ce que, désorganisés et entraînés par le mouvement général, ils furent forcés eux-mêmes de suivre le torrent.

Un dernier bataillon de réserve, illustre et malheureux débris de la colonne de granit des champs de Marengo, était resté inébranlable au milieu des flots tumultueux de l'armée. L'Empereur se retire dans les rangs de ces braves, commandés encore par Cambronne! Il les fait former en carré, et s'avance à leur tête au devant de l'ennemi; tous ses généraux, Ney, Soult, Bertrand, Drouot, Corbineau, de Flahaut, Labédoyère, Gourgaud, etc., mettent l'épée à la main et deviennent soldats. Les vieux grenadiers, incapables de trembler pour leur vie, s'effrayent du danger qui menace celle de l'Empereur. Ils le conjurent de s'éloigner: *Retirez-vous*, lui dit l'un d'eux, *vous voyez bien que la mort ne veut pas de vous.* L'Empereur résiste et commande le feu. Les officiers qui l'entourent s'emparent de son cheval et l'entraînent. Cambronne et ses braves se pressent autour de leurs aigles expirantes, et disent à Napoléon un éternel adieu. Les Anglais, touchés de leur héroïque résistance, les conjurent de se rendre. Non, dit Cambronne, LA GARDE MEURT MAIS NE SE REND PAS! au même moment ils se précipitent tous sur l'ennemi, aux cris de *Vive l'Empereur!* On reconnaît à leurs coups les vainqueurs d'Austerlitz, de Jéna, de Wagram, de Montmirail. Les Anglais et les Prussiens, dont ils ont suspendu les chants de victoire, se réunissent contre cette poignée de héros et les abattent. Les uns, couverts de blessures, tombent à terre noyés dans leur sang. Les autres, plus heureux, sont tués; ceux enfin dont la mort trompe l'attente, se fusillent entr'eux, pour ne point survivre à leurs compagnons d'armes, ni mourir de la main de leurs ennemis.

Wellington et Blucher, devenus alors possesseurs paisibles du champ de bataille, le parcoururent en maîtres. Mais par combien de sang cet injuste triomphe ne fut-il pas acheté? Jamais, non jamais, les Français ne portèrent à leurs adversaires des coups plus formidables et plus meurtriers. Avides de sang et de gloire, méprisant les dangers et la mort, ils se précipitaient audacieusement sur les batteries enflammées de l'ennemi, et semblaient se multiplier pour aller le chercher, l'attaquer et le poursuivre dans ses inaccessibles retranchemens. Trente mille Anglais ou Prussiens[50] furent immolés par leurs mains dans cette fatale journée; et quand on pense que cet horrible carnage fut l'ouvrage de cinquante mille hommes[51] mourant de fatigues et de besoins, et luttant sur un terrain bourbeux contre une position inexpugnable et 130,000 combattans, on est saisi d'une douloureuse admiration, et l'on décerne aux vaincus la palme de la victoire.

Au moment où le corps de Bulow enfonçait notre droite, j'étais au quartier-général, à la ferme de Caillou.

Un aide-de-camp du grand maréchal vint, de sa part, prévenir le duc de Bassano que les Prussiens se dirigeaient sur ce point. Le duc, ayant reçu l'ordre de l'Empereur d'y rester, ne voulut point en sortir; et nous nous résignâmes à attendre l'événement. Bientôt effectivement des dragons ennemis s'emparèrent du petit bois qui couvrait la ferme et vinrent sabrer nos gens. Notre garde les repoussa à coups de fusil, mais revenus en plus grand nombre, ils nous assaillirent de nouveau et nous forcèrent, malgré le stoïcisme de M. le duc de Bassano, à leur céder très-promptement la place. Les voitures impériales, garnies de chevaux vigoureux, nous dérobèrent rapidement aux poursuites de l'ennemi. Le duc ne fut point aussi heureux; sa voiture, mal attelée, endura plusieurs fusillades; et il finit par être forcé de se sauver à pied et de venir se réfugier dans la mienne.

La cessation du feu, la retraite précipitée des débris de l'armée ne nous confirmèrent que trop l'issue funeste de la bataille; nous demandions de tous côtés des nouvelles de l'Empereur, et personne ne pouvait appaiser notre douloureuse anxiété: les uns nous assuraient qu'il avait été fait prisonnier, les autres qu'il avait été tué. Pour mettre fin aux inquiétudes qui nous oppressaient, je pris le cheval du chef de nos équipages; et, suivi d'un premier piqueur (nommé Chauvin), revenu avec Napoléon de l'île d'Elbe, je rebroussai vers Mont-St.-Jean. Après avoir vainement importuné de questions une multitude d'officiers, je rencontrai un page (le jeune Gudin) qui m'assura, que l'Empereur devait avoir quitté le champ de bataille. Je poussai plus loin. Deux cuirassiers, le sabre levé, m'arrêtèrent: Où vas-tu?— Je vais à la rencontre de l'Empereur.—Tu en as menti, tu es un royaliste, tu vas rejoindre les Anglais! Je ne sais comment cet incident aurait fini, si un officier supérieur de la garde, un envoyé du ciel ne m'eût heureusement reconnu et tiré d'embarras. Il m'assura que l'Empereur qu'il avait long-tems escorté, devait être en avant. Je fus retrouver le duc de Bassano. La certitude que l'Empereur était sain et sauf, allégea quelques momens notre douleur. Elle reprit bientôt toute sa force. Il aurait fallu n'être point Français, pour contempler d'un oeil sec notre épouvantable catastrophe. L'armée elle-même, revenue de ses premières impressions, oubliait les périls qui la menaçaient encore, pour méditer tristement sur l'avenir; sa marche était abattue, son regard consterné; aucune parole, aucune plainte ne venait interrompre son douloureux recueillement; on eût dit qu'elle accompagnait une pompe funèbre, qu'elle assistait aux obsèques de sa gloire et de la patrie.

La prise et le pillage des bagages de l'armée avaient suspendu instantanément la poursuite de l'ennemi. Il nous rejoignit aux Quatre-Bras, et tomba sur nos équipages. En tête du convoi marchait le trésor, et après lui notre voiture. Cinq autres voitures qui nous suivaient immédiatement, furent attaquées et sabrées. La nôtre, par miracle, parvint à se sauver. Ce fut là qu'on prit les effets d'habillement de l'Empereur, le superbe collier de diamans que lui avait donné la princesse Borghèse, et son landau échappé, en 1812, aux désastres de Moscow.

Les Prussiens, acharnés à notre poursuite, traitaient avec une barbarie sans exemple, les malheureux qu'ils pouvaient atteindre. À l'exception de quelques vieux soldats imperturbables, la plupart des autres avaient jeté leurs armes et se trouvaient sans défense; ils n'en étaient pas moins impitoyablement massacrés. Quatre Prussiens tuèrent de sang-froid le général…, après lui avoir arraché ses armes; un autre général, dont le nom n'est pas non plus présent à ma mémoire, se rendit à un officier; et cet officier eut la lâcheté, encore plus que la cruauté, de lui passer son sabre au travers du corps. Un colonel, pour ne point tomber entre leurs mains, se brûla la cervelle. Vingt autres officiers de tous grades imitèrent cet exemple. Un officier de cuirassiers, les voyant arriver, dit: «Ils n'auront ni mon cheval ni moi.» D'un coup de pistolet, il renverse son cheval, de l'autre, il se tue[52]. Mille actes de désespoir non moins héroïques illustrèrent cette fatale journée.

Nous continuâmes notre retraite sur Charleroi; plus nous avancions, plus elle devenait difficile. Ceux qui nous précédaient, soit pour arrêter l'ennemi, soit par trahison, obstruaient la route et, à chaque pas, nous étions obligés de rompre des barricades. Dans un moment de halte, j'entendis à nos côtés des cris et des lamentations. Je m'approchai, et je reconnus qu'ils partaient d'un fossé de la route, où deux immenses charretées de blessés avaient été culbutées. Ces infortunés, enfouis pêle-mêle sous les voitures renversées sur eux, imploraient la compassion des passans; et, jusqu'alors, leurs voix affaiblies et couvertes par le bruit des caissons, n'avaient point été entendues. Nous nous mîmes tous à l'ouvrage, et nous parvînmes à les arracher de leur tombeau. Quelques-uns respiraient encore. Le plus grand nombre étaient morts étouffés. La joie de ces malheureux nous toucha jusqu'aux larmes; mais elle fut de courte durée: il fallut les abandonner.

Toujours suivis et harcelés par l'ennemi, nous arrivâmes à Charleroi; il y régnait un tel encombrement, un tel désordre, que nous fûmes forcés d'abandonner notre voiture et nos bagages. Le portefeuille secret du cabinet fut enlevé par le garde du portefeuille; les autres papiers importans furent déchirés; nous ne laissâmes que des rapports et des lettres insignifiantes, qu'on a fait imprimer depuis à Bruxelles[53]. Déjà nous continuions (M. le duc de Bassano et moi) notre route à pied, lorsque j'aperçus des piqueurs menant en laisse des chevaux de main de l'Empereur; je leur ordonnai de nous les amener. Tel était le respect du duc pour tout ce qui touchait à Napoléon, qu'il hésitait à profiter de cette bonne fortune. Je parvins à vaincre ses scrupules, fort heureusement pour lui, car les Prussiens nous avaient rejoints, et le bruit des coups de fusil nous annonça qu'on était aux prises à quelques pas derrière nous.

On fut également forcé d'abandonner le trésor; l'or qu'il renfermait fut distribué aux gens de l'Empereur: tous le rapportèrent fidèlement.

L'Empereur, accompagné de ses aides-de-camp et de quelques officiers d'ordonnance, avait suivi, en quittant le champ de bataille, la route de Charleroi. Arrivé dans cette ville, il voulut essayer d'y rallier quelques troupes: ses efforts étant inutiles, il continua sa marche, après avoir donné ses ordres à plusieurs généraux.

Le comte de Lobau, les généraux de la garde Petit et Pelet de Morvan, et une foule d'autres officiers cherchèrent également à reformer l'armée. L'épée à la main, ils arrêtaient les troupes au passage et les forçaient de se ranger en bataille; à peine réunies, elles se dispersaient aussitôt. L'artillerie qu'on avait pu sauver, conserva seule inébranlablement son organisation. Les braves canonniers, attachés à leurs pièces comme des soldats à leurs drapeaux, les suivaient paisiblement. Contraints par l'encombrement de la route de s'arrêter à chaque pas, ils voyaient sans regrets s'écouler près d'eux les flots de l'armée: leur devoir était de rester à leurs pièces, et ils y restaient sans calculer que leur dévouement pourrait leur coûter la liberté ou la vie.

Le hasard nous fit prendre (à M. de Bassano et à moi) la route de Philippeville. Nous apprîmes, avec une joie dont nous ne nous croyions plus susceptibles, que l'Empereur se trouvait dans cette place. Nous courûmes près de lui. Quand il m'aperçut, il daigna me tendre la main; je la couvris de mes pleurs. L'Empereur ne put contenir lui-même sa propre émotion; une grosse larme, échappée de ses yeux, vint trahir les efforts de son âme.

L'Empereur fit expédier l'ordre aux généraux Rapp, Lecourbe et Lamarque, de se rendre à marches forcées sur Paris; et aux commandans des places fortes, de se défendre jusqu'à la dernière extrémité. Il me dicta ensuite deux lettres au prince Joseph: l'une, destinée à être communiquée au conseil des ministres, ne relatait qu'imparfaitement l'issue fatale de la bataille; l'autre, pour le prince seul, lui faisait un récit, malheureusement trop fidèle, de la déroute de l'armée. Cependant, disait-elle en finissant: «*Tout n'est point perdu.* Je suppose qu'il me restera, en réunissant mes forces, 150,000 hommes. Les fédérés et les gardes nationaux qui ont du coeur, me fourniront 100,000 hommes. Les bataillons de dépôt 50,000. J'aurai donc 300,000 soldats à opposer de suite à l'ennemi. J'attelerai l'artillerie avec les chevaux de luxe. Je lèverai 100,000 conscrits. Je les armerai avec les fusils des royalistes et des mauvaises gardes nationales. Je ferai lever en masse le Dauphiné, le Lyonnais, la Bourgogne, la Lorraine, la Champagne. J'accablerai l'ennemi. Mais il faut qu'on m'aide, et qu'on ne m'étourdisse point. Je vais à Laon. J'y trouverai sans doute du monde. Je n'ai point entendu parler de Grouchy. S'il n'est point pris (comme je le crains), je puis avoir dans trois jours 50,000 hommes; avec cela j'occuperai l'ennemi, et je donnerai le tems à Paris et à la France de faire leur devoir. Les Anglais marchent lentement. Les Prussiens craignent les paysans, et n'oseront point trop s'avancer. Tout peut se réparer encore; écrivez-moi l'effet que cette horrible échauffourée aura produit dans la chambre. Je crois que les députés se pénétreront que leur devoir, dans cette grande circonstance, est de se réunir à moi pour sauver la France. Préparez-les à me seconder dignement.»

L'Empereur ajouta de sa main: *Du courage et de la fermeté.*

Pendant que j'expédiai ces lettres, il dicta à M. de Bassano des instructions pour le major-général. Quand il eut fini, il se jeta sur un mauvais lit, et donna l'ordre de s'occuper des préparatifs de notre départ.

Une chaise de poste à moitié brisée, quelques charrettes et de la paille venaient d'être préparées (faute de mieux) pour Napoléon et pour nous; lorsque des voitures appartenant au maréchal Soult entrèrent dans la place. Nous nous en emparâmes. L'ennemi ayant déjà des coureurs du côté de Philippeville et de Marienbourg, on rassembla deux ou trois cents fuyards de toutes les couleurs pour escorter l'Empereur. Il monta en calèche avec le général Bertrand, et partit. Ce fut ainsi que Charles XII s'échappa devant ses vainqueurs, après la bataille de Pultawa.

La suite de l'Empereur fut renfermée dans deux autres calèches; l'une, dans laquelle je me trouvais, contenait M. de Bassano, le général Drouot, le général Dejean et M. de Canisy, premier écuyer; l'autre était occupée par MM. de Flahaut, Labédoyère, Corbineau, et de Bissi, aides-de-camp.

L'Empereur s'arrêta au delà de Rocroi pour prendre quelque nourriture. Nous étions tous dans un état à faire pitié; nos yeux gonflés par les larmes, nos figures décomposées, nos habits couverts de sang ou de poussière, nous rendaient pour nous-mêmes un objet de compassion et d'horreur. Nous nous entretînmes de la crise où allait se trouver l'Empereur et la France. Labédoyère, plein de la candeur que donne un coeur jeune et inexpérimenté, se persuadait que nos dangers rallieraient tous les partis, et que les chambres déploieraient une grande et bienfaisante énergie. «Il faut, disait-il, que l'Empereur, sans s'arrêter en route, se rende directement dans le sein de la représentation nationale, qu'il avoue franchement ses malheurs, et que (comme Philippe-Auguste) il offre de mourir en soldat et de remettre la couronne au plus digne. Les deux chambres se révolteront à l'idée d'abandonner Napoléon, et se réuniront à lui, pour sauver la France.»—Ne croyez point, lui répondis-je, que nous soyons encore dans ces tems où le malheur était sacré. La chambre, loin de plaindre Napoléon et de venir généreusement à son secours, l'accusera d'avoir perdu la France, et voudra la sauver en le sacrifiant.»—«Que Dieu nous préserve d'un semblable malheur!

s'écria Labédoyère; si les chambres s'isolent de l'Empereur, tout est perdu. Les ennemis, sous huit jours, seront à Paris. Le neuvième nous reverrons les Bourbons; alors que deviendra la liberté et tous ceux qui ont embrassé la cause nationale? Quant à moi, mon sort ne sera point douteux. *Je serai fusillé le premier.*»—«L'Empereur est un homme perdu, s'il met le pied à Paris: il n'a qu'un seul moyen de se sauver, lui et la France, reprit M. de Flahaut; c'est de traiter avec les alliés et de céder la couronne à son fils. Mais pour pouvoir traiter, il faut qu'il ait une armée; et peut-être au moment où nous parlons, la plupart des généraux songent-ils déjà à envoyer leurs soumissions au Roi[54].»—«Raison de plus, dit Labédoyère, pour se hâter de faire cause commune avec les chambres et la nation, et pour se mettre en route sans perdre de tems.»—«Et moi, répliquais-je, je soutiens, comme M. de Flahaut, que, si l'Empereur met le pied à Paris, il est perdu. On ne lui a jamais pardonné d'avoir abandonné son armée en Égypte, en Espagne, à Moscow. On lui pardonnera bien moins encore de l'avoir laissée là, au centre de la France.»

Ces diverses opinions, approuvées ou condamnées, servaient d'aliment à nos discussions, lorsqu'on vint nous avertir que les Anglais étaient à la Capelle[55], à quatre ou cinq lieues de nous. On en prévint sur-le-champ le général Bertrand. Mais l'Empereur continua de causer avec le duc de Bassano, et nous eûmes mille peines à lui faire reprendre sa route.

Nous arrivâmes à Laon; l'Empereur descendit au pied de la ville. On connaissait déjà notre défaite. Un détachement de la garde nationale vint au-devant de l'Empereur. «Nos frères et nos enfans, lui dit l'officier-commandant, sont dans les places fortes, mais disposez de nous, Sire; nous sommes prêts à mourir pour la patrie et pour vous.» L'Empereur le remercia vivement. Quelques paysans nous entouraient et nous regardaient stupidement; souvent ils criaient *vive l'Empereur!* ces cris nous faisaient mal. Ils plaisent dans la prospérité; après une bataille perdue, ils déchirent le coeur.

L'Empereur fut informé qu'on apercevait au loin un corps de troupes assez nombreux. Il envoya l'un de ses aides-de-camp le reconnaître. C'était environ trois mille Français, infanterie et cavalerie, que le prince Jérôme, le maréchal Soult, le général Morand, et les généraux Colbert, Petit et Pelet de Morvan, étaient parvenus à rallier. «En ce cas, dit Napoléon, je resterai à Laon jusqu'à ce que le reste de l'armée soit réuni. J'ai donné l'ordre de diriger sur Laon et sur Reims tous les militaires isolés. La gendarmerie et la garde nationale vont battre la campagne et ramasser les traînards; les bons soldats se rallieront d'eux-mêmes: nous aurons, dans vingt-quatre heures, un noyau de dix à douze mille hommes. Avec cette petite armée, je contiendrai l'ennemi, et je donnerai le tems à Grouchy d'arriver, et à la nation de se retourner.» Cette résolution fut vivement combattue. «Votre Majesté, lui dit-on, a vu, de ses propres yeux, la déroute complète de l'armée; elle sait que les régimens étaient confondus, et ce n'est point en quelques heures qu'on pourra les reformer. En supposant même qu'on puisse réunir un noyau de dix mille soldats, que pourra faire Votre Majesté, avec cette poignée d'hommes, dont la plupart n'auront ni armes ni munitions? elle arrêtera les ennemis sur un point, mais elle ne pourra pas les empêcher de pénétrer sur un autre; toutes les routes leur sont ouvertes. Le corps du maréchal Grouchy, s'il a passé la Dyle, sera tombé dans les mains de Blucher ou de Wellington; s'il ne l'a point passée, et qu'il veuille opérer sa retraite sur Namur, les Prussiens arriveront nécessairement avant lui à Gembloux ou à Temploux, et lui fermeront le passage; tandis que les Anglais se porteront par Tilly et Sombref sur son flanc droit, et lui enlèveront tout espoir de salut. Votre Majesté, dans cet état de choses, ne peut donc compter raisonnablement sur le secours de son armée; elle n'en a plus. La France ne peut être sauvée que par elle-même. Il faut que tous les citoyens prennent les armes; et la présence de Votre Majesté à Paris est nécessaire, pour comprimer vos ennemis, et enflammer et diriger le dévouement des patriotes. Les Parisiens, quand ils verront Votre Majesté, n'hésiteront point à se battre. Si Votre Majesté reste loin d'eux, on fera courir mille bruits mensongers sur son compte; tantôt on dira, que vous avez été tué; tantôt, que vous avez été fait prisonnier ou que vous êtes cerné. La garde nationale et les fédérés, découragés par la crainte d'être abandonnés ou trahis, comme ils l'ont été en 1814, se battront à contre-coeur, ou ne se battront point du tout.»

Ces considérations firent changer l'Empereur de résolution. «Eh bien! dit-il, puisque vous le croyez nécessaire, j'irai à Paris; mais je suis persuadé que vous me faites faire une sottise. Ma vraie place est ici. Je pourrais y diriger ce qui se passera à Paris, et mes frères feraient le reste.»

L'Empereur alors se retira dans une autre pièce avec M. de Bassano et moi; et, après avoir expédié de nouveaux ordres au maréchal Soult sur les mouvemens et le ralliement de l'armée, il mit la dernière main au bulletin de Mont-Saint-Jean, déjà ébauché à Philippeville. Quand il fut terminé, il fit appeler le grand maréchal, le général Drouot et les autres aides-de-camp. «Voici, leur dit-il, le bulletin de Mont-Saint-Jean; je veux que vous en entendiez la lecture; si j'ai omis quelques faits essentiels, vous me les rappellerez: mon intention est de ne rien dissimuler. Il faut, comme après Moscow, révéler à la France la vérité toute entière[56]! J'aurais pu, continua-t-il, rejeter, sur le maréchal Ney, une partie des malheurs de cette journée; mais le mal est fait; il ne faut plus en parler.» Je lus ce nouveau vingt-neuvième bulletin; quelques légers changemens, proposés par le général Drouot, furent agréés par l'Empereur; mais, je ne sais par quelle bizarrerie, il ne voulait point avouer que ses voitures étaient tombées au pouvoir de l'ennemi: «Quand vous traverserez Paris, lui dit M. de Flahaut, on s'apercevra bien que vos voitures ont été prises. Si vous le cachez, on vous accusera de déguiser des vérités plus importantes; et il faut ne rien dire, ou dire tout.» L'Empereur, après quelques façons, finit par accéder à cet avis.

Je fis alors une seconde lecture du bulletin, et tout le monde étant d'accord de son exactitude, M. de Bassano l'expédia au prince Joseph, par un courrier extraordinaire.

Au moment où il parvint, Paris retentissait encore des transports d'allégresse qu'avaient fait naître la victoire éclatante de Ligny et les heureuses nouvelles reçues des armées de l'Ouest et des Alpes.

Le maréchal Suchet, toujours heureux, toujours habile, s'était emparé de Montmélian, et de triomphe en triomphe, était parvenu à chasser les Piémontais des gorges et des vallées du Mont-Cénis.

Le général Desaix, l'un de ses lieutenans, avait repoussé, du côté du Jura, les avant-postes ennemis, pris Carrouge, passé l'Arve, et malgré les difficultés du pays, s'était emparé en un clin d'oeil de tous les défilés.

La guerre de la Vendée avait justifié les conjectures de l'Empereur.

Le marquis de La Roche-Jaquelin, honteux de la déroute d'Aisenay, attendait avec impatience le moment de la réparer. Instruit qu'une nouvelle flotte anglaise lui apportait des armes et des munitions, il crut que l'occasion était arrivée, et fit sur-le-champ des dispositions pour favoriser le débarquement annoncé, et livrer, s'il le fallait, bataille aux Impériaux.

Ses dispositions, mal conçues, mal réglées, n'obtinrent point l'assentiment unanime de l'armée. Une partie des généraux et des troupes, déjà fatigués et rebutés par des marches et des contre-marches sans but et sans utilité, n'exécutèrent qu'à contre-coeur les ordres donnés. L'autre partie, révoquant en doute la réalité du débarquement, montrait de l'hésitation. Le corps de M. d'Autichamp, enfin, l'un des plus considérables, refusa nettement de prendre part à cette expédition aventureuse; et cet exemple qu'attendaient les autres divisions, fut bientôt imité par MM. de Sapineau et Suzannet. La Roche-Jaquelin, trop fier pour revenir sur ses pas, trop présomptueux pour apprécier le danger et la folie de ses résolutions, ne vit, dans la résistance qu'on lui avait opposée, qu'une odieuse trahison, et dans sa colère délirante, prononça en maître la destitution des généraux rebelles. Une seule division (celle de son frère) lui étant restée fidèle, il se mit à sa tête, et s'enfonça témérairement dans le Marais[57], où l'attendaient de nouveaux revers et la mort.

Le général Lamarque avait pénétré d'un coup d'oeil les desseins de son imprudent adversaire, et donné l'ordre au redoutable Travot de quitter Nantes et de se porter en toute hâte sur les derrières de l'armée royale. Ce projet hardi fut habilement exécuté. L'avant-garde de Travot renversa tout ce qui s'opposait à son passage, s'empara de St.-Gilles, repoussa la flotte anglaise et mit obstacle au débarquement. Travot, avec le reste de ses troupes, passa au même moment la rivière de Vic à Bas-Oupton, et ferma le passage à La Roche-Jaquelin. Les Vendéens, pressés de toutes parts, reculèrent et prirent position à St.-Jean-de-Mont. L'ordre fut donné au général Estève de les attaquer. Ils l'attendirent de pied ferme; mais Estève connaissant l'inexpérience de leur chef, feignit de battre en retraite. Les Vendéens, trompés, abandonnèrent leurs retranchemens protecteurs. Les Impériaux se retournèrent brusquement, et, la baïonnette en avant, eurent bientôt dispersé leurs crédules et malheureux ennemis. La Roche-Jaquelin, la tête perdue, le coeur au désespoir, courut de tous côtés donner des ordres qu'on n'entendit plus, qu'on ne voulut plus suivre, et finit enfin par se faire tuer[58].

La Roche-Jaquelin avait été, par dévouement et par ambition, le principal instigateur de cette guerre; on crut que sa mort serait suivie de la paix; mais l'annonce du prochain commencement des hostilités, ranima le courage des Vendéens, rétablit la concorde entre leurs chefs, et ils se préparèrent à de nouveaux combats.

Le général Lamarque, instruit que MM. de Sapineau, de Suzannet et d'Autichamp, s'étaient réunis pour favoriser un troisième débarquement, se mit à leur poursuite, à la tête des divisions des généraux Brayer et Travot. Il les atteignit à la Roche-Servière. Leur position paraissait inexpugnable; mais les troupes impériales, animées au combat par la nouvelle télégraphique de la bataille de Ligny, firent des prodiges de valeur; et sans leurs généraux avides du sang français, il est probable que l'armée royale, chassée de ses retranchemens, culbutée et mise en déroute, aurait été entièrement anéantie.

Cette victoire fratricide, la dernière que la France dût avoir à déplorer, ne laissa plus aux Vendéens d'autres ressources que la paix; ils la demandèrent, et quelques jours après ils l'obtinrent. Si les talens, la vigueur des généraux Lamarque, Travot, Brayer, etc., ajoutèrent un nouveau lustre à leur réputation militaire, leur modération et leur humanité leur acquirent des droits encore plus glorieux à la reconnaissance nationale. Dans des mains moins françaises, cette guerre eût couvert d'un voile funèbre les pays insurgés; dans leurs mains tutélaires, elle ne ravit à la patrie qu'un petit nombre de ses enfans.

Tant de succès réunis, accrus encore par la renommée, avaient répandu dans Paris la confiance et l'ivresse; les craintes semées par la malveillance ou conçues par l'inquiète sollicitude des patriotes, s'étaient affaiblies. On commençait à contempler l'avenir avec sécurité; on se livrait à l'espoir que la fortune allait redevenir propice à la France, quand ce rêve trompeur fut tout-à-coup interrompu par la nouvelle des malheurs de notre armée, par l'arrivée de l'Empereur.

L'Empereur, en descendant à l'Élysée, fut reçu par le duc de Vicence, son censeur dans la prospérité, son ami dans l'infortune. Il paraissait succomber à la fatigue, à la douleur; sa poitrine était souffrante, sa respiration oppressée. Après un soupir pénible, il dit au duc: «L'armée avait fait des prodiges, une terreur panique l'a saisie; tout a été perdu... Ney s'est conduit comme un fou; il m'a fait massacrer ma cavalerie... Je n'en puis plus... il me faut deux heures de repos pour être à mes affaires.» En portant la main sur son coeur, «J'étouffe là.»

Il donna l'ordre de lui préparer un bain, et après quelques momens de silence, il reprit: «Mon intention est de réunir les deux chambres en séance impériale. Je leur peindrai les malheurs de l'armée; je leur demanderai les moyens de sauver la patrie: après cela, je repartirai.»—«Sire, lui répondit M. de Vicence, la nouvelle de vos malheurs a déjà transpiré. Il règne une grande agitation dans les esprits; les dispositions des députés paraissent plus hostiles que jamais; et puisque Votre Majesté daigne m'écouter, je dois lui dire, qu'il est à craindre que la chambre ne réponde point à votre attente. Je regrette, Sire, de vous voir à Paris: il eût été préférable de ne point vous séparer de votre armée; c'est elle qui fait votre force, votre sûreté.»—«Je n'ai plus d'armée, reprit l'Empereur; je n'ai plus que des fuyards. Je retrouverai des hommes, mais comment les armer? je n'ai plus de fusils. Cependant, avec de l'union, tout pourra se réparer. J'espère que les députés me seconderont; qu'ils sentiront la responsabilité qui va peser sur eux; vous avez mal jugé, je crois, de leur esprit; la majorité est bonne, est française. Je n'ai contre moi que Lafayette, Lanjuinais, Flaugergues et quelques autres. Ils ne veulent pas de moi, je le sais. Je les gêne. Ils voudraient travailler pour eux... Je ne les laisserai pas faire. Ma présence ici les contiendra.»

L'arrivée successive du prince Joseph et du prince Lucien interrompit cet entretien. Ils confirmèrent l'opinion du duc de Vicence, sur les mauvaises dispositions de la chambre, et conseillèrent à l'Empereur de différer la convocation de la séance impériale, et de laisser préalablement agir ses ministres.

Pendant que l'Empereur était au bain, les ministres et les grands de l'état accoururent à l'Élysée, et interrogèrent avec avidité les aides-de-camp et les officiers revenus de Mont-Saint-Jean. Le spectacle de la déroute et de la destruction de l'armée était encore présent à leurs yeux; ils n'épargnèrent aucun détail, et jetèrent imprudemment dans tous les coeurs la terreur et le découragement. On dit tout haut que Napoléon était perdu; et tout bas qu'il n'avait plus d'autre moyen de sauver la France que d'abdiquer.

L'Empereur, remis de ses fatigues, assembla son conseil: il fit donner lecture, par le duc de Bassano, du bulletin de la bataille de Mont-Saint-Jean, et dit: «Nos malheurs sont grands. Je suis venu pour les réparer, pour imprimer à la nation, à l'armée, un grand et noble mouvement. Si la nation se lève, l'ennemi sera écrasé; si, au lieu de levées, de mesures extraordinaires, on dispute, tout est perdu. L'ennemi est en France. J'ai besoin, pour sauver la patrie, d'être revêtu d'un grand pouvoir, *d'une dictature temporaire.* Dans l'intérêt de la patrie, je pourrais me saisir de ce pouvoir; mais il serait utile et plus national qu'il me fût donné par les chambres.» Les ministres baissèrent les yeux, et ne répondirent pas. L'Empereur alors les interpella d'émettre leur opinion sur les mesures de salut public qu'exigeaient les circonstances.

M. Carnot fut d'avis qu'il fallait déclarer la patrie en danger, appeler aux armes les fédérés et toutes les gardes nationales, mettre Paris en état de siége, le défendre, se retirer à la dernière extrémité derrière la Loire, s'y retrancher, rappeler l'armée de la Vendée, les corps d'observation du midi, et tenir l'ennemi en arrêt jusqu'à ce qu'on eût pu réunir et organiser des forces suffisantes pour reprendre l'offensive et le chasser hors de France.

Le duc de Vicence rappela les événemens de 1814, et soutint que l'occupation de la capitale par l'ennemi déciderait une seconde fois du sort du trône; qu'il fallait que la nation fit un grand effort pour sauver son indépendance; que le salut de l'état ne dépendrait point de telle ou telle mesure; que la question était dans les chambres et dans leur union avec l'Empereur.

Le duc d'Otrante et plusieurs autres ministres partagèrent ce sentiment, et pensèrent qu'en montrant aux chambres de la confiance et de la bonne foi, on parviendrait à leur faire sentir qu'il était de leur devoir de se réunir à l'Empereur, pour sauver ensemble, par des mesures énergiques, l'honneur et l'indépendance de la nation.

Le duc Decrès déclara nettement qu'on avait tort de se flatter de pouvoir gagner les députés, qu'ils étaient mal disposés, et paraissaient décidés à se porter aux plus violens excès.

M. le comte Regnault ajouta qu'il ne croyait point que les représentans consentissent à seconder les vues de l'Empereur; qu'ils paraissaient persuadés que ce n'était plus lui qui pouvait sauver la patrie, et qu'il craignait qu'un grand sacrifice ne fût nécessaire.—«Parlez nettement, lui dit l'Empereur; c'est mon abdication qu'ils veulent, n'est-ce pas?»—«Je le crois, Sire, reprit M. Regnault; quelque pénible que cela soit pour moi, il est de mon devoir d'éclairer Votre Majesté sur sa véritable situation. J'ajouterai même qu'il serait possible, si Votre Majesté ne se déterminait point à offrir, de son propre mouvement, son abdication, que la chambre osât la demander.»

Le prince Lucien lui répliqua vivement: «Je me suis déjà trouvé dans des circonstances difficiles, et j'ai vu que, plus les crises sont grandes, plus on doit déployer d'énergie. Si la chambre ne veut point seconder l'Empereur, il se passera de son assistance. Le salut de la patrie doit être la première loi de l'état; et, puisque la chambre ne paraît point disposée à se joindre à l'Empereur pour sauver la France, il faut qu'il la sauve seul. Il faut qu'il se déclare dictateur, qu'il mette la France en état de siége, et qu'il appelle à sa défense tous les patriotes et tous les bons Français.»

M. le comte Carnot déclara qu'il lui paraissait indispensable que l'Empereur fût revêtu, pendant la durée de la crise, d'une grande et imposante autorité.

L'Empereur alors prit la parole, et dit: «La présence de l'ennemi sur le sol national rendra, je l'espère, aux députés, le sentiment de leurs devoirs. La nation ne les a point envoyés pour me renverser, mais pour me soutenir. Je ne les crains point. Quelque chose qu'ils fassent, je serai toujours l'idole du peuple et de l'armée. Si je disais un mot, ils seraient tous assommés. Mais, en ne craignant rien pour moi, je crains tout pour la France. Si nous nous querellons entre nous, au lieu de nous entendre, nous aurons le sort du Bas-Empire; tout sera perdu... Le patriotisme de la nation, sa haine pour les Bourbons, son attachement à ma personne, nous offrent encore d'immenses ressources; notre cause n'est point désespérée.»

L'Empereur alors, avec une habileté et une force d'expression admirable, passa successivement en revue les moyens de réparer les revers de Mont-Saint-Jean, et dessina, à grands traits, le tableau des malheurs sans nombre dont menaçaient la France la discorde, les étrangers et les Bourbons. Chacune de ses paroles faisait passer la conviction dans l'âme de ses ministres; les opinions, jusqu'alors divisées, tendaient à se rapprocher, lorsque le conseil fut interrompu par un message de la chambre des représentans, contenant la résolution suivante.

> La chambre des représentans DÉCLARE que l'indépendance de la nation est menacée.
>
> La chambre se déclare en permanence. Toute tentative pour la dissoudre est un crime de haute trahison; quiconque se rendrait coupable de cette tentative, sera déclaré traître à la patrie, et sur-le-champ jugé comme tel.
>
> L'armée de ligne et la garde nationale qui ont combattu et combattent encore pour défendre la liberté, l'indépendance, et le territoire de la France, ont bien mérité de la patrie.
>
> Les ministres de la guerre, des relations extérieures et de l'intérieur, sont invités à se rendre sur-le-champ dans le sein de l'assemblée[59]».

Cette résolution avait été adoptée, presque d'emblée, sur la proposition de M. de Lafayette. Chacun de ces articles était un attentat à la constitution et une usurpation de l'autorité souveraine. L'Empereur en mesura d'un seul coup d'oeil toutes les conséquences. «J'avais bien pensé, dit-il avec dépit, que j'aurais dû congédier ces gens-là, avant mon départ. C'est fini; ils vont perdre la France.» Il leva la séance, en ajoutant: «Je vois que Regnault ne m'avait point trompé; *j'abdiquerai s'il le faut.*» Parole imprudente et funeste qui, reportée sur-le-champ aux ennemis de Napoléon, enhardit leurs desseins et accrut leur audace. À peine l'Empereur l'eut-il prononcée, qu'il en sentit l'inconséquence, et revenant sur ses pas, il annonça, qu'il fallait cependant, avant de prendre un parti, savoir, *ce que tout cela deviendrait.* Il prescrivit donc à M. Regnault de se rendre à la chambre pour la calmer et sonder le terrain: «Vous leur annoncerez que je suis de retour; que je viens de convoquer le conseil des ministres; que l'armée, après une victoire signalée, a livré une grande bataille; que tout allait bien; que les Anglais étaient battus; que nous leur avions enlevé six drapeaux, lorsque des malveillans ont causé une terreur panique; que l'armée se rallie; que j'ai donné des ordres pour arrêter les fuyards; que je suis venu pour me concerter avec mes ministres et avec les chambres; et que je m'occupe en ce moment des mesures de salut public qu'exigeront les circonstances.»

M. Carnot, par ordre de l'Empereur, partit, au même moment, pour faire à la chambre des pairs une semblable communication. Elle y fut écoutée avec le calme convenable; mais M. Regnault, quels que fussent ses efforts ne put parvenir à modérer l'impatience des représentans; et ils renouvelèrent impérieusement aux ministres, par un second message, l'invitation de se présenter à la barre.

L'Empereur, choqué que la chambre s'arrogeât des droits sur ses ministres, leur défendit de bouger. Les députés, ne les voyant pas arriver, regardèrent leur retard comme *une offense à la nation.* Les uns, déjà familiers avec le mépris de l'Empereur et des principes constitutionnels, voulaient qu'on ordonnât aux ministres de se rendre dans l'assemblée, toutes affaires cessantes. Les autres, troublés par leur conscience et la crainte d'un coup d'état, se créaient des fantômes; et persuadés que Napoléon faisait marcher des troupes pour mutiler et dissoudre la représentation nationale, ils demandaient à grands cris que la garde nationale fût appelée au secours de la chambre. D'autres, voulaient qu'on ôtât à l'Empereur et au général Durosnel le commandement de cette garde, pour en investir le général Lafayette.

L'Empereur, fatigué de tout ce bruit, autorisa les ministres à prévenir le président de leur prochaine arrivée; mais ne voulant pas laisser croire qu'ils obéissaient aux injonctions de la chambre, il les y députa comme porteurs d'un message impérial, rédigé à cet effet. Le prince Lucien fut chargé de les accompagner, en qualité de commissaire général. Pour que cette innovation ne blessât point les ministres, l'Empereur leur dit que le prince Lucien, en sa qualité temporaire de commissaire général, pourrait répondre aux interpellations des représentans, sans que cela tirât à conséquence pour l'avenir, et sans donner à la chambre le droit de prétendre qu'on lui avait reconnu et concédé le pouvoir de mander les ministres et de les interroger.

Mais ce motif n'était point le véritable. L'Empereur n'avait pas été content de la tiédeur que la majorité des ministres venait de laisser paraître, et il voulut remettre en des mains plus sûres le soin de défendre sa personne et son trône. À six heures, les ministres et le prince Lucien à leur tête furent introduits dans la chambre.

Le prince annonça que l'Empereur l'avait nommé commissaire extraordinaire, pour concerter avec les représentans des mesures de prudence; il déposa sur le bureau du président les pouvoirs et le message de l'Empereur, et demanda que l'assemblée voulût bien se former en comité secret.

Ce message contenait l'exposé rapide des revers essuyés à Mont-St.-Jean. Il recommandait aux représentans de s'unir avec le chef de l'état, pour préserver la patrie du malheur de retourner sous le joug des Bourbons, ou de devenir, comme les Polonais, la proie des étrangers. Il annonçait enfin, qu'il paraissait nécessaire que les deux chambres nommassent respectivement une commission de cinq membres, pour se concerter avec les ministres, sur les mesures de salut public et sur les moyens de traiter de la paix avec les coalisés.

À peine la lecture en fut-elle terminée, que des interpellations faites aux ministres de toutes les parties de la salle, portèrent, en un instant, la confusion dans les délibérations de l'assemblée. Tous les députés insurgés leur adressaient à-la-fois des questions aussi absurdes qu'arrogantes, et s'étonnaient, s'indignaient qu'ils ne satisfissent point à leur avide et insatiable curiosité.

Le trouble étant apaisé, un membre (M. Henri Lacoste) parvint à se faire entendre. «Le voile est donc déchiré, dit-il, nos malheurs sont connus; quelque affreux que soient nos désastres, peut-être ne nous les a-t-on point encore entièrement révélés. Je ne discuterai point les communications qui nous ont été faites: le moment n'est point venu de demander compte au chef de l'état du sang de nos braves et de la perte de l'honneur national: mais je lui demanderai, au nom du salut public, de nous dévoiler le secret de ses pensées, de sa politique; de nous apprendre le moyen de fermer l'abîme ouvert sous nos pas. Vous nous parlez d'indépendance nationale, vous nous parlez de paix, ministres de Napoléon; mais quelle nouvelle base donnerez-vous à vos négociations? Quel nouveau moyen de communication avez-vous en votre pouvoir? Vous le savez, comme nous, c'est à Napoléon seul que l'Europe a déclaré la guerre! Séparez-vous désormais la nation de Napoléon? Pour moi, je le déclare, je ne vois qu'un homme entre la paix et nous. Qu'il parte, et la patrie sera sauvée!»

Le prince Lucien essaya de répondre à cette violente attaque. «Eh quoi! dit-il, aurions-nous encore la faiblesse de croire au langage de nos ennemis? lorsque pour la première fois, la victoire nous fut infidèle, ne nous jurèrentils pas, en présence de Dieu et des hommes, qu'ils respecteraient notre indépendance et nos lois? Ne donnons point une seconde fois dans le piége qu'ils tendent à notre confiance, à notre crédulité. Leur but, en cherchant à isoler la nation de l'Empereur, est de nous désunir pour nous vaincre et nous replonger plus facilement dans l'abaissement et l'esclavage dont son retour nous a délivrés. Je vous en conjure, citoyens, au nom sacré de la patrie, ralliez-vous tous autour du chef que la nation vient de replacer si solennellement à sa tête. Songez que notre salut dépend de notre union, et que vous ne pourriez vous séparer de l'Empereur et l'abandonner à ses ennemis, sans perdre l'état, sans manquer à vos sermens, sans flétrir à jamais l'honneur national.»

Ce discours, prononcé au milieu du choc des partis, fut étouffé, interrompu par le bruit tumultueux de l'assemblée; peu de députés l'écoutèrent, l'entendirent: cependant les esprits, étonnés du coup qu'on voulait porter à Napoléon, paraissaient inquiets, irrésolus. Le duc de Vicence, le prince d'Eckmuhl, avaient donné des explications satisfaisantes; l'un sur les moyens de s'entendre avec les alliés; l'autre sur l'approche imaginaire des troupes destinées à agir contre la représentation nationale. Les amis de l'Empereur étaient parvenus à rallier à sa cause la majorité de l'assemblée, et tout semblait présager une issue favorable, lorsqu'un des ennemis de l'Empereur (M. de Lafayette) parvint à prendre la parole.—«Vous nous accusez, dit-il, en apostrophant le prince Lucien, de manquer à nos devoirs, envers l'honneur et envers Napoléon. Avez-vous oublié tout ce que nous avons fait pour lui? avez-vous oublié que nous l'avons suivi dans les sables de l'Afrique, dans les déserts de la Russie, et que les ossemens de nos enfans, de nos frères, attestent partout notre fidélité? Nous avons assez fait pour lui; maintenant notre devoir est de sauver la patrie.» Une foule de voix s'élevèrent confusément pour accuser et défendre Napoléon. M. Manuel, M. Dupin signalèrent les dangers dont la France était menacée. Ils firent entrevoir les moyens de la préserver, mais n'osèrent point prononcer le mot d'abdication: tant est difficile à vaincre le respect qu'inspire un grand homme!

Enfin, après de longs débats, il fut convenu, conformément aux conclusions du message, qu'une commission de cinq membres, composée du président et des vice-présidens de la chambre, M. Lanjuinais et MM. de la Fayette, Dupont (de l'Eure), Flaugergues et Grenier, se concerteraient avec le conseil des ministres et une commission de la chambre des pairs, (s'il lui convenait d'en nommer une) pour recueillir tous les renseignemens sur l'état de la France, et proposer tout moyen de salut public.

Le prince Lucien, en sa même qualité de commissaire extraordinaire, se rendit immédiatement à la chambre des pairs; et cette chambre, après avoir entendu le message impérial, s'empressa de nommer également une commission, qui fut composée des généraux Drouot, Dejean, Andréossy, et de MM. Boissy-d'Anglas et Thibaudeau.

De retour à l'Élysée, le prince ne dissimula point à l'Empereur que la chambre s'était prononcée trop fortement, pour pouvoir espérer de la ramener jamais, *et qu'il fallait ou la dissoudre sur-le-champ, ou se résigner à abdiquer.* Deux ministres présens (M. le duc de Vicence et le duc de Bassano) remontrèrent que la chambre avait acquis une trop grande force dans l'opinion, pour qu'on pût tenter sur elle un coup d'autorité. Ils insinuèrent respectueusement à Napoléon, qu'il était plus sage de se soumettre; que s'il hésitait, la chambre prononcerait indubitablement sa déchéance, et qu'il n'aurait peut-être plus la faculté d'abdiquer en faveur de son fils.

Napoléon, sans promettre, sans refuser, sans manifester aucune résolution quelconque, se bornait à répondre, comme le duc de Guise: *Ils n'oseront pas.* Mais il était facile de s'apercevoir que la chambre lui imposait; qu'il croyait son abdication inévitable; et qu'il cherchait seulement, dans l'espoir de quelque événement favorable, à reculer le plus possible le terme de la catastrophe.

Les commissions des deux chambres, les ministres d'état se réunirent le même jour, à onze heures du soir, en présence du prince Lucien.

Il fut décidé, à la majorité de seize voix contre cinq: 1° que le salut de la patrie exigeait que l'Empereur consentît à ce que les deux chambres nommassent une commission, qui serait chargée de négocier directement avec les puissances coalisées, aux conditions de respecter l'indépendance nationale et le droit qu'a tout peuple de se donner les constitutions qu'il juge à propos; 2° qu'il convenait d'appuyer ces négociations par l'entier développement des forces nationales; 3° que les ministres d'état proposeraient les mesures propres à fournir des hommes, des chevaux, de l'argent, ainsi que les mesures nécessaires pour contenir et réprimer les ennemis de l'intérieur.

Cette résolution fut combattue par M. de Lafayette. Il représenta qu'elle ne répondrait point à l'attente générale; que le moyen le plus sûr, le plus prompt de faire cesser l'état de crise où se trouvait la France, résidait uniquement et exclusivement dans l'abdication de Napoléon; et qu'il fallait l'inviter, au nom de la patrie, à se démettre de la couronne.

Le prince Lucien déclara que l'Empereur était prêt à faire tous les sacrifices que le salut de la France pourrait exiger; mais que le moment de recourir à cette ressource désespérée n'était point arrivé, et qu'il était convenable d'attendre, dans l'intérêt de la France elle-même, le résultat des ouvertures qui seraient faites aux alliés.

L'assemblée partagea cette opinion, et se sépara, de lassitude, à trois heures du matin.

Le général Grenier fut chargé, par ses collègues, de rendre compte à la chambre du résultat de cette conférence: mission embarrassante, puisque l'objet principal de la conférence qui, dans l'opinion des représentans, devait être de statuer sur l'abdication de Napoléon, avait été éludé et perdu de vue. M. *** que je m'abstiendrai de nommer, lui conseilla de trancher net la question, et de déclarer que la commission, quoiqu'elle ne se fût pas prononcée formellement, avait senti la nécessité d'inviter l'Empereur à abdiquer. Mais le rigide et vertueux Dupont (de l'Eure), toujours ami de la droiture et de la sincérité, s'éleva en homme d'honneur contre cette honteuse suggestion, et annonça qu'il monterait à la tribune pour déclarer la vérité, si l'on osait la trahir ou l'altérer. Le général Grenier se borna donc à rendre un compte fidèle de la séance de la commission; il ajouta (d'après l'avis que les ministres d'état venaient de lui en donner) que la chambre allait recevoir un message par lequel l'Empereur déclarerait qu'il trouvait bon que l'assemblée nommât les ambassadeurs à envoyer aux alliés; et que, s'il était un obstacle invincible à ce que la nation fût admise à traiter de son indépendance, il serait toujours prêt à faire le sacrifice qui lui serait demandé.

Cette explication répondait à tout; mais au lieu de calmer les têtes, elle excita l'irascibilité de tous les hommes qui, par la crainte de l'ennemi, par ambition, ou par un patriotisme mal entendu, regardaient comme nécessaire l'abdication immédiate de Napoléon. Ils ne sentaient point qu'il importait au contraire de laisser fictivement Napoléon sur le trône, afin de fournir aux négociateurs le moyen d'échanger avec les étrangers l'abdication contre la paix.

M. Regnault, témoin de l'irritation des esprits, fut avertir l'Empereur que la chambre paraissait disposée à prononcer sa déchéance, s'il n'abdiquait point à l'instant. L'Empereur, non habitué à recevoir la loi, s'indigna de la violence qu'on voulait lui faire: «Puisque c'est ainsi, dit-il, je n'abdiquerai point. La chambre est composée de jacobins, de cerveaux brûlés et d'ambitieux qui veulent des places et du désordre. J'aurais dû les dénoncer à la nation, et les chasser; le tems perdu peut se réparer...»

L'agitation de l'Empereur était extrême; il se promenait à grands pas dans son cabinet, et prononçait des mots entrecoupés qu'il était impossible de comprendre. «Sire, lui répondit enfin M. Regnault, ne cherchez point (je vous en conjure) à lutter plus long-tems contre la force des choses. Le tems s'écoule; l'ennemi s'avance. Ne laissez point à la chambre, à la nation, le moyen de vous accuser d'avoir empêché d'obtenir la paix. En 1814, vous vous êtes sacrifié au salut de tous: renouvelez aujourd'hui ce grand, ce généreux sacrifice.»

L'Empereur répliqua avec humeur: «Je verrai; mon intention n'a jamais été de refuser d'abdiquer. J'étais soldat; je le redeviendrai; mais je veux qu'on me laisse y songer en paix, dans l'intérêt de la France et de mon fils: dites-leur d'attendre.»

La chambre, pendant cet entretien, était en butte à la plus extrême agitation. Le président, instruit par M. Regnault des dispositions de l'Empereur, annonça qu'un message satisferait incessamment tous les voeux. Mais, impatiente de jouir de son ouvrage, elle ne voulait même point laisser à Napoléon le mérite de se dévouer librement au salut de la patrie.

M. Duchêne, qui, le premier, avait interrompu, par ses murmures, le rapport du général Grenier, demanda que l'Empereur fût invité, au nom du salut de l'état, à déclarer son abdication.

Le général Solignac proposa de lui envoyer une députation pour lui exprimer l'urgence de sa décision.

M. de Lafayette que sa destinés semble appeler à être le fléau des rois, s'écria que si Napoléon ne se décidait point, il proposerait sa déchéance.

Une foule de membres, parmi lesquels le général Sébastiani se fit remarquer par son acharnement, insistèrent pour que Napoléon fût contraint d'abdiquer sur-le-champ.

Enfin, on consentit, *pour ménager l'honneur du chef de l'état*, à lui accorder une heure de grâce, et la séance fut suspendue.

De nouvelles instances furent aussitôt renouvelées près de l'Empereur. Le général Solignac (je crois) et d'autres députés vinrent le sommer d'abdiquer. Le prince Lucien, qui n'avait point cessé de conjurer l'Empereur de tenir tête à l'orage, pensa que le moment était passé, et qu'il fallait se soumettre; le prince Joseph se joignit à lui, et leurs conseils réunis parvinrent à faire fléchir la résistance de l'Empereur. Il annonça cette détermination aux ministres, et dit au duc d'Otrante avec un sourire ironique: «Écrivez à ces messieurs de se tenir tranquilles; ils vont être satisfaits[60].»

Le prince Lucien prit alors la plume, et écrivit, sous la dictée de son auguste frère, la déclaration suivante:

Déclaration au peuple Français.

> En commençant la guerre, pour soutenir l'indépendance nationale, je comptais sur la réunion de tous les efforts, de toutes les volontés, et le concours de toutes les autorités nationales. J'étais fondé à en espérer le succès, et j'avais bravé toutes les déclarations des puissances contre moi.

> Les circonstances me paraissent changées; je m'offre en sacrifice à la haine des ennemis de la France: puissent-ils être sincères dans leurs déclarations, et n'en avoir voulu

réellement qu'à ma personne! Ma vie politique est terminée, et je proclame mon fils sous le titre de NAPOLÉON II, Empereur des Français.

Les ministres actuels formeront provisoirement le conseil de gouvernement. L'intérêt que je porte à mon fils, m'engage à inviter les chambres à organiser sans délai la régence par une loi.

Unissez-vous tous pour le salut public, et pour rester une nation indépendante.

(Signé) NAPOLÉON.

Au palais de l'Élysée,

ce 22 juin 1815.

Le duc de Bassano me remit la minute du prince Lucien, pour en faire deux expéditions. Lorsqu'elles furent présentées à l'Empereur, elles offraient encore les traces de mon affliction: il s'en aperçut, et me jetant un regard plein d'expression, il me dit: *Ils l'ont voulu.*

Le duc de Bassano lui fit observer qu'il faisait un grand sacrifice à la paix, mais que peut-être les alliés ne le jugeraient point assez complet.—«Que voulez-vous dire?» répondit l'Empereur.—«Qu'il serait possible qu'on exigeât la renonciation des frères de Votre Majesté à la couronne.»—«Comment, de mes frères?… ah! Maret, vous voulez donc nous déshonorer tous!»

Le duc d'Otrante, le duc de Vicence, le duc Decrès furent immédiatement chargés de porter la déclaration de l'Empereur à la chambre des députés; et le duc de Gaète, le comte Mollien et M. Carnot, à celle des pairs.

Le prince d'Eckmuhl avait été envoyé d'avance par l'Empereur à cette première chambre, pour lui donner des nouvelles de l'armée, et l'amuser en attendant l'arrivée de l'abdication.

À peine fut-elle partie, que le comte de la Borde, adjudant général de la garde nationale, accourut annoncer à l'Empereur qu'il n'y avait pas un moment à perdre, et qu'on allait mettre aux voix la déchéance. L'Empereur, en lui touchant l'épaule, lui dit: «Ces bonnes gens-là sont donc bien pressés; dites-leur de se tranquilliser; il y a un quart-d'heure que je leur ai envoyé mon abdication.» Les ministres s'étaient croisés en route avec M. de la Borde.

Lorsqu'ils se présentèrent à la chambre, le président, craignant que les ennemis de Napoléon n'insultassent à son malheur par de lâches applaudissemens, leur rappela que le réglement interdisait tout signe d'improbation ou d'approbation: il lut ensuite la déclaration.

Le duc d'Otrante, qui avait été, dans l'ombre, l'un des instigateurs du déchaînement de certains députés, feignit de s'attendrir sur le sort de Napoléon, et le recommanda aux égards et à la protection des chambres. Cette générosité simulée révolta les coeurs purs de l'assemblée, et demeura sans effet: c'était à l'infortuné Regnault qu'il était réservé de les émouvoir. Il leur rappela, avec tant d'âme et d'éloquence, les bienfaits et les victoires de Napoléon; il leur offrit un tableau si vrai, si touchant, si pathétique, des infortunes auxquelles ce grand homme, ce héros national, allait se dévouer, sans réserve et sans conditions, pour racheter la patrie, que les yeux de ses ennemis les plus endurcis se mouillèrent de larmes, et que l'assemblée entière resta plongée pendant quelques momens dans un morne et douloureux silence. Ce silence, le plus bel hommage que Napoléon ait peut-être jamais obtenu, fut à la fin interrompu; et la chambre arrêta, à l'unanimité, qu'une députation solennelle se rendrait près de Napoléon, pour lui exprimer, *au nom de la nation*, le respect et la reconnaissance avec lesquels elle acceptait le noble sacrifice qu'il avait fait à l'indépendance et au bonheur du peuple Français.

Napoléon reçut froidement les félicitations des députés de la chambre. Quel prix pouvait avoir à ses yeux de vaines paroles? Il leur répondit[61]:

> Je vous remercie des sentimens que vous m'exprimez; je désire que mon abdication puisse faire le bonheur de la France; *mais je ne l'espère point*: elle laisse l'état sans chef, sans existence politique. Le tems perdu à renverser la monarchie, aurait pu être employé à mettre la France en état d'écraser l'ennemi. Je recommande à la chambre de renforcer promptement ses armées: qui veut la paix, doit se préparer à la guerre. Ne mettez pas cette grande nation à la merci des étrangers; craignez d'être déçus dans vos espérances. *C'est là qu'est le danger*. Dans quelque position que je me trouve, je serai toujours bien, si la France est heureuse. Je recommande mon fils à la France. J'espère qu'elle n'oubliera point que je n'ai abdiqué que pour lui. Je l'ai fait aussi, ce grand sacrifice, pour le bien de la nation: ce n'est qu'avec ma dynastie, qu'elle peut espérer d'être libre, heureuse et indépendante.»

L'Empereur prononça cette réponse avec un accent si noble, si touchant, que tous les assistans furent profondément émus, et que M. Lanjuinais lui-même ne put retenir ses larmes.

M. le comte Regnault voulut se féliciter d'avoir été le premier l'interprète des sentimens et de la reconnaissance nationale. L'Empereur l'interrompit: «Puisque cette délibération est votre ouvrage, lui dit-il, vous auriez dû vous ressouvenir que le titre d'Empereur ne se perd point[62];» et il lui tourna le dos.

La chambre des pairs s'empressa d'imiter l'exemple des députés. L'Empereur l'accueillit avec bonté, et lui recommanda de ne point oublier qu'il n'avait abdiqué qu'en faveur de son fils.

L'abdication de Napoléon laissa le champ libre aux spéculations politiques des représentans: chacun d'eux se crut appelé à donner à l'état, un gouvernement et un chef.

Les républicains, toujours dupes de leurs vieilles illusions, se berçaient de l'espoir d'introduire, en France, un gouvernement fédératif.

Les Bonapartistes, forts du voeu national et des promesses des étrangers, comptaient décerner la couronne à Napoléon II, et la régence à Marie-Louise.

Les partisans du duc d'Orléans (et dans leurs rangs se trouvaient les personnages et les orateurs les plus marquans de l'assemblée) se flattaient intérieurement d'asseoir sur le trône le fils des rois et de la république.

Quelques députés, séduits par la réputation brillante de l'un, par la valeur et les liens de famille de l'autre, penchaient pour le prince de Suède ou le prince d'Orange… En un mot, on voulait de tout le monde, excepté du souverain légitime.

Un petit nombre de députés seulement gardaient la neutralité. Libres d'ambition et d'intérêts personnels, uniquement occupés de la patrie, ils ne songeaient qu'à tirer parti des événemens, pour les faire tourner au profit de la nation et de la liberté.

Les partis qui divisaient ainsi la chambre, ne tardèrent point à s'élancer dans la carrière.

M. Dupin, trop habile pour manifester directement l'intention de méconnaître Napoléon II, et de faire déclarer le trône vacant, prit un détour. Il proposa à la chambre de se former en *assemblée nationale*; d'envoyer des ambassadeurs négocier la paix; de créer une commission exécutive, prise dans le sein des deux chambres; de charger une commission de préparer le travail de la nouvelle constitution, et de déterminer les conditions auxquelles le trône pourrait être occupé par le prince que le peuple choisirait.

M. Scipion Mourgues, quoique ne siégeant point sous la même bannière que M. Dupin, s'empara de la proposition, et, lui donnant plus d'extension, il demanda que la chambre se transformât en *assemblée constituante*; que le gouvernement de l'état fût confié provisoirement aux ministres, qui travailleraient avec une commission de cinq membres de la chambre, présidée par le président[63]; et que le trône fût déclaré vacant, jusqu'à l'émission du voeu du peuple: en sorte que le peuple souverain aurait été le maître de changer la forme de gouvernement établi, et de faire, à son gré, de la France, une république ou une monarchie.

M. Regnault représenta que ces deux propositions tendaient à jeter l'état dans le dédale d'une désorganisation complète; qu'on ne pourrait les adopter, sans annoncer à l'étranger qu'il n'y avait rien d'établi en France, point de droits reconnus, point de principes posés, point de base de gouvernement: mais, tombant bientôt lui-même dans la faute de ses adversaires, il proposa 1.° de nommer, au lieu du conseil de régence prescrit par les lois fondamentales qu'il venait d'indiquer, une commission exécutive de cinq membres, deux de la chambre des pairs, trois de celle des députés, qui exercerait provisoirement les fonctions du gouvernement; 2.° d'abandonner à cette commission, pour ne point rompre l'unité de pouvoir, la direction et le choix des commissaires négociateurs à envoyer aux alliés.

Les termes moyens, dans les momens de vague et de crainte, sont toujours du goût de la majorité; et la majorité de la chambre adopta l'espèce de transaction proposée par M. Regnault, sans en apercevoir l'inconséquence; car, en éludant de reconnaître Empereur Napoléon II, c'était déclarer aux étrangers, *ce qu'elle avait voulu éviter*, qu'il n'y avait point en France de droits établis, et que le trône et même le gouvernement étaient vacans.

Dans l'état des choses, elle n'avait que deux partis à prendre: ou de proclamer constitutionnellement Napoléon II, comme son essence, son devoir, son intérêt le lui prescrivaient; ou, si, par l'effet d'une lâche condescendance, elle ne voulait rien décider sans l'aveu des alliés, de réunir les deux chambres en *assemblée nationale*, et d'attendre les événemens. Alors, elle n'aurait pas remis le sort de la révolution du 20 mars entre les mains de cinq individus; alors, elle aurait acquis un caractère imposant et national, qui aurait donné à ses actes, à ses négociations, à sa résistance même, une force et une dignité que ne pouvait obtenir le gouvernement insolite qu'elle venait d'enfanter.

La résolution prise par les représentans fut portée immédiatement à la chambre des pairs.

Le prince Lucien se leva le premier pour la combattre. Il rappela éloquemment les principes sur lesquels reposent les monarchies héréditaires. Il invoqua la constitution, les sermens solennels prêtés au Champ-de-Mai, et conjura les pairs, gardiens fidèles de la foi jurée et des lois constitutives de la monarchie, de repousser cette résolution inconstitutionnelle, et de proclamer Napoléon II Empereur des Français.

M. de Pontécoulant s'opposa fortement à cette proposition, déclarant qu'il ne consentirait jamais à reconnaître pour souverain un prince qui n'est point en France, et pour régente une captive. «De quel droit d'ailleurs, ajouta-t-il, le prince de Canino, vient-il parler dans cette enceinte? est-il Français?»—«Si je ne suis point Français à vos yeux, s'écria le prince Lucien, je le suis aux yeux de la nation entière.»

Labédoyère s'élança rapidement à la tribune. «J'ai vu, dit-il, autour du trône du souverain heureux, les hommes qui s'en éloignent aujourd'hui, parce qu'il est dans le malheur. Ils sont déjà prêts à recevoir le prince que l'étranger voudra leur imposer. Mais s'ils rejettent Napoléon II, l'Empereur doit recourir à son épée et à ces braves qui, tout couverts de sang et de blessures, crient encore *Vive l'Empereur!* C'est en faveur de son fils qu'il a abdiqué; son abdication est nulle, si on ne reconnaît point Napoléon II. Faudra-t-il donc que le sang français n'ait encore coulé que pour nous faire passer une seconde fois sous le joug étranger? que pour nous faire courber la tête sous un gouvernement avili? que pour voir nos braves guerriers abreuvés d'humiliation et d'amertume, et privés de la récompense due à leurs services, à leurs blessures et à leur gloire? Il y a peut-être encore ici (en tournant les yeux du côté du maréchal Ney) des généraux qui méditent de nouvelles trahisons; mais, malheur à tout traître! qu'il soit voué à l'infamie! que sa maison soit rasée, sa famille proscrite!» À ces mots, le mécontentement le plus vif éclata dans l'assemblée. On interrompit Labédoyère qui, au milieu du tumulte, s'écria en blasphémant: «Il est donc décidé, *grand Dieu!* qu'on n'entendra jamais, dans cette enceinte, que des voix basses!»

Cette apostrophe excita de nouveaux murmures: «Nous avons déjà la guerre étrangère, dit M. Boissy-d'Anglas, veut-on nous donner encore la guerre civile? Sans doute l'Empereur a fait à la patrie le plus grand des sacrifices; mais la proposition de proclamer Napoléon II est intempestive et impolitique. Il faut passer à l'ordre du jour.»

Messieurs de Ségur, de Flahaut et Roederer, s'y opposèrent et firent valoir avec force les droits de Napoléon II. «Si l'Empereur eût été tué, dirent-ils, son fils lui succéderait de droit. Il est mort politiquement; pourquoi son fils ne lui succéderait-il point? La monarchie se compose de trois branches; une de ces branches est morte, il faut la remplacer. On n'est fort que dans le cercle de ses devoirs; ne sortons point de la constitution; ne donnons pas aux étrangers le droit de nous dire: *Vous n'êtes plus rien!* Ils ont proclamé que Napoléon seul était un obstacle à la paix; éprouvons leur bonne foi. Il est d'ailleurs aussi utile que politique et juste, de reconnaître Napoléon II et de gouverner en son nom. Voyez les soldats, voyez les peuples de l'Alsace, de la Franche-Comté, de la Lorraine, de la Bourgogne, de la Champagne, pour qui, au nom de qui prodiguent-ils leur généreux sang? À l'intérieur, la reconnaissance de Napoléon II plairait à la nation et à l'armée: à l'extérieur, elle nous rattacherait à l'Autriche. L'Empereur pourrait-il voir en nous un ennemi quand nous adopterions pour souverain l'enfant issu de son sang?»— «L'article 67 de la constitution fait toujours la loi des deux chambres, dit M.

Thibaudeau, ni la chambre, ni la nation, ni le gouvernement provisoire que nous formerons, ne songent à ramener le gouvernement sous lequel nous avons gémi pendant une année; mais la proposition de reconnaître Napoléon II ne peut être examinée en ce moment. Laissons les choses entières, et adoptons la résolution de la chambre des députés, *sans rien préjuger sur l'indivisibilité de l'abdication de Napoléon.*»

La chambre enchantée de trouver le moyen de conserver les droits de Napoléon, sans se mettre en opposition manifeste avec les représentans, adopta cet avis et procéda sur-le-champ à la nomination des deux membres de la commission de gouvernement.

M. le duc de Vicence et le baron Quinette réunirent les suffrages.

M. Carnot, le duc d'Otrante, et le général Grenier furent au même moment choisis par l'autre chambre.

La commission de gouvernement se constitua aussitôt sous la présidence du duc d'Otrante.

Quoique la question de l'indivisibilité fût restée intacte, l'Empereur néanmoins regarda la création d'une commission de gouvernement comme une violation manifeste des conditions de son abdication. Il reprocha au ministre d'état, et particulièrement à M. Regnault, de n'avoir point soutenu les droits de son fils, et leur fit sentir qu'il était de leur honneur et de leur devoir de forcer les chambres à se prononcer. «Je n'ai point abdiqué, dit-il, en faveur d'un nouveau directoire; j'ai abdiqué en faveur de mon fils. Si on ne le proclame point, mon abdication doit être nulle et non avenue. Les chambres savent bien que le peuple, l'armée, l'opinion le désirent, le veulent; mais l'étranger les retient. Ce n'est point en se présentant devant les alliés l'oreille basse et le genou en terre, qu'elles les forceront à reconnaître l'indépendance nationale. Si elles avaient eu le sentiment de leur position, elles auraient proclamé spontanément Napoléon II. Les étrangers auraient vu alors que vous saviez avoir une volonté, un but, un point de ralliement; ils auraient vu que le 20 mars n'était point une affaire de parti, un coup de factieux, mais le résultat de l'attachement des Français à ma personne et à ma dynastie. L'unanimité nationale aurait plus agi sur eux, que toutes vos basses et honteuses déférences.»

L'effet qu'avait produit la séance de la chambre des pairs, malgré les soins pris pour la dénaturer, éveilla l'attention du duc d'Otrante et de la faction anti-napoléonienne dont il était devenu le directeur et le chef.

D'un autre côté, l'armée du maréchal Grouchy, qu'on croyait perdue, venait de rentrer en France[64]. Le prince Jérôme, le maréchal Soult, les généraux Morand, Colbert, Poret, Petit et une foule d'autres officiers que je regrette de ne pouvoir nommer, étaient parvenus à rallier les débris de Mont-St.-Jean, et l'armée offrait déjà une masse de cinquante à soixante mille hommes, dont les sentimens pour l'Empereur n'avaient éprouvé aucune altération.

Le duc d'Otrante et les siens sentirent donc la nécessité de ménager Napoléon; et dans une conférence secrète qui eut lieu au ministère de la police, et où se trouvèrent réunis M. Manuel et les députés les plus influens du parti du duc d'Otrante, il fut reconnu qu'il ne paraissait plus prudent ni possible d'empêcher la reconnaissance de Napoléon II, et qu'on s'attacherait seulement à maintenir l'autorité dans les mains de la commission.

Le lendemain, ainsi qu'on l'avait prévu, M. le comte Defermont, profitant habilement d'une discussion établie sur le serment à prêter par la commission, demanda à l'assemblée au nom de qui agirait cette commission, quel serait l'intitulé de ses actes, et enfin, si Napoléon II était ou n'était pas Empereur des Français. (*Oui, oui, oui!*) «L'abdication de Napoléon I appelle à lui succéder, dit-il, celui qui, dans l'ordre constitutionnel, est désigné d'avance comme son héritier. Il ne peut exister sur ce point fondamental la plus légère hésitation. S'il en existait, notre devoir serait de la faire cesser. Il ne faut pas qu'on aille persuader à la garde nationale de Paris et aux armées, que vous attendez Louis XVIII, et que vous n'éprouvez pas tous le même sentiment.» (*La grande majorité des membres se lèvent et crient* vive Napoléon II. *Ces cris furent répétés avec transport par les tribunes et par les officiers de la ligne et de la garde nationale qui se trouvèrent à l'entrée de la salle*). «Il faut l'avouer franchement, dit un autre membre (M. Boulay de la Meurthe), on a élevé des doutes; des journalistes ont été jusqu'à écrire que le trône était vacant: si tel était notre malheur, l'assemblée et la liberté seraient perdues. En effet, que serions-nous? par quel mandat sommes-nous ici? Nous n'existons que par la constitution… C'est cette même constitution qui proclame Empereur Napoléon II: son père a abdiqué; vous avez accepté l'abdication sans restriction; le contrat est formé, Napoléon II est Empereur par la force des choses. (*Oui, oui! nous ne devrions même point délibérer.*) D'ailleurs l'Empereur n'a donné son abdication que sous la condition expresse (*murmures*)… Ces murmures ne m'effraient point; depuis long-tems j'ai fait le sacrifice de ma vie. Je dirai la vérité toute entière, en présence de la nation. Il existe une faction qui voudrait nous persuader que nous avons déclaré le trône vacant, dans l'espoir de remplir aussitôt cette vacance par les Bourbons. (*Non, non! Jamais, jamais!*) Cette faction est celle du duc d'Orléans. Elle a entraîné quelques patriotes peu intelligens, qui ne voient pas que le duc d'Orléans n'accepterait le trône que pour le résigner à Louis XVIII. Il faut que l'assemblée se prononce, et qu'elle déclare à l'instant même qu'elle reconnaît Napoléon II pour Empereur des Français.» M. le comte Regnault s'exprima dans le même sens; mais il refroidit la discussion, en y mêlant maladroitement les puissances étrangères, et en demandant au nom de qui l'armée se battrait. Les membres de l'opposition, qui jusqu'alors s'étaient bornés à faire entendre quelques murmures, et à réclamer l'ordre du jour, prirent la parole. M. Dupin s'attacha d'abord à prouver que le salut de la patrie devait passer avant tout. «Pourquoi, dit-il ensuite, l'Empereur a-t-il abdiqué? parce qu'il a senti qu'il ne pouvait plus sauver la France. Or, je vous le demande: si Napoléon I n'a pu sauver l'état, comment Napoléon II le pourra-t-il davantage! D'ailleurs ce prince et sa mère ne sont-ils pas captifs? avez-vous l'espoir qu'ils vous seront rendus? Quelle a été notre pensée? nous avons voulu, à la place d'un nom que les ennemis nous opposaient comme le seul motif de la guerre, présenter la nation française. Eh bien! c'est au nom de la nation que nous combattrons et que nous traiterons. C'est de la nation que nous attendons le choix d'un souverain. La nation précède tous les gouvernemens et leur survit à tous.»—«Pourquoi ne proposez-vous pas une république?» s'écria une voix. Des murmures nombreux et violens avaient souvent interrompu M. Dupin. M. Manuel, plus adroit, sentit la nécessité d'être aussi plus modéré. Il parut d'abord incertain sur la détermination qu'il conviendrait de prendre; et après avoir mis en scène tous les partis et balancé les espérances et les craintes que chacun d'eux pouvait inspirer à la nation, il s'écria: «Mais s'agit-il donc d'un homme, d'une famille? non, il s'agit de la patrie. Pourquoi nous ôterions-nous les moyens de la sauver? déjà nous avons fait un grand pas[65]; mais savons-nous, s'il sera assez grand, assez complet, pour en obtenir les résultats que nous désirons. Laissons agir le tems. En acceptant l'abdication de Napoléon, vous avez accepté la condition qu'elle emporte avec elle, et nous devons reconnaître Napoléon II, puisque les formes constitutionnelles l'exigent; mais en nous y conformant sous ce rapport, il nous est impossible de ne point nous en écarter, lorsqu'il s'agit d'assurer notre indépendance; et c'est pour atteindre ce but, que vous avez voulu remettre l'autorité à des hommes qui ont particulièrement votre confiance; afin que tel ou tel prince, appelé par les lois à la tutelle du souverain mineur, ne puisse réclamer ses droits et devenir l'arbitre des destinées de la France. Je demande donc l'ordre du jour motivé: 1° sur ce que Napoléon II est devenu Empereur des Français par le fait de l'abdication de Napoléon I et par la force des constitutions de l'Empire. 2° Sur ce que les deux chambres ont voulu et entendu, en nommant une commission de gouvernement, assurer à la nation les garanties dont elle a besoin, dans les circonstances extraordinaires où elle se trouve, pour conserver sa liberté et son repos.»

Cette proposition captieuse séduisit l'assemblée. Elle l'adopta au milieu des plus bruyantes acclamations, et des cris mille fois répétés de *vive Napoléon II!* sans se douter que cet ordre du jour, qui lui paraissait si décisif, ne signifiait rien autre chose, sinon qu'elle proclamait Napoléon II, puisque la constitution le voulait ainsi; mais qu'elle déclarait en même tems que ce n'était qu'une affaire de forme, et qu'elle l'abandonnerait quand le gouvernement provisoire le jugerait nécessaire.

C'était pour la seconde fois que la chambre se trouvait dupe de son entraînement. Cependant, elle comptait, dans son sein, des hommes pleins de talens et de sagacité; mais le plus grand nombre de ses membres (et c'est la majorité qui fait loi), n'ayant jamais siégé dans nos assemblées, se laissaient subjuguer par les prestiges de l'éloquence, et avec d'autant plus de facilité, qu'il n'existait, dans la chambre, aucune idée fixe, aucune volonté dominante, qui pût leur servir de fanal et de guide.

Le gouvernement provisoire, influencé par M. Fouché, ne tarda point à prouver qu'il avait saisi le véritable sens de la pensée de M. Manuel. Deux jours après, il intitula ses actes *au nom du peuple français*. Cette insulte à la bonne foi de la chambre et du souverain qu'elle avait reconnu, excita son étonnement et ses plaintes. La capitale et les patriotes murmurèrent. On somma le président du gouvernement d'expliquer, de justifier cet étrange procédé. Il répondit que l'intention de la commission n'avait jamais été de méconnaître Napoléon II, mais que ce prince, n'ayant encore été reconnu souverain de la France par aucune puissance, on ne pouvait traiter en son nom avec les étrangers, et que la commission avait cru de son devoir, d'agir provisoirement *au nom du peuple français*, afin d'ôter aux ennemis tout prétexte de se refuser à admettre les négociateurs.

Cette explication, fortifiée par l'appui banal des mots puissans, *patrie, salut public, armées étrangères*, parut plausible, et tout fut dit.

L'Empereur lui-même, étourdi par la force et la rapidité des coups que lui portaient ses ennemis, ne songeait plus à se défendre, et semblait laisser à la providence le soin de veiller sur son fils et sur lui. Il se plaignait, mais son mécontentement expirait sur ses lèvres, et ne lui inspirait aucune des résolutions qu'on devait attendre de la fougue et de l'énergie de son caractère.

Cependant le duc d'Otrante et les députés, qui avaient concouru avec lui à arracher Napoléon du trône, ne le voyaient point sans effroi séjourner à l'Élysée. Ils redoutaient, qu'enhardi par les mâles conseils du prince Lucien, par le dévouement que lui conservait l'armée, par les acclamations des fédérés et des citoyens de toutes les classes assemblés journellement sous les murs de son palais, il ne tentât de renouveler un second dix-huit brumaire. Ils demandèrent donc à la chambre, par l'organe de M. Duchêne, que *l'ex-Empereur* fût invité, au nom de la patrie, à s'éloigner de la capitale. Cette demande n'ayant point eu de suite, on eut recours à un autre moyen. On essaya de l'effrayer. Chaque jour, des avis officieux le prévenaient qu'on voulait attenter à sa vie; et, pour donner plus de vraisemblance à ces ruses grossières, on envoyait tout-à-coup renforcer sa garde. Une nuit même, on vint nous éveiller en sursaut de la part du commandant de Paris (le général Hulin), pour nous inviter à nous tenir sur nos gardes, que l'Élysée allait être attaqué, etc. Mais tel était notre mépris pour ces misérables impostures, que nous ne jugeâmes même point nécessaire d'en instruire Napoléon, et que nous revîmes le jour, sans avoir éprouvé un seul moment d'insomnie. Rien n'aurait été plus facile cependant, que d'enlever ou d'assassiner Napoléon. Son palais qui, dix jours auparavant, pouvait à peine contenir la foule empressée des ambitieux et des courtisans, n'était plus qu'une vaste solitude. Tous ces hommes sans foi, sans honneur, que la puissance attire et qu'éloigne l'infortune, l'avaient abandonné. Sa garde avait été réduite à quelques vieux grenadiers, et un seul factionnaire, à peine en uniforme, veillait à la porte de ce Napoléon, de ce roi des rois, qui naguère avait compté, sous ses étendards, des millions de soldats.

Cependant, Napoléon sentit lui-même que sa présence à Paris, et dans un palais impérial, pourrait faire douter les alliés de la bonne foi de son abdication, et nuire au rétablissement de la paix. Il se décida donc à s'éloigner.

Il se fit remettre sa correspondance personnelle avec les souverains, et quelques lettres autographes soustraites, en 1814, à leurs recherches. Il nous prescrivit ensuite de brûler les pétitions, les lettres, les adresses reçues depuis le 20 mars. J'étais occupé de ce soin, dans un moment où Napoléon vint à traverser le cabinet. Il s'approcha de moi, et me prit une lettre que je tenais à la main; elle était du duc de ... Il la parcourut, et me dit en souriant: «Ne brûlez point celle-là, gardez-la pour vous. Ce sera, si l'on vous tourmente, une excellente recommandation. *** ne manquera point de jurer aux autres qu'il leur a conservé une chaste fidélité, et quand il saura que vous avez en main la preuve matérielle qu'il s'était mis à mes pieds et que je n'ai voulu ni de lui, ni de ses services, il se mettra en quatre pour vous servir, dans la crainte que vous ne jasiez.» Je crus que l'Empereur plaisantait; il s'en aperçut, et reprit: «Non, vous dis-je, ne brûlez point cette lettre, ni celle de tous les gens de la même volée; je vous les donne pour votre sauve-garde.»

«Mais, Sire, ils m'accuseront de les avoir soustraites.»—«Vous les menacerez, s'ils raisonnent, de les faire imprimer tout vifs, et ils se tairont: je les connais.»—«Puisque V. M. le veut, je les conserverai.» Je mis en effet de côté un certain nombre de ces lettres. Après le retour du Roi, j'en rendis complaisamment quelques-unes; et ce n'est point ici une allégation gratuite. À peine leurs auteurs que je pourrais nommer, les eurent-ils en leur possession, qu'ils élevèrent jusqu'aux nues leur prétendue fidélité, et devinrent, dans leurs discours ou dans leurs écrits, les détracteurs les plus acharnés de tous ceux qui avaient embrassé ou servi la cause du 20 mars.

Le 25 à midi, Napoléon partit pour la Malmaison. Il y fut reçu par la princesse Hortense. Cette princesse, si odieusement calomniée et si digne de respect, nous donna l'exemple du courage et de la résignation. Sa position, celle de Napoléon, devaient briser son âme; et cependant elle trouvait encore assez de force pour dompter ses souffrances et soulager les nôtres. Elle s'occupait de l'Empereur, elle s'occupait de nous, avec une sollicitude si constante, une grâce si accomplie, qu'on aurait pu croire qu'elle n'avait à songer qu'au malheur d'autrui. Si le sort de Napoléon et de la France nous arrachait des gémissemens ou des imprécations, elle accourait; et retenant ses propres larmes, elle nous rappelait avec la raison d'un philosophe et la douceur d'un ange, qu'il fallait surmonter nos regrets, notre douleur, et nous soumettre avec docilité aux décrets de la providence.

La secousse qu'avait donnée à Napoléon son départ de l'Élysée, le réveilla. Il retrouva à la Malmaison son âme, son activité, son énergie. Habitué à voir couronner tous ses voeux, toutes ses entreprises du plus heureux succès, il n'avait point appris à lutter contre les atteintes subites du malheur; et malgré la fermeté de son caractère, elles le jetaient parfois dans un état d'irrésolution, pendant lequel mille pensées, mille volontés se croisaient dans son esprit, et lui ôtaient la possibilité de prendre un parti. Mais cette catalepsie morale n'était point l'effet (comme on l'a prétendu) d'un lâche abattement. Sa grande âme restait debout au milieu de l'engourdissement momentané de ses facultés, et Napoléon, à son réveil, n'en était que plus terrible et plus redoutable.

Quelques momens après son arrivée, il voulut s'entretenir encore avec ses anciens compagnons d'armes, et leur exprimer, pour la dernière fois, ses regrets et ses sentimens. L'amour qu'il leur portait, le désespoir de ne pouvoir venger à leur tête l'affront de Mont-St.-Jean, lui firent oublier, dans une première proclamation, qu'il avait brisé de ses propres mains son sceptre et son épée. Il reconnut bientôt que le langage passionné qu'il tenait à l'armée, n'était point celui que lui imposait son abdication, et il substitua aux trop vives inspirations de son coeur l'adresse suivante:

Napoléon aux braves Soldats de l'Armée devant Paris.

Malmaison, 25 juin 1815.

SOLDATS!

Quand je cède à la nécessité qui me force de m'éloigner de la brave armée Française, j'emporte avec moi l'heureuse certitude qu'elle justifiera par les services éminens que la patrie attend d'elle, les éloges que nos ennemis eux-mêmes ne peuvent pas lui refuser.

Soldats, je suivrai vos pas, quoiqu'absent. Je connais tous les corps; et aucun d'eux ne remportera un avantage signalé sur l'ennemi, que je ne rende justice au courage qu'il aura déployé. Vous et moi, nous avons été calomniés. Des hommes indignes d'apprécier vos travaux, ont vu, dans les marques d'attachement que vous m'avez données, un zèle dont j'étais le seul objet; que vos succès futurs leur apprennent que c'était la patrie par-dessus tout que vous serviez en m'obéissant; et que si j'ai quelque part à votre affection, je la dois à mon ardent amour pour la France, notre mère commune.

Soldats, encore quelques efforts, et la coalition est dissoute. Napoléon vous reconnaîtra aux coups que vous allez porter.

Sauvez l'honneur, l'indépendance des Français; soyez jusqu'à la fin, tels que je vous ai connus depuis vingt ans, et vous serez invincibles.

L'Empereur, qui avait eu peut-être l'intention de reporter sur lui, par cette proclamation, le souvenir et l'intérêt de ses anciens soldats, s'informa de l'effet qu'elle avait produit. On lui répondit, ce qui était vrai, qu'elle n'avait point été publiée par le *Moniteur*, et que l'armée n'en avait pas eu connaissance. Il ne laissa paraître aucun signe de dépit ou de mécontentement, et se mit à parler des deux chambres.

Depuis l'abdication, les pairs et les députés avaient rivalisé de zèle et d'efforts pour mettre la France en état d'imposer à ses ennemis intérieurs et extérieurs. Ils avaient déclaré la guerre nationale, et appelé tous les Français à la défense commune; Ils avaient autorisé le gouvernement à faire des réquisitions en nature, pour l'approvisionnement de l'armée et le transport des subsistances; à lever la conscription de 1815; à suspendre les lois sur la liberté individuelle, et à faire arrêter ou placer en surveillance toutes les personnes prévenues de provoquer des troubles, ou d'entretenir des intelligences avec les ennemis. Ils lui avaient enfin accordé un crédit immense, pour subvenir provisoirement au paiement des fournitures et de la solde de l'armée.

De son côté, la commission prenait, exécutait, avec un soin infatigable, toutes les mesures que commandaient les circonstances. Sa tâche, il faut l'avouer, était aussi difficile que périlleuse. Jamais gouvernement ne s'était trouvé dans de semblables conjonctures. Il fallait, du moins pour la majorité de ses membres, un grand courage, un grand dévouement, un grand patriotisme; il fallait une abnégation héroïque de son repos, de sa liberté, de sa vie, pour se charger envers la nation, envers le roi, de la responsabilité du pouvoir et des événemens.

Le premier acte de la commission fut de remettre, entre les mains du prince d'Essling, le commandement en chef de la garde nationale, dévolu précédemment à l'Empereur. Le duc d'Otrante voulait ôter le commandement en second au général Durosnel, dont la droiture l'embarrassait, pour le donner à M. T** qui lui paraissait sans doute plus maniable. Le duc de Vicence et M. Carnot s'y opposèrent et il fut laissé au général Durosnel, à la satisfaction de la garde nationale, qui avait su apprécier déjà le beau caractère de cet officier.

Le maréchal SOULT n'ayant point voulu accepter de commandement, et le général RAPP ayant remis le sien, la commission nomma le maréchal GROUCHY commandant de l'armée du Nord; le général REILLE fut nommé commandant des 1er 2e et 6e corps réunis en un seul; le général DROUOT commandant de la garde; le maréchal JOURDAN commandant de l'armée du Rhin.

Des ordres furent donnés de toutes parts pour rétablir le matériel de l'armée, remonter la cavalerie, faire marcher les dépôts et forcer les soldats isolés de rentrer sous leurs drapeaux.

La commission enfin, après avoir employé tous les moyens possibles pour appuyer les négociations par le développement simultané des forces nationales, chargea MM. de la Fayette, de Pontécoulant, de la Forêt, d'Argenson, Sébastiani et Benjamin Constant (ce dernier adjoint en qualité de secrétaire), de se rendre auprès des souverains alliés et de leurs généraux, pour négocier une suspension d'armes et traiter de la paix.

Le jour où ces plénipotentiaires partirent, M. S*** vint féliciter Napoléon. «Les alliés, lui répondit l'Empereur, ont trop d'intérêt à vous imposer les Bourbons pour vous donner mon fils. Mon fils régnera sur la France, mais son heure n'est point encore venue. Les instructions des plénipotentiaires, m'a-t-on assuré, sont dans le sens de ma dynastie; si cela est vrai, il fallait alors choisir d'autres hommes pour la défendre. La Fayette, Sébastiani, Pontécoulant, Benjamin Constant, ont conspiré contre moi; ils sont mes ennemis, et les ennemis du père ne seront jamais les amis du fils. Les chambres d'ailleurs n'ont point assez d'énergie, pour avoir une volonté indépendante: elles obéissent à Fouché. Si elles m'eussent donné tout ce qu'elles lui jettent à la tête, j'aurais sauvé la France; ma présence seule à la tête de l'armée aurait plus fait que toutes vos négociations; j'aurais obtenu mon fils pour prix de mon abdication; vous ne l'obtiendrez pas. Fouché n'est point de bonne foi; il est vendu au duc d'Orléans. Il jouera les chambres, les alliés le joueront, et vous aurez Louis XVIII. Il se croit en état de tout conduire à sa guise, il se trompe; il verra qu'il faut une main autrement trempée que la sienne, pour tenir les rênes d'une nation, surtout lorsque l'ennemi est chez elle... La chambre des pairs n'a point fait son devoir; elle s'est conduite comme une poule mouillée. Elle a laissé insulter Lucien et détrôner mon fils: si elle eût tenu bon, elle aurait eu l'armée pour elle; les généraux la lui auraient donnée[66]. Son ordre du jour a perdu la France et vous a rendu les Bourbons. Moi seul je pourrais tout réparer, mais vos meneurs n'y consentiront jamais; ils aimeront mieux s'engloutir dans l'abîme, que de s'unir avec moi pour le fermer.»

Les plaintes, les regrets, les menaces que Napoléon laissait continuellement échapper, alarmaient de plus en plus les fauteurs de sa chute. Dans leur premier moment de chaleur, ils avaient montré de l'audace; mais depuis que leurs têtes s'étaient refroidies, ils paraissaient étonnés eux-mêmes de leur propre courage. Ils pâlissaient au seul nom de Napoléon, et conjuraient nuit et jour le gouvernement de le faire embarquer le plus promptement possible.

Dès le jour même de son abdication, l'Empereur eut la pensée d'aller chercher un asile à l'étranger. Accoutumé aux émotions fortes, aux événemens extraordinaires, il s'était familiarisé sans peine avec cette idée, et parut se complaire pendant quelques momens à calculer les hasards du présent, les chances de l'avenir, et à opposer aux dangers de la réalité les fictions de l'espérance.

L'Empereur n'avait jamais confondu la nation anglaise avec le système politique de son gouvernement. Il regardait le coeur d'un Breton comme le sanctuaire inviolable de l'honneur, de la générosité et de toutes les vertus civiques et privées qui impriment à l'homme de l'élévation et de la dignité. Cette haute opinion avait prévalu dans sa pensée sur les craintes que devaient lui inspirer les principes et les sentimens connus du cabinet de Londres; et son premier dessein fut de se retirer en Angleterre et de s'y placer sous la sauve-garde de l'hospitalité et des lois. Il s'en ouvrit aux ducs de Bassano et de Vicence. Le premier ne parut point goûter cette résolution. Le second, sans la combattre ni l'approuver, lui conseilla, s'il persistait à prendre ce parti, de se jeter dans un bateau de smuggler, de se présenter en mettant pied à terre devant le magistrat du lieu, et de déclarer qu'il venait avec confiance invoquer la protection du peuple Anglais. Napoléon parut goûter cet avis; mais d'autres conseils le firent pencher pour les États-Unis. Il fit alors demander au ministre de la marine la note des bâtimens américains qui se trouvaient dans nos ports. Le ministre la lui transmit sur-le-champ. «Remarquez, Sire, lui écrivait-il, le bâtiment du Havre. Son capitaine est dans mon anti-chambre; sa chaise de poste est à ma porte. Il va partir. Je réponds de lui; demain, si vous le voulez, vous serez hors d'atteinte de vos ennemis.»

M. de Vicence pressa l'Empereur de profiter de cette occasion. «Je sais bien, reprit l'Empereur, qu'on voudrait déjà me voir parti, qu'on voudrait se débarrasser de moi et me faire prendre.» Le duc fit un mouvement de surprise et de reproche. «Ah! Caulincourt, ce n'est point de vous dont je veux parler.» M. de Vicence lui répondit que ce conseil ne partait que du coeur, qu'il n'avait d'autre motif que de le voir à l'abri des dangers dont le menaçait l'approche des alliés.—L'Empereur l'arrêta. «Qu'ai-je à craindre? j'ai abdiqué; *c'est à la France à me protéger!*»

Plusieurs Américains qui se trouvaient à Paris, écrivirent de leur propre mouvement à Napoléon pour lui offrir leurs services et l'assurer, au nom de leurs concitoyens, qu'il serait accueilli à Washington avec les sentimens de respect, d'admiration et de dévouement, qui lui étaient dus. Napoléon refusa leurs offres. Son intention n'était point de se soustraire aux effets de son abdication; mais il avait changé d'opinion et reconnu qu'il était de son devoir de ne quitter le sol de la patrie, à moins qu'on ne l'exigeât, que lorsqu'elle ne serait plus en danger.

Cependant, le gouvernement cédant aux obsessions continuelles des députés et de M. Fouché, lui fit insinuer qu'il serait convenable de prendre un parti. L'Empereur alors déclara qu'il était prêt à se rendre avec sa famille aux États-Unis, et qu'il s'embarquerait aussitôt qu'on aurait mis deux frégates à sa disposition. Le ministre de la marine fut autorisé sur-le-champ à faire armer ces deux frégates. M. le baron Bignon reçut l'ordre de demander à lord Wellington les passeports et les sauf-conduits nécessaires; mais la commission, sous le prétexte de ne point exposer les *frégates* à tomber au pouvoir de l'ennemi, arrêta que l'expédition ne mettrait en mer, que lorsque les sauf-conduits seraient arrivés: condition singulière, que l'on ne peut expliquer honorablement qu'en supposant que le gouvernement ne se souciait point intérieurement de laisser partir Napoléon, regardant sans doute sa présence en France comme un moyen de rendre les alliés plus dociles et moins exigeans.

La promesse faite par l'Empereur, et les mesures prises pour assurer son départ, ne suffirent point pour tranquilliser ses craintifs ennemis. Ils appréhendèrent qu'il ne profitât du délai que l'arrivée des sauf-conduits allait entraîner pour s'emparer de vive force de l'autorité. Ils revinrent donc à la charge, et le gouvernement, pour mettre un terme à leurs frayeurs importunes et répondre d'avance aux objections des étrangers, consentit à donner un gardien à l'ancien chef de l'état. Le général comte Beker, membre de la chambre des députés, fut nommé commandant de la garde de l'Empereur, et chargé, sous ce prétexte, de se rendre à la Malmaison, «pour veiller à la conservation de la personne de Napoléon et au respect qui lui est dû, et empêcher les malveillans de se servir de son nom pour occasionner des troubles[67].»

Lorsque le général se présenta à la Malmaison, on crut qu'il venait arrêter Napoléon.

Un cri de douleur s'échappa de tous les coeurs. Gourgaud et quelques autres officiers jurèrent qu'on ne porterait jamais sur l'Empereur une main sacrilége. Je courus apprendre à Napoléon ce qui se passait; il sortit de son cabinet, et parut à nos yeux:

Avec cet air serein, ce front majestueux,
Tel que dans les combats, maître de son courage,
Tranquille, il arrêtait ou pressait le carnage.

L'Empereur nous ordonna de respecter la personne et la mission du général Beker, et de lui faire savoir qu'il pouvait se présenter devant lui, sans scrupule et sans crainte. Mais déjà cet officier s'était expliqué, et l'on vint annoncer que le but de sa mission n'était point d'arrêter l'Empereur, mais de veiller à la sûreté de sa personne, placée sous la sauvegarde de l'honneur national[68].

Cette déclaration ne trompa personne. Elle nous affligea profondément. La princesse Hortense en eut l'âme déchirée. «Ô mon Dieu! dit-elle en élevant tristement les yeux au ciel, devais-je voir l'Empereur à la Malmaison prisonnier des Français!»

M. Fouché et les siens ne s'en tinrent point à cette première précaution; et pour ôter à l'Empereur le moyen *de former des trames*, ils lui enlevèrent successivement, sous un prétexte ou sous un autre, la plupart des officiers sur le dévouement desquels il pouvait compter. Les uns furent appelés près du gouvernement, les autres reçurent des missions ou des commandemens. On leur parlait à tous au nom sacré de la patrie, et tous obéissaient. Moi-même, je ne fus point oublié; et je reçus, ainsi que mon collègue le baron Fain, l'ordre de me rendre à Paris. J'en prévins l'Empereur. «Allez, me dit-il, j'y consens. Vous saurez ce qui s'y passe, et vous me le direz. Je regrette que nous n'ayons point songé à vous faire attacher aux plénipotentiaires; vous auriez rappelé à Metternich ce qui s'est dit à Bâle; vous lui auriez appris que Fouché travaille pour le duc d'Orléans, etc. etc. Peut-être sera-t-il encore tems. Voyez Caulincourt de ma part; dites-lui de vous donner quelque mission.»

Aussitôt mon arrivée aux Tuileries, je témoignai au président de la commission et à M. de Vicence, le désir de faire partie de l'ambassade. Je leur rappelai les propositions de M. Werner, etc. etc. M. de Vicence pensa que mes services pourraient être fort utiles. M. le duc d'Otrante me répondit qu'il fallait abandonner tout cela, et il n'en fut plus question.

Napoléon était donc resté presque seul, à la Malmaison[69]; et là, retiré comme Achille dans sa tente, il maudissait son repos, lorsque le ministre de la marine vint lui annoncer, au nom du gouvernement, que les ennemis étaient à Compiègne; que la commission, craignant pour sa sûreté, le dispensait d'attendre les sauf-conduits et désirait qu'il partît *incognito*. L'Empereur promit de partir; mais quand il entendit au loin le premier coup de canon, tout son corps tressaillit, et il se plaignit avec l'accent du désespoir d'être condamné à rester loin du champ de bataille. Il fit appeler le général Beker; «L'ennemi est à Compiègne, à Senlis! lui dit-il, il sera demain aux portes de Paris! Je ne conçois rien à l'aveuglement du gouvernement. Il faut être insensé ou traître à la patrie, pour révoquer en doute la mauvaise foi de l'étranger. Ces gens-là n'entendent rien à leurs affaires.» Le général Beker fit un mouvement de tête, que Napoléon prit pour un signe d'approbation, et il reprit: «Tout est perdu, n'est-ce pas? Dans ce cas, qu'on me fasse général; je commanderai l'armée; je vais en faire la demande; (*d'un ton d'autorité*) Général vous porterez ma lettre; partez de suite; une voiture vous attend. Expliquez-leur que mon intention n'est point de ressaisir le pouvoir; que je veux battre l'ennemi, l'écraser, le forcer par la victoire à donner un cours favorable aux négociations; qu'ensuite, ce grand point obtenu, je poursuivrai ma route; allez, général; je compte sur vous: vous ne me quitterez plus.»

Le général Beker, vaincu par l'ascendant de son prisonnier, partit sur-le-champ. Cette lettre dont je regrette de ne pouvoir garantir la première partie, contenait en substance:

À la Commission du Gouvernement.

En abdiquant le pouvoir, je n'ai point renoncé au plus noble droit du citoyen, au droit de défendre mon pays.

L'approche des ennemis de la capitale ne laisse plus de doutes sur leurs intentions, sur leur mauvaise foi.

Dans ces graves circonstances, j'offre mes services comme général, me regardant encore comme le premier soldat de la patrie.

Le duc d'Otrante lut cette lettre à haute voix, et s'écria: «Est-ce qu'il se moque de nous?»

M. Carnot parut être d'avis de replacer l'Empereur à la tête de l'armée.

Le duc d'Otrante répliqua que l'Empereur avait sans doute épargné ce soin à la commission; que probablement il avait *filé* aussitôt le départ du général Beker et qu'il était déjà à haranguer les soldats, et à les passer en revue.

Le général Beker se rendit garant que Napoléon attendrait son retour.

Le président de la commission fit observer alors que le rappel de Napoléon serait à jamais destructif de tout espoir de conciliation; que les ennemis, indignés de notre foi punique, ne voudraient plus nous accorder ni trêve, ni quartier; que le caractère de Napoléon ne promettait point d'avoir aucune confiance dans ses promesses; et que, s'il parvenait à obtenir quelque succès, il voudrait remonter sur le trône et s'ensevelir sous ses débris, plutôt que d'en descendre une seconde fois, etc.

Ces observations réunirent tous les suffrages, et les membres de la commission répondirent à l'Empereur, que leur devoir envers la patrie, et les engagemens pris par les plénipotentiaires avec les puissances étrangères, ne permettaient point d'accepter son offre. Ils chargèrent M. Carnot de se rendre à la Malmaison pour éclairer l'Empereur sur sa position, sur celle de la France, et le conjurer d'éviter les malheurs qu'il paraissait vouloir appeler sur la France et sur lui.

La proposition de Napoléon fut bientôt connue de tout Paris; on commença par publier qu'il avait voulu reprendre le commandement; on finit par annoncer qu'il l'avait repris. Napoléon en effet, aussitôt le départ du général Beker, fit seller ses chevaux de bataille; et pendant trois heures, on crut qu'il allait se rendre à l'armée. Mais il ne songea point à profiter lâchement de l'absence de son gardien pour s'évader. Une telle pensée était au-dessous de l'homme qui venait d'attaquer et d'envahir un royaume avec huit cents soldats.

Le général Beker revint à la Malmaison. L'Empereur se saisit de la réponse de la commission, la parcourut rapidement, et s'écria: «J'en étais sûr; ces gens-là n'ont point d'énergie; eh bien, général, puisque c'est ainsi, partons, partons.» Il fit appeler M. de Flahaut et le chargea d'aller à Paris, sur-le-champ, concerter son départ et son embarquement avec les membres de la commission.

Le prince d'Eckmuhl se trouvait aux Tuileries, au moment où M. de Flahaut s'y présenta. Il ne vit dans la mission de ce général qu'un subterfuge de l'Empereur, pour différer son départ. «Votre Bonaparte, lui dit-il avec le ton de la colère et du mépris, ne veut point partir, mais il faudra bien qu'il nous débarrasse de lui; sa présence nous gêne, nous importune; elle nuit aux succès de nos négociations. S'il espère que nous le reprendrons, il se trompe; nous ne voulons plus de lui. Dites-lui de ma part qu'il faut qu'il s'en aille, et que s'il ne part à l'instant, je le ferai arrêter, *que je l'arrêterai moi-même.*» M. de Flahaut, enflammé d'indignation, lui répondit: «Je n'aurais jamais pu croire, M. le Maréchal, qu'un homme qui, il y a huit jours, était aux genoux de Napoléon, pût tenir aujourd'hui un semblable langage. Je me respecte trop, je respecte trop la personne et l'infortune de l'Empereur, pour lui reporter vos paroles; allez-y vous-même, M. le Maréchal; cela vous convient mieux qu'à moi.»— Le prince d'Eckmuhl, irrité, lui rappela qu'il parlait au ministre de la guerre, au général en chef de l'armée, et lui prescrivit de se rendre à Fontainebleau où il recevrait ses ordres.—«Non, monsieur, reprit vivement le comte de Flahaut, je n'irai point; je n'abandonnerai pas l'Empereur; je lui garderai jusqu'au dernier moment la fidélité que tant d'autres lui ont jurée.»—«Je vous ferai punir de votre désobéissance!»—«Vous n'en avez plus le droit. Dès ce moment je donne ma démission. Je ne pourrais plus servir sous vos ordres sans déshonorer mes épaulettes.»

Il sortit. L'Empereur à son retour s'aperçut qu'il avait l'âme blessée; il le questionna, et parvint à lui faire avouer ce qui s'était passé. Habitué, depuis son abdication, à ne s'étonner de rien et à tout souffrir sans se plaindre, Napoléon ne parut ni surpris ni mécontent des insultes de son ancien ministre. «Qu'il vienne, répondit-il froidement, *je suis prêt, s'il le veut, à lui tendre la gorge*. Votre conduite, mon cher Flahaut, ajouta-t-il, me touche; mais la patrie a besoin de vous: restez à l'armée; et oubliez, comme moi, le prince d'Eckmuhl et ses lâches menaces.»

L'histoire plus sévère ne les oubliera point. Le respect pour le malheur fut toujours placé au premier rang des vertus militaires. Si le guerrier qui outrage son ennemi désarmé perd l'estime des braves, quel sentiment doit-il inspirer celui qui maudit, insulte et menace son ami, son bienfaiteur, son prince malheureux?

L'Empereur versa, dans le sein de l'amitié fidèle, le chagrin que lui causait le refus de ses services par la commission. «Ces gens-là, dit-il à M. de Bassano, sont aveuglés par l'envie de jouir du pouvoir et de continuer à faire les souverains; ils sentent que s'ils me replaçaient à la tête de l'armée, ils ne seraient plus que mon ombre; et ils me sacrifient, moi et la patrie, à leur orgueil, à leur vanité. Ils perdront tout». Après quelques momens de silence: «Mais pourquoi les laisserai-je régner? j'ai abdiqué pour sauver la France, pour sauver le trône de mon fils. Si ce trône doit être perdu, j'aime mieux le perdre sur le champ de bataille qu'ici. Je n'ai rien de mieux à faire pour vous tous, pour mon fils et pour moi, que de me jeter dans les bras de mes soldats. Mon apparition électrisera l'armée, elle foudroyera les étrangers. Ils sauront que je ne suis revenu sur le terrain que pour leur marcher sur le corps, ou me faire tuer; et ils vous accorderont, pour se délivrer de moi, tout ce que vous leur demanderez. Si, au contraire, vous me laissez ici ronger mon épée, ils se moqueront de vous, et vous serez forcés de recevoir Louis XVIII, *chapeau bas*. Il faut en finir: si vos cinq Empereurs ne veulent pas de moi pour sauver la France, je me passerai de leur consentement. Il me suffira de me montrer, et Paris et l'armée me recevront une seconde fois en libérateur.»—«Je le crois, Sire, répondit M. de Bassano, mais la chambre se déclarera contre vous; peut-être même osera-t-elle vous mettre hors la loi. D'un autre côté, Sire, si la fortune ne favorisait pas vos efforts, si l'armée, après des prodiges de valeur, était accablée par le nombre, que deviendrait la France? que deviendrait Votre Majesté? L'ennemi serait autorisé à abuser de la victoire; et Votre Majesté aurait peut-être à se reprocher d'avoir causé à jamais la perte de la France.»—«Allons; je le vois bien, il faut toujours céder.» L'Empereur resta quelques momens sans proférer une seule parole; et reprit: «Vous avez raison; je ne dois pas prendre sur moi la responsabilité d'un si grand événement. Je dois attendre que la voix du peuple, des soldats et des chambres me rappelle. Mais comment Paris ne me demande-t-il pas? on ne s'apperçoit donc point que les alliés ne vous tiennent aucun compte de mon abdication?»—«Sire, il règne une telle incertitude dans les esprits, qu'on ne peut parvenir à s'entendre. Si l'on était bien convaincu que l'intention des alliés est de rétablir Louis XVIII, on n'hésiterait peut-être point à se prononcer; mais on espère qu'ils tiendront leurs promesses.»—«Cet infâme Fouché vous trompe. La commission se laisse conduire par lui. Elle aura de grands reproches à se faire. Il n'y a là que Caulincourt et Carnot qui vaillent quelque chose; mais ils sont mal appareillés. Que peuvent-ils faire avec un traître, deux niais[70], et deux chambres qui ne savent ce qu'elles veulent? Vous croyez tous, comme des imbéciles, aux belles promesses des étrangers. Vous croyez qu'ils vous mettront la poule au pot, et vous donneront un prince de votre façon, n'est-ce pas? Vous vous abusez: Alexandre, malgré ses grands sentimens, se laissera influencer par les Anglais; il les craint; et l'Empereur d'Autriche fera, comme en 1814, ce que les autres voudront.»

Cet entretien fut interrompu par l'arrivée des généraux P. et Chartran. On les avait éconduits déjà deux fois; mais celle-ci ils déclarèrent qu'ils ne s'en iraient point sans avoir parlé à l'Empereur. Leur but était d'en exiger de l'argent. Le général Chartran, aussi funestement inspiré que Labédoyère, lui dit qu'il s'était perdu pour le servir, que les Bourbons allaient rentrer, qu'il serait fusillé s'il n'avait pas d'argent pour se sauver, et qu'il lui en fallait. Napoléon leur fit donner un millier d'écus à chacun, et ils se retirèrent. La princesse Hortense, craignant que ces illustres Cosaques ne fissent un mauvais parti à l'Empereur, voulait généreusement leur donner tout ce qu'ils demanderaient. J'eus mille peines à la tranquilliser et à lui faire comprendre qu'ils en voulaient plus à la bourse de Napoléon qu'à sa personne.

Napoléon, après leur départ, me donna des ordres pour Paris. J'y retournai. Au moment où j'entrais aux Tuileries, la commission venait d'être instruite que l'ennemi, après avoir battu nos troupes, s'avançait en toute hâte sur Paris. Cette nouvelle inquiétait le gouvernement; et comme il n'avait en ce moment près de lui aucun officier d'ordonnance, le duc de Vicence me pria de vouloir bien aller à la découverte. Je partis. Arrivé à l'entrée du Bourget, je rencontrai le général Reille avec son corps d'armée. Il m'apprit que l'ennemi le suivait, mais qu'on n'avait rien à craindre pour la capitale. «Je ne sais ce qui s'y passe, me dit-il, mais on vient de conduire devant moi à l'instant le frère de M. de Talleyrand. Il était porteur d'un faux passe-port, sous le nom de Petit. J'avais envie de le faire conduire à la commission du gouvernement, mais il m'a déclaré qu'il était chargé par elle d'une mission aussi importante que pressée; et comme à tout hasard un ennemi de plus ne peut rien nous faire, j'ai mieux aimé le laisser passer que de risquer de faire manquer sa mission par des retardemens inutiles». Je me hâtai de revenir calmer les anxiétés du gouvernement.

Aussitôt que je pus disposer de ma liberté, je volai à la Malmaison. Napoléon, qui me savait gré de ce postillonage continuel, daignait toujours me recevoir sur-le-champ. Je lui rendis compte de tout ce qui pouvait l'intéresser. Je n'omis point de lui apprendre que l'ennemi était déjà maître d'une partie des environs de Paris, et qu'il était important qu'il se tînt sur ses gardes. «Je ne le craindrai point demain, me dit-il; j'ai promis à Decrès de partir, et je partirai cette nuit. Je m'ennuie de moi, de Paris et de la France. Faites vos préparatifs, et ne vous éloignez pas.»—Sire, lui répondis-je, quand je promis hier à Votre Majesté de la suivre, je ne consultai que mon dévouement; mais, lorsque j'ai fait part de cette résolution à ma mère, elle m'a conjuré, au nom de ses cheveux blancs, de ne point l'abandonner. Sire, elle est âgée de soixante-quatorze ans[71]; elle est aveugle; mes frères ont été tués au champ d'honneur; elle n'a plus que moi, moi seul au monde, pour la protéger; et j'avouerai à Votre Majesté que je n'ai point eu la force de lui résister.»—«Vous avez bien fait, me dit Napoléon; vous vous devez à votre mère; restez avec elle. Si, un jour, vous êtes libre de vos actions, venez me trouver; je vous recevrai toujours bien.»—«Votre Majesté, lui répliquai-je, est donc décidée à partir.»—«Que voulez-vous que je fasse ici, maintenant?»—«Votre Majesté a raison, mais...»—«Mais quoi? voudriez-vous que je restasse?»—«Sire, j'avouerai à Votre Majesté que je ne la vois point partir sans effroi.»—«Au fait, le chemin est difficile, mais un bon vent et la fortune...»—«La fortune! ah! Sire, elle n'est plus pour nous; d'ailleurs, où Votre Majesté ira-t-elle?»—«J'irai aux États-Unis. L'on me donnera des terres ou j'en acheterai, et nous les cultiverons. Je finirai par où l'homme a commencé: je vivrai du produit de mes champs et de mes troupeaux.»—«C'est très-bien, Sire; mais croyez-vous que les Anglais vous laisseront en paix cultiver vos champs?»—«Pourquoi non? quel mal pourrai-je leur faire?»—«Quel mal, Sire! Votre Majesté a-t-elle donc oublié qu'elle a fait trembler l'Angleterre? Tant que vous vivrez, Sire, ou que vous serez libre, elle redoutera les effets de votre haine et de votre génie. Vous étiez peut-être moins dangereux pour elle sur le trône dégradé de Louis XVIII, que vous ne le seriez aux États-Unis. Les Américains vous aiment et vous admirent; vous exerceriez sur eux une grande influence, et vous les porteriez peut-être à des entreprises fatales à l'Angleterre.»—«Quelles entreprises? les Anglais savent bien que les Américains se feraient tous tuer pour la défense du sol national mais qu'ils n'aiment point à faire la guerre hors de chez eux. Ils ne sont pas encore arrivés au point d'inquiéter sérieusement les Anglais; un jour, peut-être, ils seront les vengeurs des mers; mais cette époque, que j'aurais pu rapprocher, est maintenant éloignée: les Américains ne grandissent que lentement.»—«En admettant que les Américains ne puissent, en ce moment, donner des inquiétudes sérieuses à l'Angleterre, votre présence aux États-Unis lui fournirait du moins l'occasion d'ameuter l'Europe contre eux. Les coalisés regarderont leur ouvrage comme imparfait, tant que vous ne serez point en leur possession, et ils forceront les Américains, sinon à vous livrer, du moins à vous éloigner de leur territoire.»—«Hé bien! j'irai au Mexique. J'y trouverai des patriotes, et je me mettrai à leur tête.»—«Votre Majesté oublie qu'ils ont déjà des chefs; on fait les révolutions pour soi et non pour les autres; et les chefs des indépendans se déferaient de Votre Majesté ou la forceraient de chercher ailleurs...»—«Hé bien! je les laisserai-là et j'irai à Carraccas; si je ne m'y trouve pas bien, j'irai à Buénos-Ayres; j'irai dans la Californie; j'irai enfin de mer en mer, jusqu'à ce que je trouve un asile contre la malfaisance et la persécution des hommes.»—«En supposant que Votre Majesté parle sérieusement, peut-elle raisonnablement se flatter d'échapper continuellement aux embûches et aux flottes des Anglais.»—«Si je ne puis leur échapper, ils me prendront: leur gouvernement ne vaut rien, mais la nation est grande, noble et généreuse; ils me traiteront comme je dois l'être. Au fond, que voudriez-vous que je fisse? voulez-vous que je me laisse prendre ici comme un sot, par Wellington, et que je lui donne le plaisir de me promener en triomphe comme le roi Jean dans les rues de Londres? je n'ai qu'un parti à prendre, puisqu'on refuse mes services, c'est de partir. Les destins feront le reste.»—«Il en est encore un, Sire; et j'oserai vous le soumettre. Votre Majesté n'est point faite pour se sauver.»—«Qu'appelez-vous, me dit Napoléon avec un regard fier et courroucé, où voyez-vous que je me sauve?»—«Je supplie Votre Majesté de ne point s'arrêter à cette expression.»—«Continuez, continuez.»—«Je pense donc, Sire, que Votre Majesté ne doit pas quitter ainsi la France, d'abord pour sa sûreté et ensuite pour sa gloire. Les Anglais sont instruits que vous avez le dessein de passer aux États-Unis, et déjà sans doute leurs croiseurs fourmillent sur nos côtes. Ce n'est point tout; Votre Majesté connaît la haine et la perfidie du duc d'Otrante; et qui peut répondre si des ordres secrets n'ont point été donnés pour entraver votre départ, ou retarder la marche des bâtimens, afin de vous faire capturer par les Anglais! Je regarde donc comme impossible, que Votre Majesté puisse leur échapper, et si elle leur échappe, qu'elle ne finisse tôt ou tard par tomber entre leurs mains. Dans cette perplexité, il faut du moins chercher à succomber le plus dignement possible.»—«Où voulez-vous en venir, me dit Napoléon avec humeur, pensant que je voulais lui proposer le suicide: Je sais que je pourrais me dire comme Annibal, délivrons-les de la terreur que mon nom leur inspire; mais il faut laisser le suicide aux âmes mal trempées et aux cerveaux malades. *Quelle que soit ma destinée, je n'avancerai jamais ma fin dernière d'un seul moment.*»—«Ce n'est point cela que je prétends, Sire; et puisque Votre Majesté daigne m'écouter, à sa place je renoncerais à l'espoir chimérique de trouver un asile à l'étranger; et je dirais aux chambres: «J'ai abdiqué pour désarmer nos ennemis, j'apprends qu'ils ne sont point satisfaits: s'il leur faut encore ma liberté ou ma vie, je la leur abandonne; je suis prêt à me remettre entre leurs mains, heureux à ce prix de pouvoir sauver la France et mon fils!» Qu'il serait beau, m'écriai-je, de voir Napoléon le Grand, après avoir déposé cette couronne placée sur sa tête après vingt années de victoires, venir s'offrir en sacrifice pour racheter l'indépendance de la patrie.»—«Oui, oui, me dit Napoléon, ce dévouement serait fort beau; mais une nation de trente millions d'âmes qui le souffrirait, serait à jamais déshonorée. À qui me rendrai-je d'ailleurs: à Blucher, à Wellington? ils n'ont pas le pouvoir nécessaire pour traiter avec moi à de pareilles conditions. Ils commenceraient par me prendre, et feraient ensuite de la France et de moi, ce qui leur passerait par la tête.»—«Je me rendrais, Sire, à l'Empereur Alexandre.»—«Alexandre!! vous ne connaissez pas les Russes. Cela nous coûterait la vie à tous les deux. Cependant votre idée mérite d'être méditée; j'y réfléchirai. Avant de prendre un parti sans remède, il faut y regarder à deux fois; le sacrifice de ma personne ne serait rien pour moi; mais peut-être serait-il perdu pour la France. Il ne faut jamais se confier à la foi d'un ennemi. Voyez si Maret et Lavalette sont là, et faites-les venir.»

Tout ce qui porte l'empreinte de la grandeur d'âme me séduit et me transporte. J'avoue que mon imagination s'était enflammée à l'aspect de Napoléon se dévouant généreusement pour la France et pour son fils. Mais cette réponse de Napoléon: «Une nation de trente millions d'hommes qui souffrirait ce sacrifice, serait à jamais déshonorée»; cette réponse, dis-je, que je n'avais point prévue, dissipa mon enchantement.

En sortant du cabinet, je fus arrêté par le duc de Rovigo qui me dit: «Vous avez causé bien long-tems avec l'Empereur; y aurait-il quelque chose de nouveau?»—«Non, lui répondis-je, nous avons parlé de son départ;» et je lui rapportai notre conversation. «Vous lui avez donné le conseil d'un homme de coeur, me répondit-il; mais il en est un que je lui ai donné et que je crois meilleur encore: c'est de se faire tuer avec nous sous les murs de Paris. Il ne le fera point, parce que Fouché ne lui en laissera pas les moyens, et qu'ensuite une peur de tout compromettre s'est emparée de lui. Il doit partir cette nuit. Dieu sait où nous irons; mais n'importe, je le suivrai. Avant tout je veux le savoir hors de danger: il vaut d'ailleurs mieux courir les aventures avec lui que de rester ici. Fouché croit qu'il s'en tirera; il se trompe; il sera pendu comme les autres, et il l'aura mieux mérité: la France est abîmée, est perdue! Je voudrais être mort.»

Pendant que je m'entretenais avec le duc de Rovigo, Napoléon discutait la proposition que j'avais osé lui soumettre. Plusieurs fois il fut sur le point de l'adopter, et toujours il en revint à son idée dominante, qu'un tel sacrifice était indigne d'une grande nation, et que la France probablement n'en retirerait pas plus de fruit qu'elle n'en avait retiré de son abdication. Tout considéré, Napoléon résolut donc de confier son sort au vent et à la fortune. Mais la commission, prévenue par une dépêche de nos plénipotentiaires que je transcris plus loin, que l'évasion de Napoléon, avant l'issue des négociations, serait regardée par les alliés comme un acte de mauvaise foi de notre part, et compromettrait le salut de la France; la commission lui fit déclarer que des circonstances politiques imprévues la forçaient de subordonner de nouveau son départ à l'arrivée des sauf-conduits. Napoléon fut donc obligé de rester.

Je revins à Paris; j'appris que l'ennemi avait fait d'immenses progrès; et selon ma coutume, je voulus m'échapper pour aller en prévenir Napoléon. Les barrières étaient strictement fermées; on n'en sortait plus sans permission. Je tentai d'en obtenir une. Le duc d'Otrante me répondit que ma présence était nécessaire au cabinet, et il me fut ordonné d'y rester. Je sus qu'un nommé Chauvin qui devait partir avec l'Empereur, se rendait à la Malmaison. Je courus lui exprimer ce qui se passait, et le chargeai d'en informer le comte Bertrand. Au même moment M. G. D.[72] apprit, je ne sais comment, que les Prussiens se proposaient d'enlever l'Empereur; que Blucher avait dit: «*si je puis attraper Bonaparte, je le ferai pendre à la tête de mes colonnes;*» et que Wellington s'était fortement opposé à ce lâche et criminel dessein. M. G. D. s'empressa de faire transmettre cet avis à Napoléon; et bientôt après il trouva le moyen, à la faveur de son emploi dans la garde nationale, de se rendre en personne à la Malmaison. Napoléon lui fit répéter avec détail tout ce qu'il savait; quand il connut la position des Prussiens il la mit sur sa carte[73], et dit en riant: «Ah, ah, je me suis en effet laissé tourner;» il chargea un officier d'ordonnance de s'assurer si les ponts de Bezons et du Peck avaient été coupés. Il sut que ce dernier ne l'était point: «Je l'avais cependant demandé: cela ne m'étonne point.»

L'Empereur alors fit faire quelques dispositions pour se mettre à l'abri d'une surprise; mais ces précautions étaient superflues; il avait trouvé, sans l'invoquer, dans le dévouement de ses anciens compagnons d'armes, un rempart inviolable contre les entreprises des ennemis. Les soldats, les officiers, les généraux, placés dans la direction de la Malmaison, le firent assurer qu'ils veilleraient sur lui, et qu'ils étaient prêts à verser pour sa défense jusqu'à la dernière goutte de leur sang. L'un des commandans des lanciers rouges de la garde, le jeune de Brock, se fit remarquer particulièrement par son zèle infatigable.

Le projet de Blucher et la proximité de nos troupes du lieu où se trouvait détenu Napoléon, jetèrent la commission dans les plus vives alarmes.

Elle avait à craindre à la fois, que Napoléon, ému par le bruit des armes et les acclamations de ses fidèles soldats, ne pût surmonter l'envie de venir se battre à leur tête; que l'armée, toujours idolâtre de son ancien général, ne fût l'arracher à son repos et le forcer de la conduire à l'ennemi; ou, enfin, que l'ennemi lui-même ne parvînt à s'emparer de sa personne par surprise ou par force.

L'éloignement de l'Empereur pouvait terminer d'un seul coup cet état d'anxiété; mais la dépêche des plénipotentiaires était là; et la commission, retenue par la crainte d'indisposer les alliés, n'osait autoriser ni contraindre Napoléon à s'éloigner.

Sur ces entrefaites, le duc de Wellington prévint M. Bignon, qu'il n'avait aucune autorité de son gouvernement pour donner une réponse quelconque sur la demande d'un passeport et sauf-conduit pour Napoléon Bonaparte.

N'ayant plus de prétexte plausible pour le retenir, et ne voulant point prendre sur elle la honte et la responsabilité des événemens, la commission n'hésita plus sur le parti qui lui restait à prendre: elle chargea le duc Decrès et le comte Boulay de se rendre immédiatement près de l'Empereur (il était trois heures et demie du matin), de lui exposer que lord Wellington avait refusé les sauf-conduits, et de lui notifier l'injonction de partir sur-le-champ.

L Empereur reçut cette communication sans s'émouvoir, et promit de s'éloigner dans la journée.

L'ordre fut aussitôt donné au général Beker de ne point permettre qu'il revînt sur ses pas; au préfet de la Charente-inférieure, de l'empêcher, autant que possible, de séjourner à Rochefort; au commandant de la marine de ne point lui laisser remettre le pied à terre du moment où il serait embarqué, etc. etc. etc.

Jamais criminel ne fut entouré de précautions plus multipliées et en même tems plus inutiles.

Si Napoléon, au lieu de céder à la crainte de compromettre l'indépendance et l'existence de la nation, eut voulu refaire un second 20 mars, ni les instructions du général Beker, ni les menaces du maréchal Davoust, ni les intrigues de M. Fouché, ne l'en eussent empêché; il lui aurait suffi de paraître. Le peuple, l'armée, l'auraient reçu avec enthousiasme; et aucun de ses ennemis (le prince d'Eckmuhl le premier) n'eût osé lever les yeux et contrarier son triomphe.

Les momens qui précédèrent son départ furent on ne peut plus touchans; il s'entretint, avec le peu d'amis qui ne l'avaient point abandonné, des grandes vicissitudes de la fortune. Il déplora les maux que leur dévouement à sa personne et à sa dynastie allait accumuler sur leurs têtes, et leur recommanda d'opposer la force de leur âme et la pureté de leur conscience, aux persécutions de leurs ennemis. Le sort de la France (qui pourrait en douter!!!) fut aussi l'objet de son inquiète et tendre sollicitude; il fit des voeux ardens pour son repos, son bonheur et sa prospérité.

Lorsqu'on vint lui annoncer que tout était préparé, il pressa affectueusement dans ses bras la princesse Hortense, embrassa tendrement ses amis fondant en larmes, et leur recommanda de nouveau l'union, le courage et la résignation. Sa contenance était ferme, sa voix calme, ses traits sereins; pas une plainte, pas un reproche ne s'échappèrent de son coeur!

Le 29 juin, à cinq heures du soir, il s'élança dans une voiture préparée pour sa suite, et fit monter, dans celle qui lui était destinée, le général Gourgaud et ses officiers d'ordonnance. Ses regards se reportèrent plusieurs fois vers cette dernière demeure, si long-tems témoin de son bonheur et de sa puissance. Il pensait, sans doute, qu'il ne la reverrait plus!

Il avait demandé qu'on mît, à sa disposition, un aviso, et que son convoi fût commandé par le contre-amiral Violette. La commission, qui, dans tous ses rapports avec l'Empereur, ne cessa point de lui témoigner les égards les plus respectueux, s'empressa de déférer à cette demande. L'amiral Violette étant absent, il fut convenu qu'on remettrait le commandement au plus ancien capitaine des deux frégates, et voici les instructions qui lui furent données.

Instructions pour les Capitaines Philibert, commandant la Saale, et Poncé, commandant la Méduse.

TRÈS-SECRÈTES.

Les deux frégates sont destinées à porter celui qui naguères était notre Empereur, aux États-Unis d'Amérique.

Il s'embarquera sur *la Saale*, avec telles personnes de sa suite qu'il désignera. Les autres seront embarquées sur *la Méduse*.

Les bagages seront répartis sur les deux frégates, ainsi qu'il l'ordonnera.

Si, soit avant le départ, soit dans la traversée, *la Méduse* était reconnue beaucoup meilleure marcheuse que *la Saale*, il s'embarquera sur *la Méduse*, et les capitaines Philibert et Poncé changeraient de commandement.

Le plus grand secret doit être gardé sur l'embarquement qui doit se faire par les soins du préfet maritime, ainsi que sur la personne à bord.

Napoléon voyage *incognito*, et il fera connaître lui-même le titre et le nom sous lesquels il veut être appelé.

Aussitôt après son embarquement, toute communication doit cesser avec la terre.

Les commandans des frégates, les officiers et les équipages, trouveront dans leurs coeurs qu'ils doivent traiter sa personne avec tous les égards et le respect dus à sa situation et à la couronne qu'il a portée.

À bord, les plus grands honneurs lui seront rendus, à moins qu'il ne s'y refuse. Il disposera de l'intérieur des frégates pour ses logemens, selon sa plus grande commodité, sans nuire aux moyens de leur défense. Sa table et son service personnel auront lieu, comme il l'ordonnera.

On disposera, et le préfet en a reçu l'ordre, tout ce qui peut contribuer aux commodités de son voyage, sans regarder à la dépense.

Il sera envoyé à bord, par le préfet, autant d'approvisionnemens pour lui et sa suite, que le comporte le secret impénétrable à observer sur son séjour et son embarquement à bord.

Napoléon étant embarqué, les frégates devront appareiller dans les vingt-quatre heures au plus tard, si les vents le permettent, et si les croisières ennemies ne s'opposent pas au départ.

On ne resterait vingt-quatre heures en rade, après l'embarquement de Napoléon, qu'autant qu'il le désirerait, car il est important de partir le plus tôt possible.

Les frégates se porteront le plus rapidement possible aux États-Unis d'Amérique, et elles débarqueront Napoléon et sa suite, soit à Philadelphie, soit à Boston, soit dans tel autre port des États-Unis qu'il serait plus prompt et plus facile d'atteindre.

Il est défendu aux commandans des deux frégates, de s'engager dans les rades dont leur sortie deviendrait lente et difficile. Elles ne sont autorisées à le faire, que dans le cas où cela serait nécessaire pour le salut du bâtiment.

On évitera tous les bâtimens de guerre qu'on pourrait rencontrer; si l'on est obligé de combattre des forces supérieures, la frégate sur laquelle ne sera pas embarqué Napoléon se sacrifiera pour retenir l'ennemi, et pour donner à celle sur laquelle il se trouvera le moyen de s'échapper.

Je n'ai pas besoin de rappeler que les chambres et le gouvernement ont mis la personne de Napoléon sous la sauve-garde de la loyauté Française.

Une fois arrivé aux États-Unis, le débarquement devra se faire avec toute la célérité possible et sous quelque prétexte que ce soit, à moins que les frégates n'en soient empêchées par des forces supérieures; elles ne pourront y rester plus de vingt-quatre heures, et elles devront immédiatement faire leur retour en France.

Les lois et réglemens sur la police des vaisseaux à la mer et sur la subordination militaire des personnes embarquées comme passagers à l'égard des commandans de ces bâtimens, seront observées dans toute leur rigueur.

Je recommande aux sentimens que les capitaines ont de leurs devoirs, ainsi qu'à leur délicatesse, tous les objets qui pourraient n'être pas prévus par ces présentes.

Je n'ai rien à ajouter à ce que j'ai dit précédemment, que la personne de Napoléon est mise sous la sauve-garde de la loyauté du peuple Français, et ce dépôt est confié spécialement, dans cette circonstance, aux capitaines de la Saale et de la Méduse, et aux officiers et équipages de ces deux bâtimens.

Tels sont les ordres que la commission du gouvernement m'a chargé de transmettre aux capitaines Philibert et Poncé. (Signé) Le duc DECRÈS.

La commission, par un message du 29 juin, instruisit les deux chambres que l'approche de l'ennemi et la crainte d'un mouvement à l'intérieur, lui avaient imposé le devoir sacré de faire partir Napoléon.

La manière dont ce message était conçu, donnait à entendre que l'Empereur avait montré de la résistance. M. de Lavalette interpella le duc Decrès d'expliquer les faits; et l'on sut alors que l'Empereur n'avait point hésité un seul instant à se dévouer au sort que lui imposait son abdication, et que, s'il n'était point parti, c'est que la commission avait jugé convenable de différer son départ jusqu'à l'arrivée des sauf-conduits demandés.

L'Empereur avait d'abord manifesté l'intention de ne point s'arrêter en route; arrivé à Rambouillet, il descendit de voiture et déclara qu'il passerait la nuit au château. Il fit écrire, par le grand maréchal, à l'administrateur du mobilier de la couronne, pour demander qu'on dirigeât sur Rochefort, où ils seraient embarqués, les meubles et couchages nécessaires pour garnir sept à huit appartemens de maîtres. Précédemment, il avait réclamé la bibliothèque du Petit Trianon, l'*Iconographie grecque* de M. de Visconti, et un exemplaire du bel ouvrage de l'Institut d'Égypte. La faculté d'associer les plus graves pensées aux idées les plus simples, les occupations les plus vastes aux soins les plus minutieux, était un des traits distinctifs du caractère de Napoléon.

À la pointe du jour il reçut un courrier de M. de ****; il lut ses dépêches, et dit au général Beker, en élevant au ciel des regards contristés: «C'est fini! c'en est fait de la France! partons!»

Il fut accueilli, sur son passage, par les plus vifs témoignages d'intérêt et de dévouement; mais rien ne put égaler les transports que firent éclater à sa vue les troupes et les habitans de la ville de Niort. Il recommanda au général Beker d'en instruire le gouvernement. «Dites-lui, général, qu'il connaît mal l'esprit de la France, qu'il s'est trop pressé de m'éloigner; que s'il avait accepté ma proposition, les affaires auraient changé de face; que je pourrais encore, *au nom de la nation*, exercer une grande influence dans la direction des affaires politiques, en appuyant les négociations du gouvernement, par une armée à laquelle mon nom aurait servi de point de ralliement.»

Le général se mit en devoir de transmettre à la commission les paroles de l'Empereur. Au moment où il terminait sa dépêche, on apprit qu'une forte canonnade avait été entendue le 30. L'Empereur fit sur-le-champ ajouter le *post-scriptum* suivant, que le général écrivit sous sa dictée: «Nous espérons que l'ennemi vous donnera le tems de couvrir Paris et de voir l'issue des négociations. Si, dans cette situation, la croisière anglaise arrête le départ de l'Empereur, vous pourrez disposer de lui comme soldat.»

L'Empereur continua sa route, et son voyage de Niort à Rochefort n'offrant aucun incident remarquable, je me résous, quoique à regret, à perdre un moment de vue cette auguste victime, pour revenir au gouvernement qui lui avait succédé.

Le gouvernement, pénétré de l'importance de sa mission, n'avait point cessé, depuis sa création, d'employer tous ses efforts à justifier la confiance des chambres. Sa politique tout à découvert, se renfermait dans ce peu de mots: *Point de guerre, point de Bourbons*; et il était doublement résolu à faire aux alliés toutes les concessions nécessaires pour obtenir une paix conforme au voeu national, ou à leur opposer une résistance inflexible, s'ils voulaient attenter à l'indépendance de la nation et lui donner un souverain qui ne fût pas de son choix.

Le duc d'Otrante, président de la commission, paraissait approuver, en conseil et en public, les principes et les résolutions de ses collègues. En particulier, c'était autre chose: dévoué en apparence à tous les partis, il les flattait et les abusait tour-à-tour par de faux épanchemens, de chimériques espérances. Il parlait de liberté aux républicains, de gloire et de Napoléon II aux Bonapartistes, de légitimité aux amis du Roi, de garanties et de paix générale aux partisans du duc d'Orléans, et parvenait ainsi à se ménager de tous les côtés, en cas de besoin, des appuis et des chances favorables[74]. Les hommes familiers avec son allure, n'étaient point dupes de ses artifices, et cherchaient à les dévoiler: mais sa conduite apparente était tellement inattaquable, que l'on regardait leurs avertissemens comme le fruit de préventions personnelles ou d'injustes soupçons.

On s'accordait d'ailleurs à reconnaître que le sort de la France dépendait des négociations avec les étrangers; et l'on espérait que les plénipotentiaires, et particulièrement MM. d'Argenson et Lafayette, dont les principes étaient invariables, rendraient impossible toute espèce de surprise et de trahison.

Ces plénipotentiaires avaient quitté Paris le 25 juin. Leurs instructions étaient ainsi conçues:

Instructions pour Messieurs les Plénipotentiaires de la commission du Gouvernement, auprès des Puissances Alliées.

Paris, le 23 juin 1815.

> L'objet de la mission de messieurs les plénipotentiaires chargés de se rendre auprès des souverains alliés, n'a plus besoin d'être développé. Il est dans leurs coeurs comme dans tous les coeurs Français; il s'agit de sauver la patrie.

Le salut de la patrie est attaché à deux questions essentielles: l'indépendance nationale et l'intégralité de notre territoire.

L'indépendance nationale ne peut être complète, qu'autant que les principes constitutifs de l'organisation actuelle de la France, soient à l'abri de toute atteinte étrangère. L'un des principes de cette organisation est l'hérédité du trône dans la famille impériale. L'Empereur ayant abdiqué, ses droits sont dévolus à son fils. Les puissances ne peuvent porter la moindre atteinte à ce principe d'hérédité établi par nos constitutions, sans violer notre indépendance.

La déclaration du 13, et le traité du 25 mars, ont reçu une importante modification par l'article interprétatif que le cabinet Britannique a joint à la ratification de ce traité; article par lequel ce cabinet annonce *qu'il n'entend point poursuivre la guerre, dans l'intention d'imposer à la France un gouvernement particulier.* Cette modification a été adoptée par les alliés; elle a été consacrée par la lettre de lord Clancarty, du 6 mai, à la rédaction de laquelle tous les autres plénipotentiaires ont donné leur assentiment; elle a été consacrée par une note du prince de Metternich, en date du 9, et enfin par la déclaration des puissances, en date du 12 du même mois.

C'est ce grand principe reconnu par les puissances, que messieurs les plénipotentiaires doivent surtout invoquer.

On ne peut se dissimuler qu'il est fort à craindre que les puissances ne se croient plus liées aujourd'hui par les déclarations qu'elles ont faites avant le commencement des hostilités. Elles ne manqueront pas d'objecter, que si, avant la guerre, elles ont établi une distinction entre la nation et l'Empereur, cette distinction n'existe plus, lorsque la nation, en réunissant toutes ses forces dans les mains de ce prince, a uni de fait sa destinée à la sienne; que si, avant la guerre, elles étaient sincères dans l'intention de ne point se mêler des affaires intérieures de la France, elles sont forcées de s'en mêler aujourd'hui, précisément pour prévenir tout retour semblable de guerre et assurer le repos de l'avenir.

Il serait superflu d'indiquer à messieurs les plénipotentiaires les réponses qui peuvent être faites à ces objections; ils en puiseront la meilleure réfutation dans les sentimens de l'honneur national, qui, après que la nation entière s'était ralliée à l'Empereur, a dû combattre avec lui et pour lui, et qui ne pourrait s'en séparer qu'autant qu'on acte tel que celui d'une abdication, viendrait rompre les liens de la nation et de son souverain: il leur sera facile de démontrer que, si ce devoir sacré de l'honneur a forcé la nation Française à la guerre pour sa propre défense jointe à celle du chef qu'on voulait lui enlever, l'abdication de ce chef replace la nation dans l'état de paix avec toutes les puissances, puisque c'était ce chef seul qu'elles voulaient renverser; que si la déclaration faite par les puissances, de ne pas prétendre imposer à la France un gouvernement particulier, était franche et sincère, cette sincérité et cette franchise devraient se manifester aujourd'hui par leur respect pour l'indépendance nationale lorsque les circonstances nouvelles ont fait disparaître le seul grief dont elles se crussent autorisées à se plaindre.

Il est une objection d'une nature plus grave, et que les puissances pourraient mettre en avant, si elles sont déterminées à profiter de tous les avantages que leur situation militaire semble leur offrir. Cette objection serait celle qui tendrait à refuser de reconnaître la commission du gouvernement, et les plénipotentiaires et les actes de la représentation nationale, comme étant le résultat d'un ordre de choses qui ne serait pas légal à leurs yeux, attendu qu'elles ont constamment refusé de reconnaître le principe. Cette objection, si elle était fortement articulée et que les puissances ne voulussent point s'en désister, laisserait peu de jour à la possibilité d'un accommodement. Cependant, messieurs les plénipotentiaires ne négligeraient sans doute aucun effort pour combattre de pareilles objections, et ils ne manqueraient point de raisonnemens pour les combattre avec succès, surtout envers le gouvernement Britannique, dont la dynastie actuelle ne règne qu'en vertu des principes dont nous sommes à notre tour dans le cas d'invoquer l'application.

Peut-être encore, sans méconnaître l'indépendance de la nation Française, les souverains alliés s'attacheront à déclarer qu'il n'est pas constant pour eux que le voeu de la nation soit bien le voeu qui est exprimé par le gouvernement et même par les chambres; qu'ainsi pour connaître le véritable voeu de la nation, elles doivent commencer par rétablir tout ce qui existait avant le mois de mars 1815, sauf à la nation à décider ensuite si elle doit garder son ancien gouvernement ou s'en donner un nouveau.

La réponse à ces objections se trouverait encore dans celle que faisait autrefois l'Angleterre elle-même, aux ennemis qui voulaient lui disputer le droit de changer de gouvernement et de dynastie. L'Angleterre répondait alors: que le fait seul de la possession du pouvoir autorise les puissances étrangères à traiter avec celui qui en est revêtu. Ainsi, dans le cas où les autorités actuellement existantes en France ne seraient pas, comme elles le sont en effet, entourées de la légalité la plus complète, le refus de traiter avec elles ne pourrait être appuyé sur aucun raisonnement solide. Ce serait déclarer que l'on veut essayer jusqu'où l'on pourrait porter les prétentions de la force, et annoncer à la France qu'il n'y a point de salut pour elle, que dans les ressources du désespoir.

Enfin, il est une chance moins fâcheuse que nous devons aussi prévoir: c'est que les puissances, fidèles du moins en partie à leur déclaration, n'insistent point absolument pour imposer à la France la famille des Bourbons; mais qu'elles exigent d'un autre côté l'exclusion du fils de l'Empereur Napoléon, sous prétexte qu'une longue minorité pourrait donner lieu, ou à un dangereux déploiement de vues ambitieuses de la part des principaux membres de l'autorité en France, ou à des agitations intérieures dont le contre-coup se ferait sentir au-dehors. Si la question en était venue à ce point-là, messieurs les plénipotentiaires trouveraient dans les principes de l'objection, le principe même de la réponse, puisque la répartition du pouvoir entre les mains d'un conseil rend ordinairement l'autorité plus faible, puisque la minorité du prince est toujours pour un gouvernement une époque de mollesse et de langueur. Ils la trouveraient surtout dans l'esprit actuel de la nation Française, dans le besoin qu'elle a d'une longue paix, dans l'effroi que doit lui inspirer l'idée de la continuation ou du renouvellement de la guerre, dans les entraves qui seront mises par des lois constitutionnelles aux passions des membres du gouvernement. Quelle que soit d'ailleurs son organisation, ils trouveront dans toutes ces circonstances, et dans mille autres encore, des raisons très-valables à opposer à celles qu'on alléguerait contre le maintien des principes de l'hérédité dans la dynastie de l'Empereur Napoléon.

Le premier, et le plus solide gage que les alliés puissent donner à la nation Française de leur intention de respecter son indépendance, et de renoncer sans réserve à tout projet de la soumettre de nouveau au gouvernement de la famille des Bourbons. Les puissances alliées doivent maintenant être elles-mêmes bien convaincues que le rétablissement de cette famille est incompatible avec le repos général de la France, et par conséquent avec le repos de l'Europe. Si, c'est comme elles l'annoncent, un ordre stable qu'elles veulent rendre à la France et aux autres nations, le but serait manqué entièrement. Le retour d'une famille étrangère à nos moeurs, et toujours entourée d'hommes qui ont cessé d'être Français, rallumerait une seconde fois au milieu de nous toutes les passions et toutes les haines; et ce serait une illusion que d'espérer faire sortir un ordre stable du sein de tant d'élémens de discordes et de troubles. L'exclusion de la famille des Bourbons est ainsi une condition absolue du maintien de la tranquillité générale; et c'est dans l'intérêt commun de l'Europe, comme dans l'intérêt particulier de la France, l'un des points auxquels doivent tenir le plus fortement messieurs les plénipotentiaires.

La question de l'intégralité du territoire de la France, se lie intimement à celle de son indépendance. Si la guerre déclarée par les puissances alliées à l'Empereur Napoléon, n'était en effet déclarée qu'à lui seul, l'intégralité de notre territoire n'est point menacée. Il importe à l'équilibre général que la France conserve au moins les limites que le traité de Paris lui a assignées. Ce que les cabinets étrangers ont eux-mêmes regardé comme convenable et nécessaire en 1814, ils ne peuvent pas le voir d'un autre oeil en 1815. Quel prétexte pourrait aujourd'hui justifier de la part des puissances le démembrement du territoire Français? Tout est changé dans le système de l'Europe, tout au profit de l'Angleterre, de la Russie, de l'Autriche et de la Prusse, tout au détriment de la France. La nation Française n'en est point jalouse, mais elle ne veut être ni assujétie ni démembrée.

Deux objets principaux seront ainsi le but des efforts de messieurs les plénipotentiaires, le maintien de l'indépendance nationale, et la conservation de l'intégralité du territoire Français.

Ces deux questions sont enchaînées l'une à l'autre et indépendantes entre elles; on ne saurait les diviser, et admettre des modifications sur l'une des deux, sans compromettre le salut de la patrie.

Que s'il était fait, par les puissances étrangères, des propositions qui puissent se concilier avec nos plus chers intérêts, et qui nous fussent offertes comme dernier moyen de salut, messieurs les plénipotentiaires, en s'abstenant d'émettre une opinion prématurée, s'empresseront d'en *rendre compte et de demander les ordres du gouvernement.*

Quelles que soient les dispositions des puissances étrangères, soit qu'elles reconnaissent les deux principes qui sont indiqués à messieurs les plénipotentiaires comme base de leur mission, soit que les négociations amènent d'autres explications de nature à entraîner quelques détails; il est très-important, dans l'une et l'autre hypothèse, qu'un armistice général soit préalablement établi: le premier soin de messieurs les plénipotentiaires devra être, en conséquence, d'en faire la demande, et d'insister sur sa prompte conclusion.

Il est un devoir sacré que ne peut pas oublier la nation Française; *c'est de stipuler la sûreté et l'inviolabilité de l'Empereur Napoléon hors de son territoire;* c'est une dette d'honneur que la nation éprouve le besoin d'acquitter envers le prince, qui long-tems la couvrit de gloire, et qui, dans ses malheurs, renonce au trône pour qu'elle puisse être sauvée sans lui, puisqu'il paraît qu'elle ne peut plus l'être avec lui.

Le choix du lieu où devra se retirer l'Empereur, pourra être un sujet de discussion. Messieurs les plénipotentiaires en appelleront à la générosité personnelle des souverains, pour obtenir la fixation d'une résidence dont l'Empereur ait lieu d'être satisfait.

Indépendamment des considérations générales que messieurs les plénipotentiaires auront à faire valoir envers tous les souverains alliés indistinctement, ils jugeront d'eux-mêmes la diversité des raisonnemens dont ils auront à faire usage séparément auprès des divers cabinets.

Les intérêts de l'Angleterre, de l'Autriche, de la Russie et de la Prusse, n'étant pas les mêmes, c'est sous des points de vue différens, qu'il conviendra de faire envisager à chacun de ces cabinets les avantages que peut leur présenter respectivement le *nouvel ordre de choses* qui vient de s'établir en France. Toutes les puissances y trouveront la garantie de la conservation de ce qu'elles possèdent, soit en territoire, soit en influence; avec ces avantages généraux, quelques-unes doivent rencontrer encore des avantages particuliers.

L'Autriche pourrait bien ne pas voir avec plaisir le rétablissement sur le trône de France d'une branche de la dynastie des Bourbons, tandis qu'une autre branche de la même maison remonte sur le trône de Naples.

À cette circonstance, qui tient à la politique de cabinet, il se peut que l'affection de famille vienne encore donner quelque appui; il se peut que la tendresse de S. M. l'Empereur d'Autriche pour son petit-fils, le porte à ne pas l'enlever aux grandes destinées qui lui sont offertes. Il se peut que le cabinet autrichien aperçoive dans ce lien de parenté, un moyen de fortifier sa cause de l'appui de la nation Française, et qu'effrayé de l'agrandissement de la Russie et de la Prusse, dont l'alliance lui pèse sans doute, il saisisse l'occasion d'un rapprochement utile avec la France, pour avoir en elle, au besoin, un puissant auxiliaire contre ces deux gouvernemens.

D'autres raisons se présenteraient pour ramener vers nous le cabinet de Pétersbourg. Les idées libérales que professe l'Empereur de Russie, autorisent auprès de son ministère et auprès de ce prince même, un langage que peu d'autres souverains seraient capables d'entendre. Il est permis de croire aussi que ce monarque ne porte personnellement qu'un bien faible intérêt à la famille des Bourbons, dont la conduite en général ne lui a pas été agréable. Il n'a pas eu beaucoup à se louer d'elle, lorsqu'il l'a vue professer une reconnaissance presque exclusive pour le Prince régent d'Angleterre. D'ailleurs le but de la Russie est atteint; tous ses voeux de puissance et d'amour-propre sont également satisfaits. Tranquille pour long-tems et vainqueur sans avoir combattu, l'Empereur Alexandre peut rentrer avec orgueil dans ses états, et jouir d'un succès qui ne lui aura pas coûté un seul homme. La continuation de la guerre avec la France serait maintenant pour lui une guerre sans objet. Elle serait contre tous les calculs d'une bonne politique, contre les intérêts de ses peuples. Messieurs les plénipotentiaires tireront parti de ces circonstances et de beaucoup d'autres encore, pour tâcher de neutraliser une puissance aussi redoutable que la Russie.

Celle des puissances continentales dont la France peut espérer le moins de ménagemens, c'est la cour de Berlin; mais cette cour est celle dont les forces viennent de souffrir le plus violent échec; et pour peu que la Russie et l'Autriche se prêtent à entrer en négociations, la Prusse sera bien contrainte d'y accéder. On ne manquerait pas non plus, même avec cette cour, de raisons d'un grand poids pour l'amener à des dispositions plus amicales, si elle voulait s'écouter que ses intérêts véritables, et de tous les tems.

Messieurs les plénipotentiaires trouveront auprès des souverains alliés les plénipotentiaires britanniques; ce sera peut-être avec ces plénipotentiaires, que la négociation offrira le plus de difficultés. La question, à l'égard des alliés, n'est presque point une matière de discussion; avec cette puissance, tous les raisonnemens, tous les principes sont pour nous; tout consiste à savoir si la volonté ne sera pas indépendante de tous les principes, de tous les raisonnemens.

Les détails auxquels on vient de se livrer n'étaient pas nécessaires sans doute, et messieurs les plénipotentiaires auraient trouvé eux-mêmes tout ce qui leur est indiqué ici. Mais ces indications peuvent n'être pas sans utilité, attendu que leur effet naturel sera de porter l'esprit de messieurs les plénipotentiaires sur des considérations plus graves et sur des motifs plus puissans dont ils sauront se servir à propos, dans le grand intérêt de l'importante et difficile mission dont ils sont chargés.

Messieurs les plénipotentiaires trouvèrent dans les rapports faits à l'Empereur par le duc de Vicence, les 12 avril et 7 juin derniers, ainsi que dans les pièces justificatives qui accompagnent ces rapports, toutes les données dont ils peuvent avoir besoin pour bien apprécier notre situation à l'égard des puissances étrangères, et pour régler leur conduite avec les ministres de ces diverses puissances.

Le 26 juin, les plénipotentiaires eurent une première entrevue avec deux officiers prussiens, délégués par le maréchal Blucher. Ils en rendirent compte à la commission dans la personne de M. Bignon, chargé du portefeuille des affaires étrangères, par la dépêche suivante:

Laon, le 26 juin 1815,

10 heures du soir.

Monsieur le baron Bignon,

> Nous avons reçu la lettre que vous nous avez fait l'honneur de nous écrire hier 25, au sujet de l'intention où est l'Empereur de se rendre avec ses frères aux États-Unis de l'Amérique.
>
> Nous venons enfin de recevoir nos passeports pour nous rendre au quartier général des souverains alliés, qui doit se trouver à Heidelberg ou à Manheim. Le prince de Schoenburgh, aide-de-camp du maréchal Blucher nous accompagne. La route de Metz est celle que nous allons suivre. Notre départ aura lieu dans une heure.
>
> Le maréchal Blucher nous a fait déclarer par le prince de Schoenburgh et le comte de Noslitz plus spécialement chargé de ses pouvoirs, que la France ne serait en aucune manière, gênée dans le choix de son gouvernement; mais dans l'armistice qu'il proposait, *il demandait, pour sûreté de son armée, les places de Metz, de Thionville, de Mezières, de Maubeuge, de Sarrelouis et autres.* Il part du principe qu'il doit être nanti contre les efforts que pourrait tenter le parti qu'il suppose à l'Empereur. Nous avons combattu, par des raisons victorieuses, toute cette argumentation, sans pouvoir parvenir à gagner du terrain; vous sentez, Monsieur, qu'il nous était impossible d'accéder à de pareilles demandes.
>
> Nous avons fait tout ce qui dépendait de nous pour obtenir l'armistice à des conditions modérées, et il nous a été impossible d'arriver à une conclusion, parce que, dit le prince, il n'est pas autorisé à en faire une, et que d'immenses avantages peuvent seuls l'y décider, aussi long-tems que le but principal n'est pas atteint.
>
> Nous avons offert une suspension d'armes au moins pour quinze jours; le refus a été aussi positif et par les mêmes motifs. Le comte de Noslitz a offert, au nom du prince Blucher, de recevoir à son quartier général, *et à celui du duc de*

Wellington, des commissaires que vous leur enverrez, et qui seraient exclusivement occupés des négociations nécessaires pour arrêter la marche des armées et empêcher l'effusion du sang. Il est urgent que ces commissaires partent demain même, et qu'ils prennent la route de Noyon, où des ordres seront donnés par le maréchal Blucher pour les recevoir. Noyon va devenir son quartier général. Ils ne peuvent trop redire que l'Empereur n'a pas un grand parti en France, qu'il a profité des fautes des Bourbons, plutôt que des dispositions existantes en sa faveur, et qu'il ne pourrait fixer l'attention nationale qu'autant que les alliés manqueraient à leur déclaration.

Nous avons l'espérance de voir prendre un cours heureux à nos négociations, dont nous ne nous dissimulons point cependant les difficultés; le seul moyen d'empêcher que des événemens de guerre ne les fasse échouer, est de parvenir absolument à une trêve de quelques jours. Le choix des négociateurs pourra y influer; et nous le répétons, il n'y a pas un moment à perdre pour les diriger sur les armées Anglaise et Prussienne.

Les deux aides-de-camp du prince Blucher ont déclaré itérativement que les alliés ne tenaient en aucune manière au rétablissement des Bourbons; mais il nous est démontré qu'ils tendent à se rapprocher le plus possible de Paris; et ils pourraient alors user de prétextes et changer de langage.

Tout cela ne doit que presser davantage les mesures pour les réorganisations de l'armée, et surtout pour la défense de Paris: objet qui paraît les occuper essentiellement.

Des conversations que nous avons eues avec les deux aides-de-camp, il résulte en définitif (et nous avons le regret de le répéter), qu'une des grandes difficultés sera la personne de l'Empereur. Ils pensent que les puissances exigeront des garanties et des précautions, afin qu'il ne puisse jamais reparaître sur la scène du monde. Ils prétendent que leurs peuples mêmes demandent sûreté contre ses entreprises. *Il est de notre devoir d'observer que son évasion, avant l'issue des négociations, serait regardée comme une mauvaise foi de notre part; et pourrait compromettre essentiellement le salut de la France.* Nous avons d'ailleurs l'espérance que cette affaire pourra se terminer aussi à la satisfaction de l'Empereur, puisqu'ils ont fait peu d'objections à son séjour et à celui de ses frères en

Angleterre; ce qu'ils ont paru préférer au projet de retraite en Amérique.

Il n'a été question dans aucune conversation, du prince impérial, nous ne devions pas aborder cette question, à laquelle ils ne se sont pas livrés.

(Signé) H. SÉBASTIANI; le comte DE PONTÉCOULANT; LA FAYETTE; d'ARGENSON; le comte DE LA FORÊT; BENJAMIN CONSTANT.

La commission, aussitôt cette dépêche reçue, chargea messieurs Andréossy, de Valence, Flaugergues, Boissy-d'Anglas et Labesnadière, de se rendre, en qualité de commissaires, au quartier-général des armées alliées pour demander une suspension d'armes et négocier un armistice.

Le duc d'Otrante, toujours empressé de s'ouvrir des correspondances ostensibles à la faveur desquelles il pût, au besoin, entretenir des intelligences secrètes, persuada au gouvernement qu'il serait convenable de préparer l'accès aux commissaires, par une démarche préalable; et il adressa, en conséquence, au duc de Wellington, une lettre de félicitation, dans laquelle il le supplia, avec une pompeuse bassesse, d'accorder à la France son suffrage et sa protection.

On remit aux commissaires copies des premières instructions, et on y ajouta celles que voici:

Instructions pour Messieurs les Commissaires chargés de traiter d'un armistice.

Paris, le 27 Juin 1815.

> Les premières ouvertures faites à nos plénipotentiaires sur les conditions au prix desquelles le commandant en chef de l'une des armées ennemies consentirait à un armistice, sont de nature à effrayer sur celles que pourraient aussi demander les commandans des armées des autres puissances, et à rendre fort problématique la possibilité d'un arrangement. Quelque fâcheuse que soit en ce moment notre position militaire, il est des sacrifices auxquels l'intérêt national ne nous permet pas de souscrire.
>
> Il est évident que le motif sur lequel le prince Blucher fonde la demande qu'il a faite de six de nos places de guerre que l'on nomme, et de quelques autres que l'on ne nomme pas, que ce motif, *la sûreté de son armée,* est une de ces allégations mises en avant par la force, pour porter aussi loin qu'il est possible le bénéfice des succès d'un moment. Cette allégation est des plus faciles à réfuter, puisqu'il est pour

ainsi dire dérisoire de demander des gages pour la sûreté d'une armée déjà maîtresse d'une assez grande partie de notre territoire, et qui marche presque seule, sans obstacles, au coeur de la France. Il est encore une autre déclaration, faite de la part du prince Blucher, et celle-ci est plus inquiétante: c'est que pour prendre sur lui de conclure un armistice auquel il n'est pas autorisé, il ne peut y être décidé que par d'immenses avantages. Il y a, dans cette déclaration, une franchise d'exigence qui présente beaucoup de difficultés pour un accommodement. Cependant, quoique la commission du gouvernement soit bien éloignée de vouloir favoriser les cessions qu'on exige, elle ne se retrancherait pas dans un refus absolu d'entrer en discussion sur un arrangement dont les conditions ne dépasseraient pas les bornes tracées par le véritable intérêt public.

Si, pour arriver à un résultat, il fallait se résoudre à la cession d'une place, il est bien entendu que cette cession ne devrait avoir lieu, qu'autant qu'elle garantirait un armistice qui se prolongerait jusqu'à la conclusion de la paix. On se dispense d'ajouter que la remise de cette place ne devrait s'effectuer qu'après la ratification de l'armistice par les gouvernemens respectifs.

L'un des points qui réclame tout le zèle de messieurs les commissaires, est la fixation de la ligne où devra s'arrêter l'occupation du territoire Français par les armées ennemies.

Il serait d'une grande importance d'obtenir la ligne de la Somme; ce qui replacerait les troupes étrangères à près de trente lieues de Paris. Messieurs les commissaires devront fortement insister, pour les tenir au moins à cette distance.

Si l'ennemi était plus exigeant encore, et qu'enfin on fût condamné à plus de condescendance, il faudrait que la ligne qui serait tracée entre la Somme et l'Oise, ne le laissât point approcher de Paris à plus de vingt lieues. On pourrait prendre la ligne qui sépare le département de la Somme du département de l'Oise, en détachant de celui-ci la partie septentrionale du département de l'Aisne, et de là une ligne droite à travers le département des Ardennes, qui irait joindre la Meuse auprès de Mézières.

Au reste, sur cette fixation de la ligne de l'armistice, on ne peut que s'en rapporter à l'habileté de messieurs les commissaires, pour tâcher d'obtenir l'arrangement le plus favorable.

Leur mission étant commune aux armées anglaises et prussiennes, il n'est pas besoin de les avertir qu'il est indispensable que l'armistice soit commun aux deux armées.

Il serait bien important aussi de pouvoir faire entrer dans l'armistice, comme l'une de ses clauses, qu'il s'étendrait à toutes les autres armées ennemies, en prenant pour base le *statu quo* de la situation des armées respectives, au moment où la nouvelle de l'armistice y arriverait. Si cette stipulation est rejetée, sous le prétexte que les commandans des armées anglaises et prussiennes n'ont pas le droit de prendre des arrangemens au nom des commandans des armées des autres puissances, on pourrait du moins convenir que ceux-ci seront invités à y accéder, d'après la base ci-dessus énoncée.

Comme les négociations mêmes de l'armistice, par la nature des conditions déjà mises en avant et qui doivent être le sujet de débats plus sérieux, entraîneront inévitablement quelques lenteurs, c'est une précaution rigoureusement nécessaire, d'obtenir que, pour traiter de l'armistice, tous les mouvemens soient arrêtés pendant quelques jours, ou au moins pendant quarante-huit heures.

Il est une disposition de prévoyance, que messieurs les commissaires ne doivent pas négliger; c'est de stipuler que les armées ennemies ne lèveraient point de contributions extraordinaires.

Quoique l'objet particulier de leur mission soit la conclusion d'un armistice, comme il est difficile que dans leurs communications avec le duc de Wellington et le prince Blucher, messieurs les commissaires n'aient point à entendre, de la part de ces généraux, ou des propositions, ou des insinuations, ou même de simples conjectures sur les vues que pourraient admettre les souverains alliés, à l'égard de la forme de gouvernement de la France, messieurs les commissaires ne manqueront pas sans doute de recueillir avec soin tout ce qui leur paraîtra pouvoir être de quelque influence sur le parti définitif à prendre par le gouvernement.

La copie qui leur est remise des instructions données à messieurs les plénipotentiaires chargés de se rendre auprès des souverains alliés, leur fera connaître quelles ont été, jusqu'à ce jour, les bases sur lesquelles le gouvernement a désiré établir les négociations. Il est possible que le cours des événemens le force *à élargir ces bases*; mais messieurs les commissaires jugeront que si une nécessité absolue oblige à donner les mains à des arrangemens *d'une autre nature*, de manière que nous ne puissions sauver, *dans toute sa plénitude, le principe de notre indépendance*, c'est un devoir sacré de tâcher d'échapper à la plus grande partie des inconvéniens attachés au malheur seul de sa modification.

On remet aussi à messieurs les commissaires copie de la lettre que messieurs les plénipotentiaires ont écrite de Laon, et datée d'hier 26. Les résolutions[75] qui ont été prises aujourd'hui par le gouvernement, leur fournissent des moyens de répondre à toutes les objections qu'on pourrait leur faire sur le danger et la possibilité du retour de l'Empereur Napoléon.

Pour que le langage de messieurs les commissaires soit parfaitement d'accord avec tout ce qui a été fait par la commission du gouvernement, on leur remet encore ci-jointe copie des lettres qui ont été écrites à lord Castlereagh et au duc de Wellington, relativement au prochain départ de Napoléon et de ses frères.

Sur les questions relatives à la forme du gouvernement de la France, provisoirement, messieurs les commissaires se borneront à entendre les ouvertures qui leur seront faites; et ils auront soin d'en rendre compte, afin que, d'après la nature de leurs rapports, le gouvernement puisse prendre la détermination que prescrirait le salut de la patrie.

On voit, d'après ce document, que la commission, pressentant déjà l'impossibilité de conserver le trône à Napoléon II, était disposée à entrer en pourparlers avec les alliés sur le choix d'un autre souverain. Liée par son mandat, elle n'aurait jamais consenti volontairement à transiger avec les Bourbons, mais elle n'aurait point eu de répugnance (je le conjecture du moins) à laisser placer la couronne sur la tête du roi de Saxe ou du duc d'Orléans.

Le parti de ce dernier prince, recruté par M. Fouché, s'était renforcé d'un grand nombre de députés et de généraux. «Les qualités du duc, les souvenirs de Jemmappes et de quelques autres victoires sous la république, auxquelles il n'avait pas été étranger; la possibilité de faire un traité qui concilierait tous les intérêts; ce nom de Bourbon qui aurait pu servir au-dehors, sans qu'on le prononçât au-dedans: tous ces motifs et d'autres encore, offraient, dans ce choix, une perspective de repos et de sécurité à ceux mêmes qui ne pouvaient y voir le présage du bonheur.»

Le roi de Saxe n'avait d'autre titre aux suffrages de la France, que la fidélité héroïque qu'il lui avait conservée en 1814. Mais l'empire, après lui, aurait pu retourner à Napoléon II; et comme avec de l'expérience, de la sagesse et des vertus, un prince peut régner indistinctement sur tous les peuples et les rendre heureux, on se serait résigné à passer sous les lois d'un monarque étranger, jusqu'au jour où sa mort aurait replacé le sceptre dans les mains de son légitime possesseur.

La déférence que la commission se préparait à montrer pour la volonté des puissances alliées, n'était point l'effet de sa propre faiblesse. Elle lui avait été commandée par les rapports alarmans que le maréchal Grouchy lui adressait chaque jour sur l'abattement et la défection de l'armée.

Les soldats, il est vrai, découragés par l'abdication de l'Empereur et les bruits du retour des Bourbons, paraissaient irrésolus: «Nos blessures, disaient-ils, ne seront plus que des titres de proscription». Les généraux eux-mêmes, rendus timides par l'incertitude de l'avenir, ne se prononçaient plus qu'avec circonspection; mais tous, généraux et soldats, portaient, au fond du coeur, les mêmes sentimens; et leur hésitation, leur tiédeur, étaient l'ouvrage de leur chef, qui, manquant en France comme sur les bords de la Dyle, de résolution et force d'âme, ne prenait point la peine de cacher qu'il regardait la cause nationale comme perdue, et qu'il n'attendait qu'une occasion favorable pour apaiser les Bourbons et leurs alliés, par une prompte et entière soumission.

La commission cependant, éclairée par des lettres particulières, conçut des soupçons sur la véracité des rapports du maréchal. Elle donna la mission au général Corbineau, de lui rendre compte de l'état de l'armée. Instruite de la vérité, elle ne craignit plus d'être forcée de recevoir humblement la loi du vainqueur; et voulant empêcher le maréchal Grouchy, dont les intentions avaient cessé d'être un mystère, de compromettre l'indépendance nationale par une transaction irréfléchie, elle lui fit défendre de négocier aucun armistice, d'entamer aucune négociation, et lui ordonna de ramener son armée à Paris.

Le prince d'Eckmuhl, dont l'absence de fermeté s'était manifestée si pitoyablement dans la retraite de Moscow, ne put résister à ce nouveau choc; l'exemple du maréchal Grouchy l'entraîna; et persuadé, comme lui, qu'il fallait se hâter de se soumettre, il déclara au gouvernement qu'il n'y avait pas un moment à perdre pour rappeler les Bourbons, et lui proposa d'envoyer offrir au Roi: 1.° d'entrer à Paris sans garde étrangère; 2.° de prendre la cocarde tricolore; 3.° de garantir les propriétés et les personnes quelles qu'aient été leurs fonctions, places, votes et opinions; 4.° de maintenir les deux chambres; 5.° d'assurer aux fonctionnaires la conservation de leurs places, et à l'armée la conservation de ses grades, pensions, honneurs, prérogatives; 6.° de maintenir la légion d'honneur, et son institution, comme premier ordre de l'état.

La commission, *trop clairvoyante* pour se laisser amorcer par cette proposition, s'empressa de la rejeter; et, fidèle au système de ne rien dissimuler aux deux chambres, elle en instruisit les membres principaux, en leur répétant que quel que soit l'événement, «elle ne leur proposerait jamais rien de pusillanime ni de contraire à ses devoirs, et qu'elle défendrait jusqu'à la dernière extrémité l'indépendance de la nation, l'inviolabilité des chambres et la liberté et la sûreté des citoyens.»

Les représentans répondirent à cette déclaration, en mettant Paris en état de siége, et en *votant une adresse à l'armée*[76].

> Braves soldats (portait cette adresse), un grand revers a dû vous étonner, mais non vous abattre. La patrie a besoin de votre constance et de votre courage. Elle vous a confié le dépôt de la gloire nationale, et vous répondrez à son appel.
>
> «Des plénipotentiaires ont été envoyés aux puissances alliées… le succès des négociations dépend de vous. Serrez-vous autour du drapeau tricolor, consacré par la gloire et le voeu national. Vous nous verrez, s'il le faut, dans vos rangs, et nous prouverons au monde que vingt-cinq années de sacrifices et de gloire ne seront jamais effacées, et qu'un peuple qui veut être libre, ne perd jamais sa liberté.

L'attitude de la chambre et du gouvernement ne rassura point le prince d'Eckmuhl. Il revint à la charge, et écrivit, dans la nuit du 29, au président de la commission, qu'il avait vaincu ses préjugés et ses idées, et qu'il reconnaissait qu'il n'existait plus d'autre moyen de salut, que de conclure un armistice et de proclamer sur-le-champ Louis XVIII.»

Le président lui répondit:

> Je suis persuadé comme vous, M. le maréchal, qu'il n'y a rien de mieux à faire que de traiter promptement d'un armistice; mais il faut savoir ce que veut l'ennemi; une conduite mal calculée produirait trois maux: 1.° d'avoir reconnu Louis XVIII avant tout engagement de sa part; 2.° de n'en être pas moins forcé de recevoir l'ennemi dans Paris; 3.° de n'obtenir aucune condition de Louis XVIII.

> Je prends sur moi de vous autoriser à envoyer aux avant-postes de l'ennemi, et de conclure un armistice, en faisant tous les sacrifices qui seront compatibles avec nos devoirs et notre dignité. Il vaudrait mieux céder des places fortes que de sacrifier Paris.

Le duc d'Otrante ayant mis cette lettre sous les yeux de la commission, elle pensa que la réponse de son président *jugeait implicitement la question du rappel de Louis XVIII*, et laissait trop de latitude au prince d'Eckmuhl. Elle lui fit écrire sur-le-champ une lettre supplémentaire, portant:

> Il est inutile de vous dire, M. le maréchal, que votre armistice doit être purement militaire, et qu'il ne doit contenir aucune question politique. Il serait convenable que cette demande d'armistice fût portée par un général de ligne et un maréchal de camp de la garde nationale.

Ainsi, dans l'espace des vingt-quatre heures qui précédèrent et suivirent le départ de l'Empereur, la commission eut à repousser et repoussa les instigations plus ou moins coupables du ministre de la guerre, du général en chef de l'armée et du président du gouvernement[77].

Cependant l'armée, de pas en pas, était arrivée aux portes de Paris.

Le maréchal Grouchy, mécontent et déconcerté, donna sa démission, pour cause de santé.

Le prince d'Eckmuhl qui, par un air de bonne foi et des protestations multipliées de dévouement et de fidélité, avait reconquis, grâce au duc d'Otrante, la confiance de la majorité des membres de la commission, fut investi du commandement en chef de l'armée.

Le 30 juin, un message prévint les chambres que les ennemis étaient en vue de la capitale; que l'armée, réorganisée, occupait une ligne de défense qui protégeait Paris; qu'elle était animée du meilleur esprit, et que son dévouement égalait sa valeur.

Des députations des deux chambres partirent aussitôt pour porter aux défenseurs de la patrie l'expression des principes, des sentimens et des espérances de la représentation nationale. Leur langage patriotique, leur écharpe tricolore, le nom de NAPOLÉON II qu'ils eurent soin de prononcer, électrisèrent le soldat et achevèrent de lui rendre cette confiance en soi-même et cette résolution de mourir ou de vaincre, présages infaillibles de la victoire.

Le moment était propice pour marcher au combat. Le prince d'Eckmuhl sollicita la paix.

Un armistice venait d'être conclu entre le duc d'Albuféra et le maréchal de Frimont, commandant les forces Autrichiennes. Il en instruisit le duc de Wellington et lui demanda de faire cesser les hostilités, *jusqu'à la décision du congrès.*

> Si je me présente sur le champ de bataille avec l'idée de vos talens, ajouta-t-il, j'y porterai la conviction d'y combattre pour la plus sainte des causes, celle de la défense et de l'indépendance de ma patrie; et quel qu'en soit le résultat, je mériterai, milord, votre estime.»

Que si, au lieu de parler ce langage plus digne d'un homme à moitié vaincu que d'un général français habitué à vaincre, un autre chef autrement inspiré eût déclaré, avec une noble fermeté, qu'il était prêt, si l'on ne cessait point d'injustes agressions, à donner à ses quatre-vingt mille braves le signal de la mort ou de la victoire, l'ennemi aurait indubitablement renoncé à poursuivre une guerre devenue sans objet, sans utilité et sans gloire. Mais le duc de Wellington, instruit fidèlement de l'état véritable des choses, savait que le prince d'Eckmuhl, satisfait d'avoir vaincu ses préjugés et ses idées, paraissait plus disposé à neutraliser le courage de ses troupes, qu'à le mettre à l'épreuve; et Wellington refusa la suspension d'armes proposée. Il entrait dans la politique des princes armés pour la légitimité, de nous contraindre à recevoir, *chapeau bas,* Louis XVIII; et dès lors, il était conséquent que les généraux alliés éludassent de transiger, puisque les sentimens du président de la commission et du général de l'armée française leur garantissaient qu'ils pourraient attendre, sans avoir de risques à courir, que les circonstances ou la trahison nous forçassent de subir la loi de la nécessité.

Wellington avait repoussé la proposition du maréchal Davoust, sous le prétexte frivole que l'Empereur avait repris le commandement de l'armée. On conçoit facilement que la commission n'avait point omis d'instruire sur-le-champ les commissaires, du départ de Napoléon et des circonstances qui l'avaient précédé. Mais jusqu'alors, elle n'avait reçu, de leur part, aucune communication. Leur correspondance entravée à dessein par les alliés, l'avait en outre été par nos avant-postes qui, regardant les parlementaires comme des artisans de trahison, leur avaient fermé le passage à coups de fusil. La commission résolut donc de se procurer à tout prix de leurs nouvelles; et sur la présentation du duc d'Otrante, elle leur expédia M. de Tromeling. Elle n'ignorait point que cet officier émigré, Vendéen et détenu long-tems au Temple, comme compagnon de sir Sidney Smith et du capitaine Wright, méritait peu la confiance des patriotes. Mais les agens à deux fins de M. Fouché parvenaient seuls à se faire ouvrir les lignes ennemies; et il fallait, malgré soi s'en servir.

M. Tromeling partit. Au lieu de remettre ses dépêches aux commissaires, il craignit qu'elles ne lui fussent enlevées par l'ennemi, et il les déchira. La commission pensa qu'il s'était plutôt trompé d'adresse; mais elle excusa volontiers cette erreur, pour ne s'occuper que des nouvelles qu'il lui avait rapportées.

Nos commissaires arrivés le 28 au quartier général anglais, s'étaient empressés de solliciter une suspension d'armes.

Lord Wellington leur annonça qu'il désirait se concerter à cet égard avec le prince Blucher; et le 29 juin, à onze heures et demie du soir, il leur transmit cette réponse.

> Au quartier général du prince Blucher, ce 25 juin 1815, onze heures et demie de la nuit.

Messieurs,

> J'ai l'honneur de vous faire savoir qu'ayant consulté le maréchal prince Blucher sur votre proposition pour un armistice, S. A. est convenue avec moi que, dans les circonstances actuelles, aucun armistice ne peut se faire, tant que Napoléon Bonaparte est à Paris et en *liberté*; et que les opérations sont en tel état qu'il ne peut pas les arrêter.

J'ai l'honneur, etc.

WELLINGTON.

Le 1er juillet, ils eurent, dans la matinée, une conférence dont ils rendirent compte au gouvernement, par la dépêche suivante, adressée à M. le baron Bignon, secrétaire d'état, adjoint au ministre des affaires étrangères.

Louvre, 1 juillet 1815, avant midi.

Monsieur le Baron,

> Les dépêches, n° 1, 2 et 3, que nous avons eu l'honneur de vous adresser, sont restées sans réponse[78]. Nous sommes absolument privés de connaître ce qui se passe à Paris et dans le reste de la France. À quelque cause que ce manque de communication puisse être attribué, il rend notre situation pénible et nuit à l'activité de nos démarches. Il peut les rendre inutiles; nous vous prions d'y remédier le plus promptement possible.

> Jusqu'à présent, nous sommes autorisés à penser qu'aussitôt que vous nous aurez fait connaître que Napoléon

Bonaparte aura été éloigné, il pourra être signé une suspension d'armes de trois jours pour régler un armistice, pendant lequel on pourra traiter de la paix.

Chargés par les instructions qui nous ont été données, d'entendre ce qui pourra nous être dit et de vous en donner connaissance, nous devons vous informer que le duc de Wellington nous a répété, à plusieurs reprises, que, dès que nous aurons un chef de gouvernement, la paix sera promptement conclue.

En parlant, dit-il, seulement comme un individu, mais croyant cependant que son opinion pourra être prise en considération, il fait plus que des objections contre le gouvernement de Napoléon II, et il pense que sous un tel règne, l'Europe ne pourrait jouir d'aucune sécurité, et la France d'aucun calme.

On dit qu'on ne prétend point s'opposer au choix d'aucun autre chef de gouvernement. L'on répète, à chaque occasion, que les puissances de l'Europe ne prétendent point intervenir dans ce choix; mais on ajoute que, si le prince choisi était dans le cas, par la nature même de sa situation, d'alarmer la tranquillité de l'Europe, en mettant en problème celle de la France, il serait nécessaire aux puissances alliées d'avoir des garanties; et nous sommes fondés à croire que ces garanties seraient des cessions de territoire.

Un seul (Louis XVIII) leur semble réunir toutes les conditions, qui empêcheraient l'Europe de demander des garanties pour sa sécurité.

Déjà, disent-ils, il réside à Cambray; le Quesnoy lui a ouvert ses portes. Ces places et d'autres villes sont en sa puissance, soit qu'elles se soient données, ou qu'elles lui aient été remises par les alliés.

Le duc de Wellington reconnaît et énumère une partie considérable des fautes de Louis XVIII, pendant son gouvernement de quelques mois. Il place au premier rang, d'avoir donné entrée dans son conseil aux princes de sa famille, d'avoir eu un ministère sans unité et non responsable, d'avoir créé une maison militaire choisie autrement que dans les soldats de l'armée, de ne s'être pas entouré de personnes qui eussent un véritable intérêt au maintien de la Charte.

Il lui semble qu'en faisant connaître les griefs *sans faire de conditions*, il pourrait être pris des engagemens publics qui rassureraient pour l'avenir, en donnant à la France les garanties qu'elle peut désirer.

Si l'on discute des conditions, d'autres que les autorités actuelles pourront délibérer, reprit le duc.

Si l'on perd du tems, des généraux d'autres armées pourront se mêler des négociations, elles se compliqueraient d'autres intérêts.

Nous joignons deux proclamations de Louis XVIII, etc.

(Signé) ANDRÉOSSY, comte BOISSY-D'ANGLAS, FLAUGERGUES, VALENCE,
LABESNADIÈRE.

La dépêche de M. Bignon, annonçant le départ de Napoléon, leur étant parvenue à l'issue de ce premier entretien, ils s'empressèrent de la communiquer à lord Wellington et de réclamer une suspension d'armes, pour conclure l'armistice auquel la présence de Napoléon avait été jusqu'alors le seul obstacle.

Lord Wellington leur répondit qu'il était nécessaire qu'il en conférât avec le prince Blucher, et qu'il leur rendrait réponse dans la journée.

Le soir, ils eurent une nouvelle conférence avec ce général, qui donna lieu à la dépêche ci-après.

Louvre, 1er juillet, à huit heures et demie du soir.

Lord Wellington nous a donné connaissance d'une lettre de Manheim, écrite au nom des Empereurs de Russie et d'Autriche par MM. de Nesselrode et de Metternich. Cette lettre presse vivement la poursuite des opérations, et déclare que, s'il était adopté quelque armistice par les généraux qui dans ce moment sont près de Paris, leurs majestés ne le regarderaient point comme devant arrêter leur marche, et qu'elles ordonneraient à leurs troupes de s'approcher de Paris.

M. le comte d'Artois venait d'arriver au quartier général du duc de Wellington qui nous a reçus seuls dans son salon. Nous n'avons pas apperçu le prince: il était dans un appartement séparé.

Nous avons insisté pour l'exécution de la promesse qui nous avait été faite. Le duc de Wellington nous a répondu qu'il nous avait toujours annoncé ne pouvoir prendre d'engagemens définitifs, avant qu'il se fût entendu avec le maréchal prince Blucher; qu'il allait le joindre pour le porter à s'unir avec lui, pour convenir d'un armistice.

Il a ajouté qu'il ne nous dissimulait pas que le feld-maréchal avait un extrême éloignement pour tout ce qui arrêtera ses opérations, qui s'étendaient déjà sur la rive gauche de la Seine; et qu'il ne pourrait cesser d'appuyer ses mouvemens, s'il ne pouvait l'amener à partager son opinion.

Il nous a communiqué une proposition d'armistice faite par le prince d'Eckmuhl, qu'il venait de recevoir.

Il nous a assuré qu'aussitôt qu'il aurait vu le prince Blucher, il reviendrait nous joindre à Louvre, et nous enverrait prier de nous rendre à Gonesse.

«En causant des conditions possibles d'armistice, il a insinué qu'il demanderait que l'armée sortît de Paris, ce que nous avons décliné, en opposant qu'il était au contraire convenable que ce fût l'armée des alliés qui prît des positions éloignées, pour qu'il fût possible de délibérer en liberté sur les grands intérêts de la patrie, dont ils paraissaient reconnaître l'influence sur ceux de l'Europe.

«La conférence s'est ainsi terminée; nous avons quelque raison de croire que lord Wellington fera connaître à M. le comte d'Artois qu'il doit se placer à une distance beaucoup plus considérable de Paris.»

M. le baron Bignon leur répondit sur-le-champ ce qui suit:

À Messieurs les Commissaires chargés de l'Armistice.

1er juillet.

Vous annonciez, Messieurs, que vous étiez autorisés à croire que, Napoléon Bonaparte éloigné, il pourrait être signé une suspension d'armes, pendant laquelle on traiterait de la paix. La *condition voulue étant remplie*, il n'y a plus en ce moment aucun motif qui puisse s'opposer à une suspension d'armes et à un armistice. Il est vivement à désirer que la suspension, d'armes, au lieu d'être de trois jours seulement, soit au moins de cinq jours.

Nous ne pensons pas que les Anglais et les Prussiens seuls prétendent forcer nos lignes; ce serait vouloir faire gratuitement des pertes inutiles; d'après eux-mêmes, ils ne doivent être rejoints par les Bavarois, que dans la première quinzaine de ce mois; il peut leur convenir ainsi d'attendre ce renfort; et c'est une raison de plus, de ne pas se refuser à un armistice qui aura pour eux autant et plus d'avantages que pour nous. Enfin, si les alliés ne veulent pas tout-à-fait oublier leurs déclarations solennelles, que prétendent-ils maintenant? Le seul obstacle qui, selon eux, s'opposait à la conclusion de la paix, est irrévocablement écarté; rien ne s'oppose plus ainsi à ce rétablissement; et pour arriver à la paix, rien de plus pressant qu'un armistice.

La commission du gouvernement a eu sous les yeux tous les détails que vous avez transmis, du langage que vous tient le duc de Wellington. Elle désire, messieurs, que vous vous attachiez à distinguer la question politique de la forme du gouvernement de la France, de la question actuelle de la conclusion d'un armistice. Sans repousser aucune des ouvertures qui vous sont faites, il est facile de faire comprendre au duc de Wellington, que, si dans l'état actuel des choses, la question politique du gouvernement de la France *doit inévitablement devenir le sujet d'une sorte de transaction entre la France et les puissances alliées*, l'intérêt général de la France et des puissances elles-mêmes, est de ne rien précipiter et de ne s'arrêter à un parti définitif, qu'après avoir mûrement pesé ce qui offrira des garanties véritables pour l'avenir. Il est possible que les puissances elles-mêmes, mieux éclairées sur les sentimens de la nation Française, ne persévèrent pas dans des résolutions qu'elles peuvent avoir prises, d'après d'autres données. Napoléon n'est plus à Paris, depuis près de huit jours; sa carrière politique est finie. S'il existait en faveur des Bourbons une disposition nationale, cette disposition se serait manifestée avec éclat; et leur rappel serait déjà consommé. Il est donc évident que ce n'est pas le rétablissement de cette famille, que veut la nation Française. Il reste à examiner aux souverains alliés, que si, en voulant l'imposer à la nation malgré elle, ils n'agiraient pas eux-mêmes contre leurs propres intentions, puisqu'au lieu d'assurer la paix intérieure de la France, ils y semeraient de nouveaux germes de discorde.

On connaissait ici les proclamations de Louis XVIII; et déjà la nature de ces proclamations détruit toutes les espérances que pourrait donner le langage du duc de Wellington. On peut juger par l'esprit qui respire dans ces actes récemment publiés, que le ministère royal actuel ou n'a pas voulu, ou n'a pas pu empêcher ce que la nation Française pouvait attendre de ce gouvernement.

Au reste, messieurs, vous devez vous borner à tout entendre; vous devez établir que la France elle-même ne désire que ce qui peut être le plus utile dans l'intérêt général, et que si elle veut tout autre système que le rétablissement des Bourbons, c'est qu'il n'en est point qui lui présente autant d'inconvéniens et aussi peu d'avantages.

«Vous devez, messieurs, bien répéter au duc de Wellington et au prince Blucher, que si le gouvernement Français insiste avec chaleur sur un armistice, c'est qu'il y voit la possibilité de s'entendre sur des points à l'égard desquels les opinions paraissent les plus divisées; c'est que les communications et les rapports qui s'établiront entre leurs quartiers généraux et nous, les mettront en état de bien apprécier le véritable esprit de la France. Nous pensons particulièrement que le noble caractère du duc de Wellington et la sagesse des souverains alliés ne pourront les porter à vouloir forcer la nation Française à se soumettre à un gouvernement que repousse le voeu bien réel de la grande majorité de la population.»

Ce langage, si remarquable par sa modération, fut corroboré par la lettre *ostensible* ci-après, que le duc d'Otrante crut devoir adresser à chacun des généraux en chef des armées assiégeantes.

Milord (ou prince),

Indépendamment du cours des nos négociations, je me fais un devoir d'écrire personnellement à votre seigneurie, au sujet d'un armistice dont le refus, je l'avoue, me semble inexplicable. Nos plénipotentiaires sont au quartier général depuis le 28 juin, et nous sommes encore sans une réponse positive.

La paix existe déjà, puisque la guerre n'a plus d'objet: nos droits à l'indépendance, l'engagement pris par les souverains de la respecter, n'en subsisteraient pas moins après la prise de Paris. Il serait donc inhumain, il serait donc atroce de livrer des batailles sanglantes, qui ne changeraient en rien les questions qui sont à décider.

Je dois parler franchement à votre seigneurie; notre état de possession, notre état légal *qui a la double sanction du peuple et des chambres, est celui d'un gouvernement, où le petit-fils de l'Empereur d'Autriche est le chef de l'état. Nous ne pourrions songer à changer cet état des choses, que dans le cas où la nation aurait acquis la certitude que les puissances révoquent leurs promesses et que leurs voeux communs s'opposent à la conservation de notre gouvernement actuel.*

Ainsi, quoi de plus juste, que de conclure un armistice? Y a-t-il un autre moyen de laisser aux puissances le tems de s'expliquer, et à la France le tems de connaître le voeu des puissances?

Il n'échappera point à votre seigneurie que déjà une grande puissance trouve, dans notre état de possession, un droit personnel d'intérêt pour ses propres intérêts dans nos affaires intérieures. Aussi long-tems que cet état ne sera pas changé, il en résulte une obligation de plus pour les deux chambres de ne pouvoir consentir aujourd'hui à aucune mesure capable d'altérer notre possession.

La marche la plus naturelle à suivre, n'est-elle pas celle qu'on vient d'adopter sur nos frontières de l'Est? On ne s'est pas borné à un armistice entre le général Budna et le maréchal Suchet; il a été stipulé que nous rentrerions dans nos limites du traité de Paris, parce qu'en effet la guerre doit être regardée comme terminée, par le seul fait de l'abdication de Napoléon.

Le feld-maréchal Frimont, de son côté, a consenti à l'armistice, pour venir, a-t-il dit, par des arrangemens préliminaires, au-devant de ceux qui pourraient avoir lieu entre les alliés. Nous ne savons même pas si l'Angleterre et la Prusse ont changé de volonté au sujet de notre indépendance; car la marche des armées ne peut pas être un indice certain de la volonté des cabinets. La volonté de deux puissances ne pourrait même pas nous suffire; c'est leur accord que nous avons besoin de connaître. Voudriez-vous devancer cet accord? Voudriez-vous y mettre obstacle, et faire naître une nouvelle tempête politique, d'un état de choses qui est si voisin de la paix?

Je ne crains pas, moi, d'aller au-devant de toutes les objections. On s'imagine peut-être que l'occupation de Paris par deux des armées alliées, seconderait les vues que vous pouvez avoir de rétablir Louis XVIII sur le trône. Mais comment l'augmentation des maux de la guerre qu'on ne pourrait plus qu'attribuer à ce motif, serait-elle un moyen de réconciliation?

Je dois déclarer à votre seigneurie que toute tentative détournée pour nous imposer un gouvernement, avant que les puissances se soient expliquées, forcerait aussitôt les chambres à des mesures qui ne laisseraient, dans aucun cas, la possibilité d'aucun rapprochement. L'intérêt même du Roi est que tout reste en suspens; la force peut le replacer sur le trône, mais elle ne l'y maintiendra pas. Ce n'est ni par la force, ni par des surprises, ni par les voeux d'un parti, que la volonté nationale pourrait être ramenée à changer son gouvernement. C'est même en vain que, dans le moment actuel, on vous offrirait des conditions pour nous rendre un nouveau gouvernement plus supportable. Il n'y a point de condition à examiner, tant que la nécessité de plier sous le joug, de renoncer à notre indépendance, ne nous sera pas démontrée. Or, milord, cette nécessité ne peut pas même être soupçonnée, avant que les puissances soient d'accord. Aucun de leurs engagemens n'a été révoqué; notre indépendance est sous leur garde; c'est nous qui entrons dans leurs vues et dans le sens de leurs déclarations; ce sont les armées assiégeantes qui s'en écartent.

D'après ces mêmes déclarations (et il n'y en eut jamais de plus solennelles), tout emploi de la force, en faveur du Roi, par ces mêmes armées, sur la partie de notre territoire où elles seules dominent, sera regardé par la France comme l'aveu du dessein formel de nous imposer un gouvernement malgré notre volonté. Il nous est permis de demander à votre seigneurie, si elle-même a reçu un tel pouvoir. D'ailleurs, ce n'est pas la force qui pacifie: une résistance morale repousse le dernier gouvernement qu'on avait fait adopter au Roi; plus on userait envers la nation de violence, plus on rendrait cette résistance invincible. L'intention des généraux des armées assiégeantes ne peut être de compromettre leur propre gouvernement, et de révoquer par le fait la loi que les puissances se sont imposées à elles-mêmes.

Milord, la question est toute dans ce peu de mots.

> Napoléon a abdiqué comme le désiraient les puissances, la paix est donc rétablie; on ne devrait pas même mettre en question quel est le prince qui recueillera le fruit de cette abdication.

> Notre état de possession serait-il changé par la force? Les puissances n'atteindraient plus leur but, outre qu'elles violeraient leurs promesses, promesses faîtes à la face du monde entier. Le changement viendrait-il de la volonté nationale? Alors, il faudrait, pour que cette volonté fût dans le cas de se prononcer, que les puissances eussent d'abord fait connaître leur refus formel de laisser subsister notre gouvernement actuel. Un armistice est donc indispensable.

> Voici, milord, des considérations dont il est impossible de ne pas sentir toute la force. Dans Paris même, si l'issue d'une bataille vous en livrait les portes, je tiendrais encore à votre seigneurie ce même langage; c'est celui que tient toute la France: on aurait fait couler sans motifs des flots de sang; les prétentions qui en seraient la cause, en seraient-elles plus assurées ou moins odieuses?

> J'espère avoir bientôt avec votre seigneurie des rapprochemens qui nous conduiront les uns et les autres à l'oeuvre de la paix, par des moyens plus conformes à la raison et à la justice. L'armistice nous permettra de traiter dans Paris; et il nous sera facile de nous entendre sur le grand principe que le repos de la France est une condition inséparable du repos de l'Europe. Ce n'est qu'en voyant de près la nation et l'armée, que vous pourrez juger à quoi tient le repos et la stabilité de notre avenir.

«Je prie, etc. etc.»

Quoique le duc d'Otrante, dans cette lettre, eût plaidé la cause de Napoléon II et feint d'ignorer les dispositions des alliés, il était néanmoins devenu très-facile de s'apercevoir qu'il regardait la question comme irrévocablement décidée en faveur des Bourbons. Leur nom, qu'il avait long-tems évité de prononcer, se retrouvait sans cesse sur ses lèvres; mais toujours le même, toujours enclin par caractère et par système à se ménager plusieurs cordes à son arc, il paraissait pencher tour-à-tour pour *la branche cadette, ou pour la branche régnante*; tantôt la première lui semblait offrir, de préférence et au plus haut degré toutes les garanties que la nation pouvait désirer; tantôt il insinuait qu'il serait possible qu'on se rapprochât du Roi, s'il consentait à éconduire quelques hommes dangereux et à faire à la France de nouvelles concessions.

Ce changement, trop subit pour être inaperçu, appela plus que jamais sur sa conduite les regards investigateurs et les reproches des antagonistes des Bourbons.

On l'accusa d'encourager, par l'impunité, les écrivains et les journalistes qui prêchaient ouvertement le l'appel de l'ancienne dynastie, de protéger le parti royaliste, et d'avoir rendu la liberté à l'un de ses agens les plus dévoués, le baron de Vitrolles.

On lui imputa d'avoir des conférences nocturnes avec le même M. de Vitrolles et plusieurs royalistes éminens, et d'envoyer journellement, à l'insu de ses collègues, des émissaires du Roi, à M. de Talleyrand, au duc de Wellington.

Deux députés (M. Durbach et le général Solignac) se rendirent chez lui, et lui déclarèrent qu'ils étaient instruits de ses manoeuvres, que son ambition l'aveuglait, qu'il ne pourrait jamais exister aucun pacte entre Louis XVIII et le meurtrier de son frère, et que la France tôt ou tard serait vengée de sa trahison.

Un ancien ministre d'état (M. Defermont), lui reprocha, à bout portant, de trafiquer ténébreusement du sang et de la liberté des Français.

D'autres inculpations non moins graves, non moins virulentes, lui furent adressées par M. Carnot, par le général Grenier. «S'il nous trahit, dit ce dernier, je lui brûlerai la cervelle.»

Le duc d'Otrante, habitué à braver les tempêtes politiques, repoussait froidement ces imputations. Il rappelait à ses accusateurs les gages multipliés qu'il avait donnés à la révolution. Il offrait sa tête en garantie de sa fidélité. Ses protestations, ses sermens et l'assurance imperturbable avec laquelle il répondait, si on le laissait faire, du salut et de l'indépendance de la nation, parvinrent à conjurer l'orage; mais il était trop pénétrant pour s'abuser sur sa position: il dut sentir qu'il était perdu s'il ne se hâtait point d'en finir, et tout porte à croire qu'il ne dédaigna *aucun moyen* pour arriver promptement à un résultat décisif[79].

Cependant Blucher, à qui l'on n'opposait qu'un simulacre de défense, avait passé la Seine sur le pont du Pecq, conservé par les soins d'un journaliste nommé Martainville, et paraissait vouloir se répandre avec ses troupes sur la partie sud-ouest de Paris[80]. Nos généraux, témoins de cette marche aventureuse, jugèrent unanimement que les Prussiens s'étaient compromis. Ils sommèrent le prince d'Eckmuhl de les attaquer; il fallut bien s'y résoudre.

L'armée entière, généraux, officiers, soldats, était toujours animée d'un dévouement que rien n'avait pu rebuter. Fière de la confiance que lui avait témoignée les représentans de la nation, elle avait répondu à leur appel par une adresse[81] pleine de feu et de patriotisme; elle avait juré entre leurs mains de mourir pour la défense de l'honneur et de l'indépendance nationale: elle était impatiente de tenir ses sermens.

Le général Excelmans fut dirigé sur les traces des Prussiens avec six mille hommes; un corps de quinze mille hommes d'infanterie, sous le commandement du général Vichery, devait le suivre par le pont de Sèvres et lier ses mouvemens avec six mille fantassins du 1er corps et dix mille chevaux d'élite, qui devaient déboucher par le pont de Neuilly. Mais au moment d'exécuter ces dispositions dont le succès eût indubitablement entraîné la perte de l'armée prussienne, le prince d'Eckmuhl, par des motifs que j'ignore, donna contre-ordre. Le général Excelmans soutint seul le combat. Il attaqua l'ennemi en avant de Versailles, le précipita dans une embuscade, le tailla en pièces et lui enleva ses armes, ses bagages, ses chevaux. Les généraux Strulz, Piré, Barthe, Vincent, les colonels Briqueville, Faudoas, Saint-Amant, Chaillou, Simonnet, Schmid, Paolini, et leurs braves régimens, firent des prodiges de valeur, et furent intrépidement secondés par les citoyens des communes voisines, qui avaient devancé en tirailleurs sur le champ de bataille l'arrivée de nos troupes, et qui, pendant l'action, se montrèrent dignes de combattre à leurs côtés.

Cette victoire combla d'espérance et de joie les patriotes Parisiens. Elle leur inspira la noble envie d'imiter le bel exemple qui venait de leur être donné. Mais quand on sut qu'une bataille générale avait été unanimement demandée et convenue, et que, sans les ordres contraires, les ennemis, surpris et coupés, auraient été anéantis, on passa de l'ivresse au découragement, et l'on cria de toutes parts à l'infamie, à la trahison.

Excelmans et ses braves, non soutenus, furent obligés de rétrograder. Les Prussiens s'avancèrent; les Anglais se mirent en mouvement pour les appuyer; ils se réunirent, et vinrent camper en commun sur les hauteurs de Meudon.

La commission se hâta d'informer les commissaires de la position critique de Paris, et les invita, puisque le duc de Wellington les renvoyait sans cesse de Caïphe à Pilate, de chercher à voir le prince Blucher. Ils répondirent, qu'ils n'avaient jamais pu communiquer avec ce maréchal, et qu'ils ne pouvaient point, sans risquer de produire une rupture, établir de conférence avec lui que par l'intermédiaire de lord Wellington.

Ils joignirent à leur dépêche une nouvelle lettre par laquelle le lord annonçait que le prince Blucher continuait à lui témoigner la plus grande répugnance de conclure un armistice, etc. etc.

Le gouvernement ne douta plus de la mauvaise volonté du général Anglais. Le comte Carnot dit qu'il fallait s'adresser définitivement à la brutale franchise de Blucher, plutôt que de vivre dans l'incertitude où laissaient les politesses de Wellington.

Le duc de Vicence pensa de même, que le seul moyen d'en finir, était de brusquer une proposition à l'insu des Anglais. Il fit remarquer à la commission que le maréchal Blucher ne montrait sans doute autant de répugnance à conclure un armistice, que parce qu'il ne voulait probablement point négocier sous la direction et l'influence de Wellington, au quartier général duquel il paraissait éviter de se rendre; qu'il serait peut-être plus traitable, quand on s'adresserait directement à lui; qu'en suivant cette marche, on aurait d'ailleurs l'avantage de déplacer les négociations de l'endroit où se trouvaient les Bourbons, et de pouvoir éviter plus facilement la question politique sur laquelle Wellington semblait beaucoup plus prononcé que Blucher.

La commission, déférant à ces observations, adopta l'avis de M. Carnot; et le prince d'Eckmuhl fut chargé d'adresser au maréchal Blucher des propositions directes et fondées principalement sur l'armistice conclu avec les chefs des forces autrichiennes.

Le prince répondit sur-le-champ:

> Si le maréchal Frimont s'est cru autorisé à conclure un armistice, ce n'est point pour nous un motif d'en faire autant. Nous poursuivrons notre victoire; Dieu nous en a donné les moyens et la volonté.
>
> «Voyez ce que vous avez à faire. Ne précipitez pas de nouveau une ville dans le malheur; car vous savez ce que le soldat irrité se permettrait, si votre capitale était prise d'assaut. Voudriez-vous attirer sur votre tête les malédictions de Paris comme celles de Hambourg?
>
> «*Nous voulons pénétrer à Paris, pour y mettre les honnêtes gens à l'abri du pillage qui les menace de la part de la populace*[82]. Ce n'est qu'à Paris que l'on peut conclure un armistice assuré.»

Cette lettre révolta la commission; mais quelle que fût sa juste indignation, il n'y avait plus de milieu à garder: *on avait refusé de prendre l'ennemi en flagrant délit; on avait laissé échapper l'occasion de la victoire; il fallait soutenir un siége ou capituler.*

La commission, sentant toute l'importance du parti qu'elle allait adopter, voulut s'entourer des lumières, des conseils et de la responsabilité des hommes les plus expérimentés. Elle fit appeler les immortels défenseurs de Gênes et de Toulouse, le vainqueur de Dantzick, les généraux Gazan,

Duverney, Evain, le maréchal de camp du génie de Ponton, qui s'était signalé au siége de Hambourg; et enfin les présidens et les bureaux des deux chambres.

Le comte Carnot, qui avait été visiter, conjointement avec le général Grenier, nos positions et celles de l'ennemi, fit à l'assemblée un rapport sur la situation de Paris. Il exposa que les fortifications élevées sur la rive droite de la Seine paraissaient suffisantes pour mettre Paris de ce côté à l'abri de toute insulte; mais que la rive gauche se trouvait entièrement à découvert, et offrait un vaste champ aux entreprises de l'ennemi; que les généraux Anglais et Prussiens avaient porté *impunément*, sur ce point vulnérable, la majeure partie de leurs armées; qu'ils paraissaient disposés à tenter une attaque de vive force; que s'ils échouaient une première fois, ils pourraient revenir à la charge une seconde et renouveler leurs tentatives, jusqu'à ce qu'ils soient parvenus à se rendre maîtres de la capitale; qu'ils auraient sans cesse à nous opposer des troupes fraîches, tandis que les nôtres, forcées d'être constamment sur leurs gardes, seraient bientôt excédées de fatigues; que l'arrivage des subsistances devenait difficile, et qu'un corps de soixante mille Bavarois paraissait devoir achever, sous peu de jours, le blocus entre la Seine et la Marne; que les ennemis, déjà maîtres des hauteurs de Meudon et des meilleures positions environnantes, pourraient s'y retrancher, nous fermer la retraite, et réduire Paris et l'armée à se rendre à discrétion.

Le président de la commission, après avoir appelé l'attention des membres de l'assemblée sur ces graves considérations, les invita à émettre leur opinion.

Il lui fut observé, qu'il paraissait nécessaire de faire connaître préalablement l'état actuel des négociations.

La commission ne s'y refusa point, mais cette communication ayant amené des discussions sur les Bourbons, la commission rappela qu'on devait se renfermer dans la question militaire, et qu'il ne s'agissait purement et simplement que de décider s'il était convenable et possible de défendre Paris.

Le prince d'Essling, interpellé, dit que cette ville serait imprenable si les habitans voulaient en faire une seconde Sarragosse; mais qu'il n'y avait point assez d'harmonie dans les volontés pour songer à une résistance soutenue, et que le parti le plus sage était d'obtenir à tout prix une suspension d'armes. Le duc de Dantzick déclara qu'il ne croyait pas impossible de prolonger la défense, en activant rapidement les travaux commencés dans la plaine de Mont-Rouge. Le duc de Dalmatie soutint que la rive gauche de la Seine n'était point tenable; qu'il était même très-hasardeux, depuis l'occupation d'Aubervilliers, de tenir sur la rive droite; que si la ligne du canal qui joint Saint-Denis à la Villette venait à être forcée, l'ennemi pourrait entrer pêle-mêle avec nos troupes par la barrière Saint-Denis. Quelques membres, partageant l'opinion du duc de Dantzick, demandèrent qu'on recueillît, avant de prononcer, des renseignemens positifs sur la possibilité de mettre la rive gauche en état de défense. Enfin, après quelques débats, il fut décidé que l'assemblée n'était point compétente pour statuer sur une semblable question, et qu'elle serait soumise à l'examen et à la décision d'un conseil de guerre, que le prince d'Eckmuhl convoquerait pour la nuit suivante.

L'occupation de Paris, par les étrangers, était l'objet des voeux impatiens des royalistes et des hommes vendus ou dévoués par calcul, par ambition ou par crainte, au parti des Bourbons. Persuadés qu'elle déciderait en 1815, comme en 1814, du sort de la France, ils n'avaient épargné d'avance aucune démarche, aucune promesse, aucune insinuation menaçante, pour que la reddition de cette ville mît le comble à leurs voeux et à leur triomphe.

Le duc d'Otrante, soit qu'il fût d'accord avec les royalistes, soit qu'il regardât comme nécessaire à sa sûreté personnelle la prompte capitulation de Paris, soit enfin qu'il voulût se faire, un jour, un mérite d'avoir ramené la France, sans effusion de sang, sous l'empire de son souverain légitime; le duc d'Otrante, dis-je, parut attacher particulièrement un grand prix à ce que la défense de Paris ne fût point prolongée. «Tout est sur le point de s'arranger, disait-il aux membres les plus influens des chambres et de l'armée; gardons-nous bien de sacrifier une existence assurée à un avenir incertain. Les alliés sont d'accord: nous aurons *un* Bourbon; mais il faudra qu'il se soumette aux conditions que la nation lui imposera. La chambre sera conservée; les généraux resteront à la tête de l'armée; tout ira bien. Ne vaut-il pas mieux se soumettre, que de s'exposer à être partagés ou livrés pieds et mains liés aux Bourbons? Une résistance prolongée n'aurait d'autre résultat que de retarder notre chute. Elle nous ôterait le prix d'une soumission volontaire, et autoriserait les Bourbons à être implacables». Se montrait-on peu disposé à partager sa confiance et ses sentimens, il imposait silence aux récalcitrans avec toutes les formes du plus vif intérêt: «Votre résistance, leur répondait-il, m'étonne et m'afflige: voulez-vous donc passer pour un boute-feu et vous faire exiler? laissez-nous faire, je vous en conjure; je vous garantis l'avenir»... Un pressentiment intérieur avertissait que cet avenir serait bien éloigné de répondre à l'attente de M. Fouché; mais sa vie politique, ses grands talens, ses liaisons avec les ministres étrangers, les égards que lui avaient témoignés, en 1814, l'Empereur Alexandre et le roi de Prusse, donnaient à ses paroles, à ses promesses, un tel poids, un tel ascendant, qu'on finissait par faire violence à sa raison et par s'abandonner, en murmurant contre soi, à la confiance et à l'espoir.

Le conseil de guerre s'assembla dans la nuit du 1er au 2 juillet au quartier général de la Villette, sous la présidence du prince d'Eckmuhl. On eut soin (il paraît) d'en éloigner quelques généraux suspects, et de ne point omettre d'y appeler les officiers dont les principes, la modération ou la faiblesse étaient connus. On y admit tous les maréchaux présens dans la capitale; et ceux qui naguère avaient refusé de combattre, ne refusèrent pas de venir capituler.

La commission, pour éviter toute discussion politique, avait posé des questions sur lesquelles les membres du conseil devaient se borner à délibérer; mais cette précaution (on le sent bien) ne les empêcha point de se livrer à l'examen familier des considérations morales et politiques qui pouvaient influer sur la défense ou la reddition de la place assiégée. Le maréchal Soult plaida la cause de Louis XVIII, et fut vivement secondé par d'autres maréchaux et plusieurs généraux qui, entrés au conseil avec les couleurs nationales, en seraient volontiers sortis avec la cocarde blanche. Il n'est point possible de rappeler les opinions émises, tour-à-tour ou confusément, par les cinquante personnes appelées à prendre part à cette grande et importante délibération. Leurs discours, ou plutôt leurs conversations roulèrent alternativement sur Paris et sur les Bourbons. «On assure,» disaient les partisans de Louis XVIII et de la capitulation, «que Paris, couvert au dehors, par une armée de quatre-vingt mille hommes, et défendu à l'intérieur par les fédérés, les tirailleurs, la garde nationale et une innombrable population, pourra résister, au moins pendant vingt jours, aux efforts des alliés; on nous assure que l'immensité de son développement rendra facile l'arrivage des subsistances. Nous admettrons que cela soit possible; mais quel sera en définitif le but de cette résistance? de donner à l'empereur Alexandre et à l'empereur d'Autriche, le tems d'arriver... Les alliés (nous le savons parfaitement) promettent de nous laisser la faculté de choisir notre souverain; mais tiendront-ils leurs promesses? quelles conditions y mettront-ils? Déjà Wellington et Blucher ont annoncé qu'ils exigeraient des garanties, des places fortes, si l'on rejetait Louis XVIII. N'est-ce pas déclarer formellement, que les alliés veulent conserver le trône de ce souverain? Rallions-nous donc volontairement, puisque nous le pouvons encore, autour de sa personne; ses ministres l'ont égaré, mais ses intentions ont toujours été pures: il connaît les fautes qu'il a commises; il s'empressera de les réparer, et de nous donner les institutions qui sont encore nécessaires pour consolider sur des bases inébranlables les droits et les libertés publiques.»—«Ces raisonnemens peuvent être justes, répliquaient leurs adversaires, mais l'expérience, qui vaut mieux que des raisonnemens, nous a prouvé qu'il ne fallait point s'en rapporter à de vaines promesses. L'espoir que vous avez conçu repose sur des conjectures ou sur les paroles des agens des Bourbons. Avant de nous remettre entre les mains du Roi, il faut qu'il nous fasse connaître les garanties qu'il nous assure. Si elles nous conviennent, alors nous délibérerons; mais si nous ouvrons nos portes sans conditions et avant l'arrivée d'Alexandre, Wellington et les Bourbons se joueront de leurs promesses et nous feront subir impitoyablement la loi du vainqueur. Pourquoi d'ailleurs désespérerions-nous du salut de la France? Une bataille perdue doit-elle donc décider du sort d'une grande nation? n'avons nous pas encore à opposer d'immenses ressources à l'ennemi? Les fédérés, la garde nationale, tous les véritables Français ont-ils refusé de verser leur sang pour sauver la gloire, l'honneur et l'indépendance de la patrie? Tandis que nous combattrons sous les murs de la capitale, on organisera, dans les départemens, la levée en masse des patriotes; et l'ennemi, quand il verra que nous sommes déterminés à défendre notre indépendance, la respectera, plutôt que de s'exposer, pour des intérêts qui ne sont point les siens, à une guerre patriotique et nationale. Il faut donc refuser de nous rendre et nous mettre en mesure, par une défense rigoureuse, de donner la loi au lieu de la recevoir.»—«Vous soutenez, leur répondait-on, que nous pourrons faire lever en masse les fédérés et les patriotes. Mais comment les armerez-vous? nous n'avons point de fusils. Une levée en masse s'organise-t-elle d'ailleurs subitement? Avant que vous puissiez disposer d'un bataillon, Paris aura, sous ses faibles remparts, soixante mille Bavarois, et cent quarante mille Autrichiens de plus à combattre. Que ferez-vous alors? Il faudra bien finir par vous rendre; et le sang que vous aurez versé, sera perdu sans retour et sans utilité. Mais celui que nous aurons fait répandre à l'ennemi, ne retombera-t-il pas sur nos têtes? ne voudra-t-on pas nous faire expier, par une honteuse capitulation, notre folle et cruelle résistance? Si les alliés dans le moment actuel se croient assez forts pour vous refuser une suspension d'armes, que feront-ils, lorsqu'ils auront, sur notre territoire, leurs douze cents mille soldats? Le démembrement de la France, le pillage et la dévastation de la capitale seront peut-être le fruit de la défense téméraire que vous nous proposez.»

Ces considérations, généralement senties, furent unanimement approuvées. On reconnut que le parti le plus convenable était indubitablement de ne point exposer la capitale aux conséquences et aux dangers d'un siége ou d'une prise d'assaut. On reconnut aussi, du moins implicitement, que le retour des Bourbons étant inévitable, il valait mieux les rappeler volontairement sous de bonnes conditions, que de laisser aux alliés le soin de les rétablir. Mais on ne crut pas devoir s'expliquer sur ce point délicat; et l'on se renferma dans la solution laconique des questions proposées par la commission.

Questions posées par la commission du gouvernement au Conseil de Guerre, assemblé à la Villette le 1er juillet 1815.

> 1ère. Quel est l'état des retranchemens élevés pour la défense de Paris?—*Réponse*. L'état des retranchemens et de leur armement sur la rive droite de la Seine, quoique incomplet, est en général assez satisfaisant. Sur la rive gauche, les retranchemens peuvent être considérés comme nuls.

2e. L'armée pourrait-elle couvrir et défendre Paris?—*Rép.* Elle le pourrait; mais non pas indéfiniment. Elle ne doit pas s'exposer à manquer de vivres et de retraite.

3e. Si l'armée était attaquée sur tous les points, pourrait-elle empêcher l'ennemi de pénétrer dans Paris, d'un côté ou d'un autre?—*Rép.* Il est difficile que l'armée soit attaquée sur tous les points à la fois; mais si cela arrivait, il y aurait peu d'espoir de résistance.

4e. En cas de revers, le général en chef pourrait-il réserver ou recueillir assez de moyens pour s'opposer à l'entrée de vive force?—*Rép.* Aucun général ne peut répondre des suites d'une bataille.

5e. Existe-t-il des munitions suffisantes pour plusieurs combats?—*Rép.* Oui.

6e. Enfin, peut-on répondre du sort de la capitale, et pour combien de tems?—*Rép.* Il n'y a aucune garantie à cet égard.

Le maréchal ministre de la Guerre, (Signé) Le prince d'ECKMUHL.

2 juillet, à 3 heures du matin.

La réponse du conseil de guerre fut immédiatement transmise aux Tuileries, et y devint l'objet d'une longue et profonde délibération.

Enfin, après avoir pesé les avantages et les dangers d'une défense prolongée, après avoir considéré que Paris, sans espoir de secours et enveloppé de toutes parts, serait ou emporté d'assaut ou forcé de se rendre à discrétion; que l'armée, sans moyen de retraite, se trouverait peut-être placée entre le déshonneur de se rendre prisonnière ou la nécessité de s'ensevelir sous les ruines de la capitale, la commission décida univoquement que Paris ne serait point défendu, et qu'on se soumettrait à le remettre entre les mains des alliés, puisque les alliés ne voulaient suspendre les hostilités qu'à ce prix.

Le général Ziethen, commandant de l'avant-garde du prince Blucher, fut instruit de cette détermination par le prince d'Eckmuhl. Il lui répondit:

Au prince d'Eckmuhl.

2 juillet.

Monsieur le Général,

Le général Revest m'a communiqué verbalement que vous demandiez un armistice pour traiter de la reddition de la ville de Paris.

En conséquence, M. le général, je dois vous déclarer que je ne suis nullement autorisé d'accepter un armistice. Je n'ose même point annoncer cette demande à S. A. le maréchal prince Blucher; mais cependant, si les députés du gouvernement déclarent à mon aide-de-camp, le comte Westphalen, qu'ils veulent rendre la ville *et que l'armée Française veut se rendre aussi,* j'accepterai une suspension d'armes.

J'en ferai part alors à S. A. le prince Blucher, pour traiter sur les autres articles.

(Signé) ZIETHEN.

Lorsque Brennus, abusant de la victoire, voulut insulter aux vaincus, les Romains coururent aux armes. Moins sensibles et moins fiers, nous entendîmes, sans frémissement, l'insulte faite à nos quatre-vingt mille braves et nous acceptâmes, sans rougir, l'opprobre qu'elle déversait sur eux et sur nous!

Pour toute vengeance, MM. de Tromeling et Macirone furent renvoyés, le premier au prince Blucher, le second au lord Wellington.

Le duc d'Otrante, à l'insçu de la commission, remit à M. Macirone une note confidentielle, ainsi conçue:

L'armée est mécontente, parce qu'elle est malheureuse; rassurez-la: elle deviendra fidèle et dévouée.

Les chambres sont indociles par la même raison: rassurez tout le monde et tout le monde sera pour vous.

Qu'on éloigne l'armée; les chambres y consentiront en promettant d'ajouter à la charte les garanties spécifiées par le Roi. Pour se bien entendre, il est nécessaire de s'expliquer; n'entrez donc pas à Paris avant trois jours; dans cet intervalle tout sera d'accord. *On gagnera les chambres; elles se croiront indépendantes, et sanctionneront tout.* Ce n'est point la force qu'il faut employer auprès d'elles, c'est la persuasion.

J'ignore si M. de Tromeling fut également chargé de quelque note semblable, ou si le lord Wellington interposa son autorité; mais le prince Blucher, devenu tout-à-coup plus docile, consentit à traiter de la reddition de Paris.

Le général Ziethen annonça de sa part, le 5 juillet, au prince d'Eckmuhl, que les députés du gouvernement pouvaient se présenter; qu'ils seraient conduits à Saint-Cloud, où se trouveraient les députés des généraux Anglais et Prussiens.

Le baron Bignon, le comte de Bondy, et le général Guilleminot, munis des pouvoirs du prince d'Eckmuhl (Blucher ayant déclaré qu'il ne voulait avoir affaire qu'au chef de l'armée française), se rendirent aux avant-postes prussiens, et furent transférés à Saint-Cloud, *où, sans égard pour le droit des gens, ils furent privés de tous moyens de communiquer avec le gouvernement, et retenus en charte privée, pendant la durée totale des négociations.*

M. Bignon, principal négociateur, et ses deux collègues, défendirent les droits politiques, les intérêts privés, l'inviolabilité des personnes et des propriétés nationales et particulières, avec un zèle et une fermeté inappréciables; ils étaient bien loin de prévoir que la convention suivante, qu'ils regardèrent comme sacrée, ouvrirait plus tard un accès si funeste aux interprétations de la vengeance et de la mauvaise foi.

CONVENTION.

Ce jourd'hui, 3 juillet 1815, les commissaires nommés par les commandans en chef des armées respectives, savoir:

M. le baron Bignon, chargé du portefeuille des affaires étrangères; M. le comte Guilleminot, chef de l'état-major de l'armée Française; M. le comte de Bondy, préfet du département de la Seine; munis des pleins pouvoirs du maréchal prince d'Eckmuhl, commandant en chef de l'armée Française, d'une part;

Et M. le général major baron de Muffling, muni des pouvoirs de S. A. le maréchal prince Blucher, commandant en chef l'armée Prussienne; M. le colonel Hervey, muni des pleins pouvoirs de S. E. le duc de Wellington, commandant en chef l'armée Anglaise; de l'autre;

Sont convenus des articles suivans:

Art. I. Il y aura une suspension d'armes entre les armées alliées commandées par S. A. le prince Blucher, S. E. le duc de Wellington, et l'armée Française, sous les murs de Paris.

Art. II. Demain l'armée française commencera à se mettre en marche, pour se porter derrière la Loire. L'évacuation totale de Paris sera effectuée en trois jours, et son mouvement pour se porter derrière la Loire sera terminé en huit jours.

Art. III. L'armée française emmènera avec elle son matériel, artillerie de campagne, convois militaires, chevaux et propriétés des régimens, sans aucune exception. Il en sera de même pour le personnel des dépôts, et pour le personnel des diverses branches d'administration, qui appartiennent à l'armée.

Art. IV. Les malades et les blessés, ainsi que les officiers de santé, qu'il serait nécessaire de laisser près d'eux, sont sous la protection spéciale de MM. les commissaires en chef des armées anglaises et prussiennes.

Art. V. Les militaires et employés, dont il est question dans l'article précédent, pourront, aussitôt après leur rétablissement, rejoindre le corps auquel ils appartiennent.

Art. VI. Les femmes et les enfans de tous les individus qui appartiennent à l'armée française, auront la facilité de rester à Paris.

Ces femmes pourront sans difficulté quitter Paris, pour rejoindre l'armée et emporter avec elles leurs propriétés et celles de leurs maris.

Art. VII. Les officiers de ligne employés avec les fédérés, ou avec les tirailleurs de la garde nationale, pourront, ou se réunir à l'armée, ou retourner dans leur domicile, ou dans le lieu de leur naissance.

Art. VIII. Demain, 4 juillet, à midi, on remettra St.-Denis, St.-Ouen, Clichy, et Neuilly; après demain, 5 juillet, à la même heure, on remettra Montmartre; le 3e jour, 6 juillet, toutes les barrières seront remises.

Art. IX. Le service intérieur de Paris continuera à être fait par la garde nationale, et par le corps de la gendarmerie municipale.

Art. X. Les commandans en chef des armées anglaises et prussiennes, *s'engagent à respecter et à faire respecter par leurs subordonnés, les autorités actuelles tant quelles existeront.*

Art. XI. *Les propriétés publiques*, à l'exception de celles qui ont rapport à la guerre, soit qu'elles appartiennent au gouvernement, soit qu'elles dépendent de l'autorité municipale, *seront respectées*, et les puissances alliées n'interviendront en aucune manière dans leur administration, ou dans leurs gestions.

Art. XII. Seront pareillement respectées les personnes et les propriétés particulières; les habitans, et en général tous les individus qui se trouvent dans la capitale, continueront à jouir de leurs droits et libertés, *sans pouvoir être inquiétés, ni recherchés en rien relativement aux fonctions qu'ils occupent ou auraient occupées, à leur conduite et à leur opinion politique.*

Art. XIII. Les troupes étrangères n'apporteront aucun obstacle à l'approvisionnement de la capitale, et protégeront au contraire l'arrivage, et la libre circulation des objets qui lui sont destinés.

Art. XIV. La présente convention sera observée et servira de règle pour les rapports mutuels, jusqu'à la conclusion de la paix.

En cas de rupture, elle sera dénoncée dans les formes usitées, au moins dix jours à l'avance.

Art. XV. *S'il survient des difficultés*, sur l'exécution de quelques uns des articles de la présente convention, *l'interprétation en sera faite en faveur de l'armée française* et de la ville de Paris.

Art. XVI. La présente convention est déclarée commune à toutes les armées alliées, sauf la ratification des puissances dont ces armées dépendent.

Art. XVII. Les ratifications seront échangées demain, 4 juillet, à six heures du matin, au pont de Neuilly.

Art. XVIII. Il sera nommé les commissaires par les parties respectives, pour veiller à l'exécution de la présente convention.

Fait et signé à St. Cloud, en triple expédition, par les commissaires sus-nommés, les jours et an ci-dessus.

(Signé) Le baron BIGNON; le comte GUILLEMINOT; le comte DE BONDY;
le baron DE MUFFLING; le baron HERVEY, colonel.

Approuvé et ratifié,

(Signé) Le maréchal PRINCE D'ECKMUHL.

On avait donné primitivement à ce traité le nom de *capitulation*. M. le duc d'Otrante qui connaît l'empire des mots et qui redoutait l'impression que celui-ci produirait, se hâta de retirer les copies déjà distribuées, et d'y faire substituer le titre moins dur de *convention*. Cette précaution néanmoins ne fascina les yeux que de quelques députés bénévoles. Des groupes nombreux se formèrent; on y accusa hautement le gouvernement et le prince d'Eckmuhl, d'avoir une seconde fois livré et vendu Paris aux alliés et aux Bourbons. Les patriotes, les tirailleurs, les fédérés qui avaient offert leur sang pour la défense de cette ville, s'indignèrent également qu'on l'eut rendue sans brûler une amorce. Ils résolurent de s'emparer des hauteurs de Montmartre, de se joindre à l'armée et de vendre chèrement à l'ennemi les derniers soupirs de la France et de la liberté. Mais leurs clameurs menaçantes furent entendues du gouvernement. Il fit mettre sur pied la garde nationale; et elle parvint à appaiser les mécontens, en leur opposant l'exemple de sa propre résignation.

La publicité de la convention produisit dans les camps une effervescence non moins redoutable. Les généraux s'assemblèrent pour protester contre cette oeuvre impie, et s'opposer à son accomplissement. Ils déclarèrent que le prince d'Eckmuhl, *chez lequel ils avaient plusieurs fois surpris M. de Vitrolles*, avait perdu l'estime de l'armée et n'était plus digne de la commander. Ils se rendirent près du général Vandamme, et lui offrirent le commandement. Mais cet officier, qui avait fait partie (ce qu'ils ignoraient) du conseil de guerre et qui en avait approuvé les sentimens, refusa de déférer à leurs voeux. Les soldats à qui les représentans du peuple avaient fait jurer de ne point souffrir que l'ennemi pénétrât dans la capitale, partagèrent spontanément l'indignation de leurs chefs, et proclamèrent, comme eux, qu'ils ne consentiraient jamais à rendre Paris. Les uns brisaient leurs armes, les autres les brandissaient en l'air au milieu des blasphèmes et des menaces; tous juraient de mourir sur la place plutôt que de l'abandonner. Une subversion générale paraissait inévitable et prochaine, lorsque les généraux, effrayés des malheurs qu'elle pourrait entraîner, haranguèrent les soldats et parvinrent à calmer leur irritation. La garde impériale, cédant à l'ascendant qu'exerçait sur elle le brave et loyal Drouot, donna la première l'exemple de la soumission; et tout rentra dans l'ordre.

Le gouvernement, pour justifier sa conduite et prévenir dans les autres armées et dans les départemens de semblables soulévemens, publia la proclamation suivante, fastueux tissu d'éloquentes impostures et de fallacieuses promesses[83].

La Commission du Gouvernement aux Français.

FRANÇAIS,

Dans les circonstances difficiles où les rênes de l'état nous ont été confiées, il n'était pas en notre pouvoir de maîtriser le cours des événemens et d'écarter tous les dangers; mais nous devions défendre les intérêts du peuple et de l'armée, également compromis dans la cause d'un prince abandonné par la fortune et la volonté nationale.

Nous devions *conserver* à la patrie les restes précieux de ces braves légions, dont le courage est supérieur aux revers, et qui ont été victimes d'un dévouement que la patrie réclame aujourd'hui.

Nous devions garantir la capitale des horreurs d'un siége ou des chances d'un combat; maintenir la tranquillité publique, au milieu du tumulte et des agitations de la guerre; *soutenir les espérances des amis de la liberté*, au milieu des craintes et des inquiétudes d'une prévoyance soupçonneuse. Nous devions surtout arrêter l'effusion inutile du sang, il fallait opter *entre une existence nationale assurée*, ou courir le risque d'exposer la patrie et les citoyens à un bouleversement général, qui ne laisserait après lui ni espérance ni avenir.

Aucuns des moyens de défense que le temps et nos ressources permettaient, rien de ce qu'exigeait le service des camps et de la cité, n'a été négligé.

Tandis qu'on terminait la pacification de l'Ouest, des plénipotentiaires se rendaient au-devant des puissances alliées, et toutes les pièces de cette négociation ont été mises sous les yeux de nos représentans.

Le sort de la capitale est réglé par une convention; ses habitans, dont la fermeté, le courage et la persévérance sont au-dessus de tout éloge, ses habitans en conserveront la garde. *Les déclarations des souverains de l'Europe doivent inspirer trop de confiance; leurs promesses ont été trop solennelles, pour craindre que nos libertés et que nos plus chers intérêts puissent être sacrifiés à la victoire.*

Nous recevrons enfin les garanties qui doivent prévenir les triomphes alternatifs et passagers des factions qui nous agitent depuis vingt-cinq ans, qui doivent terminer nos révolutions et *confondre sous une protection commune*, tous les partis qu'elle a fait naître, et tous ceux qu'elle a combattus.

Les garanties qui jusqu'ici n'ont existé que dans nos principes et dans notre courage, *nous les trouverons* dans nos lois, dans nos constitutions, dans notre système représentatif; car, quelles que soient les lumières, les vertus, les qualités personnelles d'un monarque, elles ne suffisent jamais pour mettre le peuple à l'abri de l'oppression de la puissance, des préjugés de l'orgueil, de l'injustice des cours, et de l'ambition des courtisans.

Français, la paix est nécessaire à votre commerce, à vos arts, à l'amélioration de vos moeurs, au développement des ressources qui vous restent: soyez unis, *et vous touchez au terme de vos maux.* Le repos de l'Europe est inséparable du vôtre. L'Europe est intéressée à votre tranquillité et à votre bonheur.

Donné à Paris, le 5 juillet 1816.

(Signé) Le président de la commission,

LE DUC D'OTRANTE.

Aux termes de la convention, la première colonne française devait commencer le 4 à se mettre en mouvement. Les soldats, encore irrités, déclarèrent qu'ils ne partiraient point, sans être payés de leur solde arriérée. Le trésor était vide, le crédit éteint, le gouvernement aux abois. Le prince d'Eckmuhl proposa d'enlever les fonds de la banque; la commission eut horreur de cet attentat. Une seule ressource, un seul espoir lui restait: c'était d'invoquer l'appui d'un banquier fameux alors par ses richesses, célèbre aujourd'hui par ses vertus civiques. M. Lafitte fut appelé; les chances de l'avenir ne l'épouvantèrent point; il n'écouta que l'intérêt de la patrie; et plusieurs millions répandus, par son secours, dans les rangs de l'armée, désarmèrent les mutins et appaisèrent les semences de la guerre civile.

L'armée se mit en marche: au milieu du désespoir où l'avait plongé la capitulation, elle avait souvent appelé Napoléon! La commission, craignant que l'Empereur, n'ayant plus de ménagement à garder, ne vînt se jeter en désespéré à la tête des patriotes et des soldats, envoya par un courrier au général Beker, «d'ordre de faire arriver sans délai Napoléon à Rochefort, *et d'employer, en conservant le respect qui lui était dû tous les moyens qui seraient nécessaires pour le faire embarquer,* attendu que son séjour en France compromettait la sûreté de l'état et nuisait aux négociations.»

La retraite de l'armée, l'occupation de Paris par les étrangers et la présence du roi à Arnouville dévoilèrent l'avenir; et les hommes que d'incurables illusions n'aveuglaient point, se préparèrent à retomber sous la domination des Bourbons.

Leurs partisans, leurs émissaires, leurs agens accrédités (M. de Vitrolles et autres) avaient assuré que le Roi, attribuant la révolution du 20 mars aux fautes de son ministère, fermerait les yeux sur tout ce qui s'était passé, et qu'une absolution générale serait le gage de son retour et de sa réconciliation avec les Français. Cette consolante assertion avait déjà vaincu bien des répugnances, lorsque parurent les proclamations de Cambray, des 25 et 28 juin[84]. Elles reconnaissaient effectivement que les ministres du Roi avaient fait des fautes; mais loin de promettre l'entier oubli de celles commises par ses sujets, l'une d'elle (ouvrage du duc de Feltre) annonçait au contraire, que le Roi, à qui ses puissans alliés avaient frayé le chemin de ses états en dissipant *les satellites du tyran*, se hâtait d'y rentrer pour mettre à exécution contre les coupables les lois existantes.

Bientôt on apprit, par les commissaires revenus du quartier général des alliés et par le rapport de MM. de Tromeling et Macirone, que Blucher et Wellington, abusant déjà de notre faiblesse, déclaraient hautement que l'autorité des chambres et de la commission était illégitime, et qu'elles n'avaient plus rien de mieux à faire que de donner leurs démissions et de proclamer Louis XVIII.

Tout le bien qu'avaient produit les cajoleries de M. Fouché et l'espoir d'une heureuse réconciliation, disparut. La consternation s'empara des âmes faibles, l'indignation des coeurs généreux. La commission, frustrée de l'espoir d'obtenir Napoléon II ou le duc d'Orléans, qui, selon l'expression du duc de Wellington, n'aurait été qu'un usurpateur de bonne famille, ne pouvait plus se dissimuler que l'intention des étrangers ne fût de replacer Louis XVIII sur le trône; mais elle avait pensé que son rétablissement serait l'objet d'une transaction entre la nation, les monarques alliés et Louis.

Quand elle connut le langage des généraux ennemis, elle prévit que l'indépendance des pouvoirs de l'état, stipulée par la convention, ne serait point respectée; et elle délibéra s'il ne lui convenait point de se retirer, avec les chambres et l'armée, derrière la Loire. Cette mesure, digne de la fermeté de M. Carnot qui l'avait proposée, fut vivement combattue par le duc d'Otrante. Il déclara que ce moyen perdrait la France; que la plupart des généraux ne voudraient point y souscrire, et qu'il serait lui-même le premier à refuser de quitter Paris; que c'était à Paris que tout devait se décider; et que le devoir de la commission était d'y rester, pour défendre et débattre, jusqu'à la dernière extrémité, les grands intérêts qui lui avaient été confiés.

La commission abandonna cette idée, non point par déférence pour les observations de M. Fouché (car il avait perdu sur elle tout son empire), mais parce qu'elle se convainquit, en y réfléchissant, que les choses étaient trop avancées, pour pouvoir espérer quelque bien de cette mesure désespérée. Elle aurait probablement rallumé la guerre étrangère et la guerre civile; et si l'on pouvait compter sur les soldats, il n'était plus permis de se reposer avec la même sécurité sur leurs chefs. Quelques uns, tels que le général Sénéchal, avaient été arrêtés aux avant-postes, au moment où ils voulaient passer aux Bourbons. D'autres s'étaient déclarés ouvertement en faveur de Louis. Le plus grand nombre paraissait inébranlable; mais cette diversité de sentimens avait amené des méfiances, des dissensions, et dans les guerres politiques, tout est perdu, quand il y a divergence d'opinion et de volonté. Il aurait fallu d'ailleurs, puisque la commission persistait à repousser Napoléon, placer à la tête de l'armée un autre chef dont le nom consacré par la gloire, pût servir de point d'appui et de ralliement: et sur qui le choix de la commission aurait-il pu tomber![85]—Le maréchal Ney, le premier, avait donné l'alarme et désespéré du salut de la patrie[86].—Le maréchal Soult avait abjuré son commandement.—Le maréchal Masséna, usé par la victoire, n'avait plus la force de corps qu'exigeaient les circonstances.—Le maréchal Macdonald, sourd au cri de guerre de ses anciens compagnons d'armes, avait laissé paisiblement son épée dans le fourreau.—Le maréchal Jourdan était sur le Rhin.—Le maréchal Mortier avait été saisi de la goutte à Beaumont.—Le maréchal Suchet avait montré dès l'origine de la répugnance et de l'irrésolution.—Enfin, les maréchaux Davoust et Grouchy ne possédaient plus la confiance de l'armée.

La commission (il en coûte à l'orgueil français de faire cet aveu) n'aurait donc su dans quelles mains remettre les destinées de la France; et le parti qu'elle prit d'attendre dans la capitale l'issue des événemens, fut, sinon le plus digne, du moins le plus prudent et le plus sage.

Les représentans du peuple, de leur côté, loin de se montrer dociles aux avis de Wellington et de Blucher, manifestèrent plus énergiquement que jamais, les principes et les sentimens dont ils étaient animés. Ils se groupèrent autour du drapeau tricolor; et quoique l'armée eût déposé les armes, ils voulurent combattre encore pour la défense de l'indépendance nationale et de la liberté.

Le jour même où la convention de Paris leur fut notifiée par le gouvernement, ils consignèrent, dans un nouveau bill des droits, les principes fondamentaux de la constitution qui, dans leur pensée, pouvait seule satisfaire le voeu public, et déclarèrent que le prince appelé à régner ne monterait sur le trône, qu'après avoir sanctionné ce bill, et prêté serment de l'observer et de le faire observer.

Instruits presqu'aussitôt par des rumeurs sinistres, qu'il ne leur serait bientôt plus permis de délibérer, ils résolurent, sur la proposition de M. Dupont (de l'Eure), de consacrer leur dernière volonté dans une espèce de testament politique conçu en ces termes:

Déclaration de la Chambre des représentans.

Les troupes des puissances alliées vont occuper la capitale.

> La chambre des représentans n'en continuera pas moins de
> siéger au milieu des habitans de Paris, où la volonté expresse
> du peuple a appelé ses mandataires.

Mais, dans ces graves circonstances, la chambre des représentans se doit à elle-même, elle doit à la France, à l'Europe, une déclaration de ses sentimens et de ses principes.

Elle déclare donc qu'elle fait un appel solennel à la fidélité et au patriotisme de la garde nationale parisienne, chargée du dépôt de la représentation nationale.

Elle déclare qu'elle se repose avec la plus haute confiance sur les principes de morale, d'honneur, sur la magnanimité des puissances alliées, et sur leur respect pour l'indépendance de la nation, si positivement exprimé dans leurs manifestes.

Elle déclare que le gouvernement de la France, quel qu'en puisse être le chef, doit réunir les voeux de la nation, légalement émis, et se co-ordonner avec les autres gouvernemens pour devenir un lien commun et la garantie de la paix entre la France et l'Europe.

Elle déclare qu'un monarque ne peut offrir de garanties réelles, s'il ne jure d'observer une constitution délibérée par la représentation nationale, et acceptée par le peuple. Ainsi, tout gouvernement qui n'aurait d'autre titre que des acclamations ou la volonté d'un parti, ou qui serait imposé par la force; tout gouvernement qui n'adopterait pas les *couleurs nationales*, et ne garantirait point la *liberté des citoyens*; l'*égalité des droits civils et politiques*; la *liberté de la presse*; la *liberté des cultes*; le *système représentatif*; le *libre consentement des levées d'hommes et d'impôts*; la *responsabilité des ministres*; l'*irrévocabilité des ventes des biens nationaux de toute origine*; l'*inviolabilité des propriétés*; l'*abolition de la dîme, de la noblesse ancienne et nouvelle, héréditaire, et de la féodalité*; l'*abolition de toute confiscation de biens*; l'*entier oubli des opinions et des votes* émis jusqu'à ce jour; l'*institution de la légion d'honneur*; les *récompenses dues aux officiers et aux soldats*; les *secours dus à leurs veuves et à leurs enfans*; l'*institution du jury*; l'*inamovibilité des juges*; le *paiement de la dette publique*; n'assurerait point la tranquillité de la France et de l'Europe.

Que si les bases énoncées dans cette déclaration pouvaient être méconnues ou violées, les représentans du peuple français, s'acquittant aujourd'hui d'un devoir sacré, protestent d'avance, à la face du monde entier, contre la violence et l'usurpation. Ils confient le maintien des dispositions qu'ils réclament à tous les bons Français, à tous les coeurs généreux, à tous les esprits éclairés, à tous les hommes jaloux de leur liberté; enfin, aux générations futures.

Cette protestation sublime fut considérée, par l'assemblée, comme un monument funèbre de patriotisme et de fidélité. Tous les membres se levèrent et l'adoptèrent spontanément aux cris mille fois répétés de *vive la nation; vive la liberté!* Il fut résolu qu'elle serait envoyée sur-le-champ à la chambre des pairs. «Il faut qu'on sache, dit M. Dupin, que la représentation nationale toute entière partage les nobles sentimens exprimés dans la déclaration. Il faut que tout ce qu'il y a d'honnêtes gens, d'hommes raisonnables, d'amis d'une sage liberté, sachent que leurs voeux ont trouvé ici des interprètes, et que la force elle-même ne pourra nous empêcher de les émettre.»

Au même moment, M. Bedoch annonça que nos plénipotentiaires étaient de retour, et que l'un d'eux (M. de Pontécoulant) avait affirmé que les puissances étrangères avaient montré des dispositions favorables, et particulièrement l'Empereur Alexandre; qu'il avait souvent entendu dire et répéter que l'intention des souverains alliés n'était point de gêner la France dans le choix de son gouvernement, et que l'empereur Alexandre serait dans quelques jours à Nancy[87].»

Le général Sébastiani confirma ces explications. La chambre, rappelée à l'espérance, ordonna sur-le-champ que sa déclaration serait portée par une députation aux monarques étrangers. «Ils entendront notre langage avec un noble intérêt, dit M. Dupont (de l'Eure): il est digne d'eux et de la grande nation que nous représentons.»

Ainsi, au moment même où cette chambre allait expirer, ses regards mourans se reportaient encore, avec une douce confiance, vers les Rois étrangers que l'inconstante fortune rendait l'arbitre des Français. Elle appelait surtout, de tous ses voeux, ce prince loyal et magnanime qui déjà avait préservé la France des malheurs de la conquête, et qui paraissait destiné à la préserver de maux plus déplorables encore. Son nom, prononcé avec respect, avec reconnaissance, sortait de toutes les bouches; il suffisait pour calmer les inquiétudes, appaiser les douleurs, ranimer les espérances; il semblait être le gage de la paix, de l'indépendance et du bonheur de la nation. Ô! Alexandre! cette haute estime, cette tendre confiance de tout un peuple qui n'était pas le tien, sera (n'en doute pas) placée par la postérité, au premier rang de tes titres de gloire.

La commission cependant dissuada les représentans de se rendre auprès des souverains: elle leur remontra que les étrangers refusaient de reconnaître le caractère légal des chambres, et que cette démarche les exposerait à des humiliations indignes de la majesté nationale. Les représentans désabusés n'insistèrent point; ils reprirent avec calme leurs travaux sur la constitution[88], et continuèrent, sous le fer despotique des Rois, à discuter stoïquement les droits imprescriptibles des peuples.

Le duc de Wellington, la convention signée, avait témoigné le désir de s'entendre avec le duc d'Otrante sur son exécution. La commission ne s'opposa point à leur entrevue. C'était un moyen positif de savoir définitivement à quoi s'en tenir sur les dispositions des alliés. Il fut convenu que le président de la commission reproduirait les argumens de la lettre du 1er juillet; qu'il tâcherait d'écarter les Bourbons et de faire tourner la vacance momentanée du trône à l'avantage de la nation et de la liberté.

Le duc d'Otrante, de retour, dit à la commission, que Wellington s'était prononcé formellement en faveur de Louis XVIII, et avait déclaré que ce souverain ferait son entrée à Paris le 8 juillet; que le général Pozzo di Borgo avait répété la même déclaration, au nom de l'Empereur de Russie, et lui avait communiqué une lettre du prince de Metternich et du comte de Nesselrode, exprimant la volonté de ne reconnaître que Louis XVIII, et de n'admettre aucune proposition contraire. Il ajouta que le duc de Wellington l'avait conduit chez le Roi; qu'il y avait été *pour son compte*, qu'il ne lui avait rien laissé ignorer sur la situation de la France, sur la disposition des esprits contre le retour de sa famille; que le Roi l'avait écouté avec attention et avec approbation; qu'il avait manifesté la volonté d'ajouter à la Charte de nouvelles garanties et d'éloigner toute idée de réaction; *que, quant aux expressions des proclamations, elles seraient moins des moyens de sévérité que des occasions de clémence.* Il ajouta enfin qu'il avait parlé de la cocarde tricolore, mais que toute explication avait été rejetée; que l'opposition lui avait paru moins venir du Roi que de ses entours et de M. de Talleyrand.

Depuis cette entrevue, M. le duc d'Otrante eut l'air de faire cause à part avec ses collègues, et ne parut plus qu'avec inexactitude à leurs fréquentes réunions.

Bientôt on apprit par les journaux, qu'il était nommé ministre de la police du Roi. Il l'avait tu à la commission. Cette faveur fut considérée comme le salaire de sa trahison. Les royalistes le félicitèrent; les patriotes l'accablèrent de malédictions.

Le parti du Roi qui jusqu'alors s'était tenu dans l'ombre, voulut réparer, par un coup d'éclat, sa longue et pusillanime inaction; il complota de désarmer, à la faveur de la nuit, les postes de la garde nationale, de s'emparer des Tuileries, de dissoudre la commission et les chambres, et de proclamer Louis XVIII.

Quelques précautions prises par le prince d'Essling avertirent les conjurés que leurs desseins étaient connus, et prudemment ils en déférèrent l'exécution aux baïonnettes étrangères. Leur attente ne fut point longue. Le 7 juillet, à cinq heures du soir, plusieurs bataillons prussiens, au mépris de la convention, cernèrent le palais où siégeait le gouvernement. Un officier d'état major remit à la commission la demande faite par le prince Blucher, d'une contribution de cent millions en argent et de cent millions en effets de troupes. La commission déclara avec fermeté que cette réquisition était contraire à la convention, et qu'elle ne consentirait jamais à se rendre complice de semblables exactions. Pendant ce débat, les Prussiens avaient forcé les portes des Tuileries et envahi les cours et les avenues du palais. La commission n'étant plus libre et ne voulant point devenir un instrument d'oppression, cessa ses fonctions.

Son premier besoin fut de constater, par une protestation authentique, *qu'elle n'avait cédé qu'à la force, et que les droits de la nation étaient restés intacts.* M. le duc d'Otrante, rédacteur docile des actes publics du gouvernement, prit la plume à cet effet; mais la commission redoutant, pour la tranquillité publique, les effets de cette protestation, crut devoir se borner à transmettre aux deux chambres le message que voici:

Monsieur le Président,

> Jusqu'ici nous avions dû croire que les intentions des souverains alliés n'étaient point unanimes sur le choix du prince qui doit régner en France: nos plénipotentiaires nous ont donné la même assurance, à leur retour. Cependant les ministres et les généraux des puissances alliées ont déclaré hier, dans les conférences qu'ils ont eues avec le président de la commission, que tous les souverains s'étaient engagés à replacer Louis XVIII sur le trône, et qu'il doit faire ce soir ou demain son entrée dans la capitale.
>
> Les troupes étrangères viennent d'occuper les Tuileries où siége le gouvernement. Dans cet état de choses, nous ne pouvons plus que faire des voeux pour la patrie; et nos délibérations n'étant plus libres, nous croyons devoir nous séparer.

Ce message, dernier témoignage de l'audacieuse duplicité du duc d'Otrante devenu ministre du Roi, contenait en outre ce qui suit: «On ajoutera de nouvelles garanties à la Charte; et nous n'avons point perdu l'espoir de conserver les couleurs si chères à la nation», mais ce paragraphe, dont je ne rapporte que la substance, fut ensuite supprimé.

La chambre des pairs qui avait accueilli froidement le bill des droits et la déclaration de la chambre des représentant, se sépara sans murmures[89].

La chambre des députés reçut son arrêt de mort avec un calme héroïque. Lorsque M. Manuel, rappelant les mémorables paroles de Mirabeau, s'écria: *«Nous sommes ici par la volonté du peuple, nous n'en sortirons que par la puissance des baïonnettes. Il est de notre devoir de donner à la patrie nos derniers momens; et s'il le faut, la dernière goutte de notre sang.»* Tous les membres de l'assemblée se levèrent en signe d'adhésion, et déclarèrent qu'ils resteraient inébranlablement à leur poste.

Mais ils ne devaient point accomplir cette glorieuse résolution. Le président (M. Lanjuinais) trahissant leur courage et méprisant leur volonté, leva la séance et se retira. «M. le président, lui dit le général Solignac, l'histoire est là, elle recueillera votre action.»

Le lendemain matin, ils trouvèrent les avenues de leur palais occupées par les étrangers, et les portes de l'assemblée fermées. M. de Cazes, à la tête de quelques volontaires royaux, en avait enlevé les clefs. Cette violence, contre laquelle ils protestèrent, fit enfin tomber leur bandeau; ils reconnurent la faute qu'ils avaient commise, en arrachant trop précipitamment du trône Napoléon, et en confiant aveuglément à d'autres mains les destinées de la patrie[90].

Ainsi finit, après un mois d'existence, cette assemblée que les Français avaient choisie pour affermir la dynastie impériale, pour assurer leur repos et leurs libertés, et qui, par entraînement, par imprévoyance, par un excès de zèle et de patriotisme, n'enfanta que des bouleversemens et des calamités.

La dissolution des chambres et du gouvernement mit fin à toute illusion.

Les couleurs tricolores qu'on avait conservées disparurent.

Les cris de *vive la nation! vive la liberté!* cessèrent.

M. Fouché fut annoncer à son nouveau maître que tout était consommé.

Et le 8 juillet, Louis XVIII triomphant reprit possession de sa capitale[91] et de son trône.

Au moment où ce prince rentrait aux Tuileries, Napoléon s'occupait à Rochefort des moyens de quitter la France. Sa présence excitait parmi le peuple, les marins et les soldats, un tel enthousiasme, que le rivage retentissait sans interruption des cris de *vive l'Empereur!* et que ces cris, répétés de bouche en bouche, durent apprendre aux hommes qui s'étaient flattés de maîtriser les volontés de Napoléon, combien il lui serait facile de secouer ses chaînes et de se jouer de leurs vaines précautions. Mais, fidèle à sa détermination, il résistait avec fermeté aux impulsions des circonstances et aux continuelles sollicitations de se mettre à la tête des patriotes et de l'armée. «Il est trop tard, répétait-il sans cesse; le mal est maintenant sans remède; il n'est plus en ma puissance de sauver la patrie. Une guerre civile serait aujourd'hui sans objet, sans utilité; à moi seul elle pourrait devenir avantageuse, en ce qu'elle me procurerait le moyen d'obtenir personnellement des conditions plus favorables; mais il me faudrait les acheter par la perte inévitable de ce que la France possède de plus généreux et de plus magnanime, et un tel résultat me fait horreur[92].»

Jusqu'à l'époque du 29 juin, jour du départ de l'Empereur de la Malmaison, on n'avait apperçu, dans les parages de Rochefort, aucun bâtiment anglais; et tout porte à croire que Napoléon, si les circonstances lui eussent permis de s'embarquer aussitôt son abdication, serait parvenu sans obstacles à gagner les États-Unis: mais quand il arriva sur le rivage de la mer, il trouva toutes les issues occupées par l'ennemi, et parut conserver peu d'espoir de lui échapper.

Le 8 juillet[93], il se rendit à bord de la frégate *la Saale*, préparée pour le recevoir. Sa suite fut embarquée sur *la Méduse*; et le lendemain 9, les deux bâtimens abordèrent à l'île d'Aix. Napoléon, toujours le même, fit mettre la garnison sous les armes, visita dans les plus grands détails les fortifications, et décerna l'éloge et le blâme, comme s'il eût encore été le souverain maître de l'état.

Le 10, le vent, contraire jusqu'alors, devint favorable; mais une flotte anglaise de onze vaisseaux croisait à la vue du port; et il ne fut point possible d'appareiller.

Le 11, l'Empereur, fatigué de cet état d'anxiété, envoya le comte de Lascases, devenu son secrétaire, sonder les dispositions de l'amiral Anglais, et s'informer s'il était autorisé à lui accorder la libre faculté de se rendre en Angleterre ou aux États-Unis.

L'amiral répondit qu'il n'avait aucun ordre; qu'il serait toujours prêt à recevoir Napoléon et à le conduire en Angleterre; mais qu'il n'était point en son pouvoir de lui garantir s'il y obtiendrait la permission de s'y fixer ou de se rendre en Amérique.

Napoléon, peu satisfait de cette réponse, fit acheter deux bâtimens demi-pontés, dans l'intention de gagner, à la faveur de la nuit, un snack Danois, avec lequel il s'était créé des intelligences.

Ce moyen ayant échoué, deux jeunes aspirans de la marine, pleins de courage et de dévouement, lui proposèrent de monter les deux barques, et lui jurèrent sur leur tête, qu'ils le conduiraient à New Yorck. Napoléon ne fut point effrayé par le péril d'une aussi longue navigation avec de si frêles embarquemens; mais il sut qu'on ne pourrait point éviter de s'arrêter sur les côtes d'Espagne et de Portugal, pour y prendre des vivres et de l'eau, et il ne voulut point exposer son équipage et lui-même à tomber entre les mains des Portugais et des Espagnols.

Informé qu'un navire américain se trouvait à l'embouchure de la Gironde, il fit partir à franc étrier, le général Lallemand, pour s'assurer de l'existence de ce bâtiment et des sentimens du capitaine. Le général revint en toute hâte lui annoncer que le capitaine serait heureux et glorieux de le soustraire aux persécutions de ses ennemis; mais Napoléon, cédant, dit-on, aux conseils de quelques personnes qui l'entouraient, abandonna l'idée de tenter le passage et se décida à se confier à la générosité anglaise.

Le 14, il fit prévenir l'amiral, qu'il se rendrait le lendemain à son bord.

Le 15 au matin, il s'embarqua avec sa suite, sur le brick l'*Épervier*, et fut reçu à bord du *Bellérophon* avec les honneurs dus à son rang et à son infortune. Le général Beker qui avait ordre de ne point le quitter, le suivit. Au moment d'aborder, l'Empereur lui dit: «Retirez-vous, général; je ne veux pas qu'on puisse croire qu'un Français est venu me livrer à mes ennemis!»

Le 16, le *Bellérophon* mit à la voile pour l'Angleterre.

L'Empereur avait préparé une lettre au prince Régent, que le général Gourgaud fut chargé de lui porter immédiatement. La voici:

Rochefort, le 13 juillet 1815.

Altesse Royale,

> En butte aux factions qui divisent mon pays et à l'inimitié des plus grandes puissances de l'Europe, j'ai terminé ma carrière politique; et je viens, comme Thémistocle, m'asseoir aux foyers du peuple Britannique. Je me mets sous la protection de ses lois que je réclame de Votre Altesse Royale, comme le plus puissant, le plus constant et le plus généreux de mes ennemis.

Le général Gourgaud eut l'ordre de faire connaître au prince, s'il daignait l'admettre en sa présence, ou à ses ministres, que l'intention de Napoléon était de se retirer dans une province quelconque d'Angleterre, et d'y vivre ignoré et paisible, sous le nom du colonel Duroc.

L'Empereur ne manifesta, dans la traversée, aucune appréhension, aucune inquiétude. Il se reposait avec sécurité sur le noble caractère du peuple anglais.

Arrivé à Plymouth, on ne lui permit point de mettre pied à terre; et bientôt on lui apprit que les puissances alliées avaient décidé qu'il serait considéré comme prisonnier de guerre et renfermé à Sainte-Hélène.

Il protesta solennellement entre les mains de l'amiral Anglais, et à la face du ciel et des hommes, contre la violation de ses droits les plus sacrés, contre la violence exercée envers sa personne et sa liberté.

Cette protestation ayant été vaine, il se soumit avec une résignation calme et majestueuse à l'arrêt de ses ennemis. Il fut transporté à bord du *Northumberland*, qui fit voile immédiatement pour Sainte-Hélène.

En passant à la hauteur du Cap de La Hague, il reconnut les côtes de la France; il les salua aussitôt; et, étendant ses mains vers le rivage, il s'écria, d'une voix profondément émue: «Adieu, terre des braves! adieu, chère France! quelques traîtres de moins, et tu serais encore la grande nation et la maîtresse du monde.»

Le 17 octobre, on lui fit appercevoir les rochers arides qui allaient devenir les murs de sa prison. Il les contempla sans plaintes, sans agitation, sans effroi.

Le 18, il mit pied à terre; et après avoir protesté derechef contre l'attentat commis sur sa personne, il se rendit d'un pas ferme et assuré au lieu de sa captivité.

Ainsi s'est terminée la vie politique de Napoléon.

On s'est étonné qu'il ait voulu se survivre à lui-même. Il aurait pu se tuer; rien n'est plus facile à l'homme. Mais une fin semblable était-elle digne de lui? Un roi, un grand roi ne doit point mourir de la mort désespérée d'un conspirateur, d'un chef de parti. Il faut, pour me servir des propres expressions de l'illustre captif de Sainte-Hélène, il faut qu'il soit au-dessus des plus rudes atteintes de l'adversité.

Non! il était digne du grand Napoléon, d'opposer l'inflexibilité de son âme à l'inconstance de la fortune; et tel que ce Romain, à qui l'on reprochait de ne s'être point donné la mort après une grande catastrophe, il pourra répondre aussi: «J'AI PLUS FAIT, J'AI VÉCU!»

SORT DES PERSONNES QUI FIGURENT DANS CES MÉMOIRES.

GOUVERNEMENT ROYAL.

MINISTRES.

Le prince de Talleyrand, disgracié, pair de France.
M. Dambray, disgracié, pair de France.
M. l'abbé de Montesquiou, disgracié, pair de France.
Le général Dupont, disgracié, pair de France.
Le maréchal Soult, disgracié, proscrit.
Le duc de Feltre, disgracié, mort.
M. le comte de Blacas, disgracié, pair de France.

MINISTRES D'ÉTAT.

M. le comte Ferrand, disgracié, pair de France.
M. le Vicomte de Chateaubriand, disgracié, pair de France.
M. baron de Vitrolles, disgracié.

MARÉCHAUX.

Le maréchal Marmont, major général de la garde royale.
Le maréchal Macdonald, major général de la garde royale.
Le maréchal Victor, major général de la garde royale.
Le maréchal Gouvion St.-Cyr, ministre de la guerre.

GOUVERNEMENT IMPÉRIAL.

MINISTRES.

Le prince Cambacérès, banni, rentré.
Le prince d'Eckmuhl, pair de France.
Le duc de Vicence, retiré des affaires.
Le duc de Decrès, retiré des affaires.
Le duc d'Otrante, banni.
Le duc de Gaëte, pair de France (lettre close.)
Le comte Mollien, pair de France.
M. Carnot, proscrit.
M. le duc de Bassano, proscrit.

MINISTRES D'ÉTAT.

M. le comte Defermont, proscrit, rappelé.

M. le comte Regnault de St. Jean d'Angely, proscrit rappelé, tué par l'exil.

M. le comte Boulay (de la Meurthe), proscrit.

M le comte Merlin (de Douay), proscrit.

M. le comte Andréossy, pair de France.

MARÉCHAUX.

Le maréchal Ney, fusillé;

Le maréchal Brune, massacré.

Le prince d'Eckmuhl, pair de France.

Le prince Masséna, disgracié, mort.

Le maréchal Mortier, pair de France.

Le maréchal Jourdan, pair de France.

Le maréchal Soult, proscrit, rappelé.

Le maréchal Lefèvre, pair de France.

Le maréchal Suchet, pair de France.

Le maréchal Grouchy, proscrit.

Le duc de Rovigo, condamné à mort, contumace.

Le comte Bertrand, condamné à mort, contumace.

Le général Drouot, jugé, acquitté, retiré du service.

Le général Cambronne, jugé, acquitté, retiré du service.

GRENOBLE.

Le général Marchand, jugé, acquitté.

Le général Debelle, condamné à mort, pardonné.

Le colonel Labédoyère, fusillé.

LYON.

Le général Brayer, condamné à mort, contumace.

Le général Mouton-Duvernet, fusillé.

Le général Girard, tué à Ligny.

COMPLOT DE COMPIÈGNE ET LAFÈRE.

(Tom. I, pag. 186.)

Le général d'Erlon, condamné à mort, contumace.

Le général Lefèvre-Desnouettes, condamné à mort, contumace.

Les généraux Lallemand (frères), condamnés à mort, contumaces.

BORDEAUX.

Le général Clausel, condamné à mort, contumace.
Les généraux Faucher (frères), fusillés.

VALENCE (Drôme).

Le maréchal Grouchy, proscrit.
Le général Chartran, fusillé.

VENDÉE.

Le général Travot, condamné à mort, détenu à perpétuité.
Le général Lamarque, proscrit, rappelé.

ARMÉES. CHEFS DE CORPS.

Le général Decaen, jugé, acquitté.
Le général Rapp, pair de France.
Le général Reille, pair de France.
Le général de Lobau, proscrit, rappelé.
Le général d'Erlon, condamné à mort, contumace.
Le général Girard, retiré du service.
Le général Vandamme, proscrit.
Le général Excelmans, proscrit, rappelé.
Le général Pajol, retiré du service.
Le général Foi, retiré du service.
Le général Freyssinet, proscrit.
Le général de Bourmont, commandant de la cavalerie de la garde.

MEMBRES DE LA CHAMBRE DES REPRÉSENTANS.

M. Lanjuinais, président, pair de France.
M. Dupont (de l'Eure), destitué de ses fonctions de président de la cour
de Rouen, Député actuel. Chef de l'opposition.
M. Durbach, proscrit, rappelé.
MM. Defermont, Boulay, Regnault, proscrits.
M. Lafayette, député actuel, opposition.
M. Manuel, député actuel, opposition.
M. Roi, ministre d'état, député.
M. Dupin, avocat, devenu célèbre par son talent et son patriotisme.

COMMISSAIRES NÉGOCIATEURS.

Le général Sébastiani, en activité.

Le comte de Pontécoulant, pair de France.

Le comte Delaforest, pair de France.

Le comte Andréossy, pair de France.

Le comte Boissy-d'Anglas, pair de France.

Le comte de Valence, exclus de la chambre des pairs.

M. de la Besnardière, retiré des affaires.

M. Lafayette, député, opposition.

M D'Argenson, député, opposition.

M. Flaugergues, sans fonctions, opinion neutre.

M. Benjamin Constant, écrivain politique et député.

M. De Lavalette, condamné à mort, arraché à l'échafaud par la piété conjugale et l'héroïsme de trois Anglais, MM.
Robert Wilson, Bruce et Hutchinson.

M. le général Grenier, député, opposition.

M. le Baron Quinette, banni, rappelé.

M. Thibaudeau, proscrit.

Le général Beker, pair de France.

Le général Flahaut, naturalisé anglais.

M. de Tromeling, maréchal de camp en activité.

L'auteur des mémoires, indépendant.

Fin du deuxième et dernier Volume.

NOTES

[1: Fragment d'une lettre de M. Fouché à l'Empereur, le 21 mars.]

[2: Jeu d'enfant qui consiste à changer continuellement de place et à tâcher de prendre celle de son voisin.]

[3: On m'a assuré depuis, que M. Réal l'avait fait prévenir par Madame Lacuée, sa fille, que l'Empereur savait tout.]

[4: La plupart des députés n'étaient point encore nommés; mais il m'était bien permis d'anticiper sur les événemens.]

[5: Lorsque le duc d'Otrante devint ministre du Roi, et fut chargé de dresser les listes de proscription, je voulus savoir à quoi m'en tenir sur les effets de son ressentiment et je lui écrivis pour sonder ses dispositions. Il me fit appeler, m'accueillit avec beaucoup de bonté, et m'assura de sa protection et de son amitié: «Vous faisiez votre devoir, me dit-il, et je faisais aussi le mien. J'avais prévu que Bonaparte ne pourrait point se soutenir. C'était un grand homme, mais il était devenu fou. J'ai dû faire ce que j'ai fait, et préférer le bien de la France à toute autre considération.»

Le duc d'Otrante se conduisit avec la même générosité vis-à-vis de la plupart des personnes dont il avait eu à se plaindre; et s'il fut forcé d'en comprendre quelques-unes au nombre des proscrits, il eut du moins le mérite de leur faciliter par des avis, par des passeports, souvent par des prêts d'argent, les moyens d'échapper à la mort ou aux fers qui leur étaient réservés.]

[6: Ce préambule, qui tua l'acte additionnel, est, je crois, l'ouvrage de M. Benjamin Constant.]

[7: Ce tableau et celui dont il est question art. 33, n'étant d'aucune importance, n'ont point été joints ici.]

[8: Malgré la charte et les lois rendues chaque jour, on est encore obligé de revenir journellement aux règles établies par l'ancienne législation du sénat.]

[9: Paroles bien connues des Cortès d'Aragon aux rois d'Espagne lors de leur couronnement.]

[10: L'Empereur avait ordonné de brûler cette proclamation; mais je la trouvai si belle, que je crus devoir la conserver. Au moment du départ de Napoléon pour l'armée, je n'étais point à Paris; un premier commis du cabinet, M. Rathery, l'ayant trouvée dans mes cartons, eut le courage de la jeter au feu.]

[11: Je parle en général; je sais qu'il est des départemens où les colléges électoraux, par des causes différentes, ne furent composés que d'un petit nombre d'individus.]

[12: Voici sur le jeune Napoléon une anecdote que je n'ai lue nulle part. Lorsqu'il vint au monde, on le crut mort: il était sans chaleur, sans mouvemens, sans respiration. M. Dubois (accoucheur de l'Impératrice) faisait des efforts multipliés pour le rappeler à la vie, lorsque partirent successivement les 100 coups de canon destinés à célébrer sa naissance; la commotion et l'ébranlement qu'ils occasionnèrent, agirent si fortement sur les organes du royal enfant, qu'il reprit ses sens.]

[13: L'Empereur Alexandre, lors de l'événement de Fontainebleau, avait garanti au duc de Vicence, pour Napoléon, la possession de l'île d'Elbe. M. de Talleyrand et les ministres étrangers lui remontrèrent vivement les dangers de laisser l'Empereur sur un point aussi rapproché de la France et de l'Italie, et le conjurèrent de ne point s'opposer à ce qu'on le forçât de choisir une autre retraite. Alexandre, fidèle à ses engagemens ne voulut point y consentir. Lorsque l'Empereur reparut, Alexandre se fit un point d'honneur de réparer la noble faute qu'il avait commise, et devint plutôt par devoir que par animosité, l'ennemi le plus acharné de Napoléon et de la France.]

[14: Il avait, en Allemagne et en Angleterre, des agens qui l'instruisaient avec une exactitude parfaite de tout ce qui s'y passait; il est vrai que ces agens lui faisaient acheter chèrement leurs services. Il avait notamment à Londres deux personnes qui lui coûtaient 2000 guinées par mois. «Si mes Allemands, dit-il à ce sujet, étaient aussi chers, il faudrait y renoncer.»]

[15: Foyer ordinaire de la rébellion.]

[16: Les secours si pompeusement annoncés par les émissaires royalistes se réduisirent à 2,400 fusils et à quelques barils de poudre. Les chefs de l'insurrection, trompés dans leur attente, reprochèrent amèrement à M. de la Roche-Jaquelin de les avoir abusés et compromis par de fausses promesses.]

[17: L'Empereur avait destiné ce commandement en chef au duc de Rovigo, ou au général Corbineau; mais il prévit qu'on serait peut-être obligé d'en venir à des mesures de rigueur; et il ne voulut point qu'elles fussent dirigées par un officier attaché à sa personne.]

[18: L'Empereur considéra cette mesure rigoureuse comme une juste représaille des moyens employés par les chefs Vendéens pour recruter leur armée. Voici ces moyens.

Lorsque les familles qui règnent dans la Vendée, ont résolu la guerre, elles envoient l'ordre à leurs agens de parcourir les campagnes pour prêcher la révolte et pour indiquer à chaque paroisse le nombre d'hommes qu'elle doit fournir. Les chefs d'insurrection de chaque paroisse désignent alors les paysans qui doivent partir, et leur enjoignent de se rendre tel jour, à telle heure, au lieu fixé pour le rassemblement. S'ils y manquent, on les envoie chercher par des bandes armées, composées ordinairement des hommes les plus redoutés dans le pays; s'ils résistent, on les menace de les fusiller ou d'incendier leurs maisons; et comme cette menace n'est jamais vaine, les malheureux paysans obéissent et partent.

On a prétendu que l'Empereur avait donné l'ordre de mettre à prix la tête des chefs des insurgés; les instructions données au ministre de la guerre ont été transcrites par moi, et je ne me rappelle nullement qu'il y fût question d'un ordre semblable.]

[19: 14,000,000 francs avaient été affectés à la reconstruction des maisons incendiées.]

[20: Elles annonçaient et promettaient aux Napolitains le rétablissement sur le trône de Ferdinand leur ancien roi.]

[21: Les départemens du Centre et de l'Est se distinguèrent particulièrement. Un grand nombre de leurs habitans donnèrent des sommes considérables, et firent équiper, à leurs frais, des compagnies, des bataillons, des régimens entiers de partisans ou de gardes nationaux.

À Paris, un seul citoyen, M. Delorme, propriétaire du beau passage du même nom, offrit à la patrie cent mille francs.

Un autre fit remettre à l'Empereur, le jour de la revue de la garde nationale, un rouleau de papier attaché avec un ruban de la légion d'honneur. On l'ouvrit; il renfermait vingt-cinq mille francs, en billets de banque, avec ces mots: *à Napoléon, à la patrie*. L'Empereur voulut connaître l'auteur de cette mystérieuse et délicate offrande; et il parvint à savoir qu'elle était due à M. Gevaudan, dont plusieurs actions semblables lui avaient déjà révélé les nobles sentimens et le patriotisme.]

[22:

Votes. Affirmatifs....... 1,288,357
    Négatifs.......... 4,207

Armées. Affirmatifs....... 222,000
    Négatifs.......... 320

Marine. Affirmatifs....... 22,000
    Négatifs.......... 275

31 départemens n'envoyèrent point à tems leurs registres. Un grand nombre de soldats, ne sachant pas signer, ne votèrent point; et les registres de 14 régimens ne parvinrent qu'après le recensement des votes.]

[23: Montesquieu. Grandeur et Décadence des Romains.]

[24: Jour de l'apparition de l'Acte du Congrès.]

[25: À l'époque de la discussion de l'acte additionnel, M. de Bassano, causant avec l'Empereur, de la chambre des députés, lui dit, que le mutisme du corps législatif était une des choses qui avait le plus contribué à décréditer le gouvernement impérial: «Mon corps législatif muet lui répondit, en riant, Napoléon, «n'a jamais été bien senti. C'était un grand jury législatif. Si l'on trouve bon que douze jurés prononcent par oui, ou par non, sur la vie et l'honneur de leurs concitoyens, pourquoi trouver étrange ou tyrannique que 500 jurés, choisis parmi l'élite de la nation, prononcent de la même manière sur nos simples intérêts sociaux?»]

[26: Il avait épousé une demoiselle Beauharnais, si célèbre depuis par son généreux dévouement.]

[27: Ce fut le duc de Vicence qui, le premier, conçut l'idée de conférer la pairie à de grands propriétaires et à des négocians renommés. Il n'était point d'avis que la pairie devînt héréditaire, et que le choix des pairs fût exclusivement laissé à la couronne. Il aurait désiré que les grands propriétaires, les manufacturiers, les négocians du premier ordre, les hommes de lettres, les publicistes, les jurisconsultes qui se seraient fait un grand nom, fussent admis à proposer une liste de candidats, parmi lesquels l'Empereur aurait été libre de choisir un certain nombre de pairs.]

[28: Lucien Bonaparte n'avait point été reconnu prince de la famille impériale par les anciens statuts. Il pouvait en conséquence être considéré comme ne faisant pas partie de droit de la chambre des pairs.]

[29: Cette opinion n'empêchait point l'Empereur de rendre justice au courage et au patriotisme que M. Lanjuinais avait montrés dans des circonstances difficiles.]

[30: Avocat célèbre, défenseur du maréchal Ney et des trois généreux libérateurs de M. de Lavalette, Wilson, Bruce, et Hutchinson.]

[31: Depuis ministre des finances du Roi.]

[32: MM. Dupin et Roi qui lui paraissaient les chefs du parti de l'insurrection.]

[33: Elle fut attaquée et prise, le 30 Avril, près l'île d'Ischia.]

[34: Félix Lepelletier.]

[35: Le duc d'Otrante excellait dans l'art de contourner les faits à sa guise. Il les aggravait, ou les atténuait, avec tant de talent, les groupait avec tant d'adresse, en déduisait les conséquences avec tant de naturel, qu'il parvenait souvent à fasciner Napoléon. Pour le tromper et le séduire plus sûrement, il l'accablait, dans ses rapports, de protestations d'attachement, de fidélité; et il avait soin de se ménager l'occasion d'y ajouter des apostilles de sa main, dans lesquelles il faisait valoir et briller adroitement son dévouement, son discernement et son activité. Généralement tous ses rapports étaient marqués au même coin: beaucoup d'astuce, beaucoup de talent; ils offraient à l'oeil le rare et précieux assemblage de l'esprit et de la raison, de la modération et de la fermeté; on y reconnaissait à chaque mot l'administrateur habile, le profond politique, l'homme d'état consommé; en un mot, rien n'aurait manqué à M. Fouché, pour être placé au rang des grands ministres, s'il eût été ce que j'appelerai un ministre honnête homme.]

[36: Le 5e corps devint l'*armée du Rhin*, et le 6e qui d'abord n'était qu'un corps de réserve, prit sa place sans changer de numéro.]

[37: L'ascendant qu'il exerçait sur l'esprit et le courage des soldats était vraiment incompréhensible. Un mot, un geste suffisait pour les enthousiasmer et leur faire affronter avec une aveugle joie les plus effroyables dangers. Ordonnait-il mal à propos de se porter sur tel point, d'attaquer tel autre: l'inconséquence ou la témérité de cette manoeuvre frappait d'abord le bon sens des soldats; mais ils pensaient ensuite que leur général n'aurait point donné un pareil ordre sans motif et ne les aurait point exposés impunément. «Il sait bien ce qu'il fait, disaient ils;» et ils s'élançaient à la mort aux cris de *Vive l'Empereur!*]

[38: Ces agens soudoyés par le Roi, allaient et revenaient de Gand à Paris et de Paris à Gand. M. le duc d'Otrante qui sans doute avait de bonnes raisons pour les connaître, offrit à l'Empereur de lui procurer des nouvelles de ce qui se passait au-delà des frontières; et ce fut par eux que l'Empereur connut en grande partie la position des armées ennemies. Ainsi M. le duc d'Otrante, si l'on en croit les apparences, livrait d'une main à l'ennemi le secret de la France, et livrait de l'autre à Napoléon le secret des étrangers et des Bourbons.]

[39: L'Empereur, avant de quitter Paris, avait conçu le projet de rendre les plaines de Fleurus témoins de nouveaux combats. Il avait fait appeler le maréchal Jourdan, et en avait tiré une foule de renseignemens stratégiques très-importans.]

[40: Le duc de Trévise, à qui Napoléon avait confié le commandement de la jeune garde, fut atteint, à Beaumont, d'une sciatique qui le força de se mettre au lit.]

[41: GAUCHE,

Sous le maréchal Ney.

1er Corps.

Infanterie. 16,500
Cavalerie. 1,500

2e Corps.

Infanterie. 21,000
Cavalerie. 1,500
Cavalerie Desnouettes. 2,100

Cuirassiers Kellerman. 2,600

——————

45,200

Artillerie à cheval et à pied. 2,400

Et 116 bouches à feu.

DROITE,

Sous le maréchal Grouchy.

3e Corps.

Infanterie. 13,000
Cavalerie. 1,500

4e Corps.

Infanterie. 12,000 Cavalerie. 1,500 Cavalerie Pajol. 2,500 Cavalerie Excelmans. 2,600 Cuirassiers Milhaud. 2,500 —————— 35,600

Artillerie à pied et à cheval. 2,250

Et 112 bouches à feu.

CENTRE ET RÉSERVE,

Sous l'Empereur.

6e Corps.

Infanterie. 11,000
Vieille garde. 5,000
Moyenne garde. 5,000
Jeune garde. 4,000
Grenadiers à cheval. 1,200
Dragons. 1,200

——————

27,400

Artillerie à pied et à cheval. 2,700

Et 134 bouches à feu.

Récapitulation.

Infanterie. 87,500
Cavalerie. 20,800
Artillerie à pied et à cheval. 7,350
Génie. 2,200

Total 117,850 hommes.

Bouches à feu, 362.

]

[42: Le général Blucher n'avait point eu le tems de rappeler la totalité de ses forces.]

[43: Cette conjecture était fondée; mais Blucher qui avait échappé à Grouchy, s'était mis en communication par Ohaim avec Wellington, et lui promit de faire une diversion sur notre droite. Wellington qui avait préparé sa retraite, resta.]

[44: J'ai entendu dire que l'officier, porteur de cet ordre, au lieu de suivre la route directe, avait cru devoir faire un immense détour pour éviter l'ennemi.]

[45:

2e Corps.

Infanterie 16,500)) 18,000 Cavalerie 1,500)

1er Corps.

Infanterie 12,500)) 13,700 Cavalerie 1,200)

6e Corps.

Infanterie. 7,000 7,000 (*4000 avaient été réunis à Grouchy*)

Division Domont et Suberwick. 2,500
Cuirassiers. 4,800

Garde à pied. 12,500)
Cavalerie légère. 2,100) 16,600
Grenadiers et dragons. 2,000)

Artillerie. 4,500

67,100

Division Girard. 3,000

]

[46: Ce corps s'était rallié à l'armée Prussienne depuis la bataille de Ligny.]

[47: L'ennemi, lui-même, avoue qu'il crut en ce moment la bataille perdue. «Le désordre, dit Blucher, se mettait dans les rangs Anglais; la perte avait été considérable; les réserves avaient été avancées en ligne; la position du duc était des plus critiques; le feu de mousqueterie continuait le long du front; l'artillerie avait été retirée en seconde ligne.»

J'ajouterai qu'un désordre bien plus grand encore régnait sur les derrières de l'armée Anglaise; les issues de la forêt de Soignes étaient encombrées de caissons, d'artillerie, de bagages abandonnes par leurs guides; et de nombreuses troupes de fuyards, avaient été répandre la confusion et l'effroi à Bruxelles et sur les routes voisines.

Si nos succès n'eussent point été interrompus par la marche de Bulow, ou si le maréchal Grouchy (comme l'Empereur devait l'espérer) eût suivi les traces des Prussiens, jamais victoire plus glorieuse n'aurait été remportée par les Français. Il ne serait point échappé un seul homme de l'armée du duc de Wellington.]

[48: On a su depuis que c'était le général Ziethen qui, lors de son arrivée en ligne, avait pris les troupes commandées par le prince de Saxe-Veimar pour des Français, et les avait forcées, après une fusillade très-vive, d'abandonner un petit village qu'elles étaient chargées de défendre.]

[49: Ils avaient à leur tête les généraux Petit et Palet de Morvan.]

[50:

Hommes. La perte générale de l'armée du duc de Wellington, en tués ou blessés, fut d'environ 25,000

Et celle du prince Blucher, de 35,000 ———— 60,000

Celle des Français peut-être évaluée, savoir

Le 15 et le 16, tués ou blessés, à 11,000 Le 18, tués ou blessés, à 18,000 Prisonniers 8,000 ———— 37,000

La perte des Français eût été plus considérable sans la généreuse sollicitude que leur témoignèrent les habitans de la Belgique. Après la victoire de Fleurus et de Ligny, ils accoururent sur le champ de bataille, consoler les blessés et leur prodiguer des secours. Rien n'était plus touchant que le tableau d'une foule de femmes et de jeunes filles, cherchant à ranimer, par des liqueurs bienfaisantes, la vie éteinte de nos malheureux soldats, tandis que leurs époux et leurs frères soutenaient nos blessés dans leurs bras, épanchaient leur sang, et fermaient leurs blessures.

La précipitation de notre marche ne nous avait pas permis de faire préparer des transports et des ambulances pour recevoir nos blessés. Les sensibles et bons habitans de la Belgique y pourvurent avec empressement. Ils enlevèrent nos pauvres Français du champ de bataille, et leur offrirent un asile et tous les soins qui leur étaient nécessaires.

Lors de notre retraite, ils nous prodiguèrent des témoignages d'intérêt non moins attendrissans et non moins précieux. Bravant la colère des féroces Prussiens, ils quittèrent leurs foyers pour nous enseigner les issues propices à notre fuite, pour diriger notre marche à travers les colonnes ennemies; quand ils se séparaient de nous, ils nous suivaient encore des yeux, et nous exprimaient au loin combien ils étaient heureux d'avoir pu nous sauver.

Lorsqu'ils surent qu'un grand nombre de Français étaient restés prisonniers du vainqueur, ils s'empressèrent de leur offrir et de leur prodiguer des consolations et des secours.

Le prince d'Orange lui-même, aussi redoutable au fort des combats que magnanime après la victoire, devint le protecteur zélé d'une foule de braves qui, ayant appris sur le champ de bataille à l'estimer, avaient invoqué noblement son appui.

Enfin, pour acquitter complétement la dette de la reconnaissance, à l'époque de douloureuse mémoire où les persécutions, l'exil, la mort, forcèrent tant de Français de fuir le sol de la patrie, les habitans de la Belgique, toujours sensibles, toujours bienfaisans, ouvrirent leurs portes hospitalières à nos infortunés proscrits; et plus d'un brave, déjà préservé par eux de la vengeance de l'étranger, fut une seconde fois soustrait par leurs mains généreuses à la fureur d'ennemis plus implacables encore.]

[51: Je dis 50,000 hommes, car plus de 10,000 hommes de la garde ne prirent point de part à l'action.]

[52: Ce trait m'a été raconté; mais en voici un dont j'ai été témoin. Un cuirassier, au fort de la bataille, avait eu les bras hachés à coups de sabre; «je vais me faire panser, dit-il, en écumant de rage, si je ne puis me servir de mes bras, je me servirai de mes dents… je les mangerai!»]

[53: Parmi ces lettres imprimées, il s'en trouve une de moi écrite de Bâle à l'Empereur au sujet de M. Werner.]

[54: M. de Flahaut voyait juste, car il paraît certain que le maréchal Grouchy avait eu des pourparlers avec les alliés, et qu'un arrangement, à la manière du duc de Raguse, allait être signé, lorsque le général Excelmans fit arrêter le colonel Prussien envoyé au maréchal pour conclure le traité déjà convenu.]

[55: Cet avis était faux.]

[56: On voit combien est injuste le reproche fait à Napoléon d'avoir, dans ce bulletin, trahi la vérité et calomnié l'armée.]

[57: Nom donné à la partie des pays qui avoisinent les côtes.]

[58: Cette affaire et la mort de La Roche-Jaquelin eurent lieu le 11 juin, et ne furent connues à Paris que le 19.]

[59: Cette résolution fut envoyée également à la chambre des pairs, mais la chambre, reconnaissant qu'elle n'avait pas le droit de mander les ministres, se borna, *vu les circonstances*, à donner son approbation aux trois premiers articles.]

[60: Le duc d'Otrante en effet écrivit à M. Manuel.]

[61: Cette réponse fut tronquée par le président; la voici dans toute son intégrité.]

[62: On ne lui avait point donné, dans cette délibération, le titre d'Empereur. On s'était borné à le nommer Napoléon Bonaparte.]

[63: La chambre des pairs se trouvait par conséquent anéantie et exclue de toute participation au gouvernement.]

[64: Conformément aux ordres qui lui avaient été donnés, le maréchal Grouchy s'était borné, dans la journée du 17, à observer les Prussiens; mais il ne l'avait point fait avec l'ardeur et la sagacité qu'on avait lieu d'attendre d'un général de cavalerie aussi consommé. La timidité avec laquelle il les poursuivit, leur inspira sans doute l'idée de se porter impunément sur les derrières de l'Empereur.

Le 18, à neuf heures du matin seulement, il quitta ses cantonnemens pour marcher sur Wavres; parvenu à la hauteur de Valhain, il entendit la canonnade de Mont-Saint-Jean; sa vivacité, toujours croissante, ne permettait pas de douter que l'affaire ne fût excessivement sérieuse. Le général Excelmans proposa de marcher au canon par la rive gauche de la Dyle. «Ne sentez-vous donc point, dit-il au maréchal, que le canon fait trembler la terre sous vos pas? marchons droit au lieu où l'on se bat!» Ce conseil, qui aurait sauvé l'armée, s'il eût été suivi, ne le fut pas. Le maréchal continua lentement ses mouvemens: à deux heures, il arriva devant Wavres. Les corps des généraux Vandamme et Gérard cherchèrent à s'ouvrir un passage, et perdirent inutilement du monde et du tems. À sept heures du soir, il reçut, suivant sa déclaration, l'ordre du major-général de marcher sur Saint-Lambert et d'attaquer Bulow; ce qu'aurait dû lui suggérer plus tôt l'épouvantable canonnade de Waterloo et l'ordre *donné par la première dépêche reçue le matin*, de se rapprocher de la grande armée, et de se mettre avec elle en rapport d'opération. Il le fit alors. Il fut passer la Dyle au pont de Limale, et s'empara des hauteurs sans éprouver de résistance; mais la nuit étant survenue, il s'arrêta.

À trois heures du matin, le général Thielman voulut essayer de faire repasser la Dyle à nos troupes; il fut repoussé victorieusement. La division Teste, la cavalerie du général Pajol, le forcèrent d'évacuer Bielge et Wavres. Le corps de Vandamme tout entier passa la Dyle, enleva Rosieren et s'établit en maître sur la route de Wavres à Bruxelles.

Le maréchal Grouchy, quoique l'Empereur lui eût recommandé d'entretenir les communications et de lui donner fréquemment de ses nouvelles, ne s'était nullement inquiété de ce qui s'était passé à Mont-Saint-Jean, et il se disposait à continuer aveuglément ses mouvemens, lorsqu'un aide-de-camp du général Gressot vint annoncer (il était midi) les désastres de la veille. Le maréchal sentit alors, mais trop tard, l'horrible faute qu'il avait commise, en restant nonchalamment sur la rive droite de la Dyle. Il opéra sa retraite, sur deux colonnes, par Temploux et Namur.

Le 20 au matin, son arrière-garde fut assaillie et entamée, la division Teste, la cavalerie d'Excelmans, rétablirent l'ordre. Le 20e de dragons et son digne colonel le jeune Briqueville reprirent à l'ennemi deux pièces qu'ils nous avaient enlevées; le général Clary et ses hussards sabrèrent sa cavalerie. L'armée gagna tranquillement Namur. L'infatigable division du général Teste fut chargée de défendre cette ville, et elle s'y maintint glorieusement jusqu'à ce que nos bagages et nos blessés l'eussent évacuée, et que nos troupes se fussent mises en sûreté, sur les hauteurs de Dinan et de Bouvine.

Le 22, toute l'armée était réunie à Rocroi. Le 24, elle fit sa jonction avec les restes de Mont-Saint-Jean que l'Empereur avait ordonné de diriger sur Rheims. Le 25, elle marcha sur la capitale. Pendant sa retraite, elle fut en butte aux attaques acharnées des Prussiens. Elle les repoussa toutes avec vigueur et fermeté. Le noble désir de réparer le mal involontaire qu'elle nous avait fait à Mont-Saint-Jean, enflammait les âmes de la plus vive ardeur; et peut-être cette armée de braves aurait-elle changé sous les murs de Paris, les destinées de la France, si l'on n'eût point comprimé ou trahi les inspirations de son patriotisme et de son généreux désespoir.]

[65: Celui de forcer Napoléon à abdiquer.]

[66: La plupart des pairs avaient des commandemens dans l'armée.]

[67: Expressions littérales de la commission du général Beker.]

[68: Je me hâte de rendre ici au général l'hommage qu'il mérite; il sut parfaitement concilier son devoir avec les égards et le respect dus à Napoléon et à son malheur.]

[69: Sa cour, jadis si nombreuse, n'était plus habituellement composée que du duc de Bassano, du comte de Lavalette, du général Flahaut, et des personnes qui devaient partir avec lui, telles que ses officiers d'ordonnance, le général

Gourgaud, les comtes de Montholon, de Lascases, et le duc de Rovigo. Le dévouement qui portait ce dernier à suivre Napoléon, était d'autant plus honorable que Napoléon, lors de son retour de l'île d'Elbe, lui reprocha fort durement de l'y avoir négligé. Il passe cependant dans l'opinion (et c'est bien à tort) pour être un des artisans du 20 Mars; mais dans tous les tems, il eut à se plaindre de l'opinion. Elle lui impute une foule d'actions méchantes auxquelles il ne prit véritablement aucune part, et que souvent même il s'efforça d'empêcher. L'Empereur l'employait à toutes mains, parce qu'il lui trouvait un jugement hardi et net, un esprit fin, et une grande habileté pour apercevoir les conséquences d'une chose, et prendre lestement un parti. On a jeté des soupçons défavorables sur les motifs qui déterminèrent Napoléon à lui confier le ministère de la police; il ne fut appelé à ce poste important que parce que l'Empereur avait l'expérience de l'infidélité du duc d'Otrante qui lui échappait dans toutes les occasions difficiles, et qu'il voulut le remplacer par un homme d'un dévouement éprouvé, par un homme qui, étranger à la révolution, et n'ayant aucun parti à ménager, pût ne servir que lui et faire son devoir sans tergiversation.]

[70: Cette épithète n'était point une insulte dans la bouche de Napoléon. Il s'en servait habituellement, même avec ses ministres, lorsqu'ils montraient de l'irrésolution.]

[71: Les inquiétudes que lui ont donné la terreur de 1815, l'ont conduite au tombeau. Qu'on me pardonne ces détails et cette note.]

[72: Détails communiqués.]

[73: C'est-à-dire, marqua avec des épingles les positions des ennemis.]

[74: L'Empereur instruit des manoeuvres de M. Fouché, dit: «il est toujours le même, toujours prêt à mettre son pied dans le soulier de tout le monde.»]

[75: Ces résolutions consistaient dans l'envoi du général Beker à la Malmaison pour y garder à vue Napoléon.]

[76: La Chambre vota, le 2 juillet, une adresse aux Français. Cette adresse, morte en naissant, avait rapport à la situation politique de la France vis-à-vis des alliés. Elle m'a paru offrir peu d'intérêt, et j'ai cru devoir me dispenser d'en faire une mention spéciale. Elle donna lieu cependant à un incident remarquable. M. Manuel, rédacteur principal de cette adresse, n'avait pas jugé convenable d'y parler du successeur de l'Empereur, et la chambre décida qu'on ajouterait dans l'adresse, que NAPOLÉON II avait été appelé à l'Empire.]

[77: On sent que je raisonne ici, comme partout ailleurs, dans le sens du mandat donné à la commission.]

[78: Ces dépêches n'ayant aujourd'hui aucun intérêt, je ne les rapporterai point.]

[79: Si l'on en croit la déclaration de Macirone, confirmée par le témoignage de deux autres agens secrets, MM. Maréchal et St. Jul***, le duc d'Otrante écrivit à lord Wellington par une lettre dont M. Macirone fut porteur, et qu'il cacha dans ses bas, que l'exaltation des fédérés et des Bonapartistes était au comble et qu'il ne serait plus possible de les contenir, si le duc de Wellington ne se hâtait de venir mettre fin à leurs fureurs par l'occupation de Paris.]

[80: Ce fut dans ce moment, que l'Empereur déclara au gouvernement qu'il était sûr d'écraser l'ennemi, si on voulait lui confier le commandement de l'armée.]

[81: *Adresse de l'armée à la Chambre des Représentans.*

Représentans du peuple,

> Nous sommes en présence de nos ennemis; nous jurons entre vos mains et à la face du inonde, de défendre jusqu'au dernier soupir, la cause de notre indépendance et l'honneur national. On voudrait nous imposer les Bourbons, et ces princes sont rejetés par l'immense majorité des Français. Si on pouvait souscrire à leur rentrée, rappelez-vous, Représentans, qu'on aurait signé le testament de l'armée, qui, pendant vingt années, a été le *palladium* de l'honneur français. Il est à la guerre, surtout lorsqu'on la fait aussi longuement, des succès et des revers. Dans nos succès, on nous a vus grands et généreux; dans nos revers, si on veut nous humilier, nous saurons mourir.

> Les Bourbons n'offrent aucune garantie à la nation. Nous les avions accueillis avec les sentimens de la plus noble confiance; nous avions oublié tous les maux qu'ils nous avaient causés par un acharnement à vouloir nous priver de nos droits les plus sacrés. Eh bien, comment ont-ils répondu à cette confiance? Ils nous ont traités comme rebelles et vaincus.

> Représentans, ces réflexions sont terribles, parce qu'elles sont vraies. L'inexorable histoire racontera un jour ce qu'ont fait les Bourbons pour les remettre sur le trône de France; elle dira aussi la conduite de l'armée, de cette armée essentiellement nationale; et la postérité jugera qui mérita le mieux l'estime du monde.

Au camp de la Villette, 30 juin 1815, 3 heures après midi.

Signé, le maréchal ministre de la guerre, prince d'ECKMUHL, le général en chef comte VANDAMME; les lieutenans généraux comte PAJOL, baron FREYSSINET, comte ROGUET, BRUNET, baron LORCET,

AMBERT; les maréchaux de camp comte HARLET, PETIT, baron CHRISTIANI, baron HENRION, Marius CLARY, CHARTRAN, CAMBRIEL,

JEANNET, le major GUILLEMAIN.
]

[82: On voit, d'après ce passage, que Wellington avait sans doute communiqué au prince Blucher la lettre de M. Fouché.]

[83: Cette proclamation est du duc d'Otrante.]

[84: Elles furent publiées par ordre de la chambre.]

[85: Les événemens ont justifié la prudence des maréchaux; mais je ne juge pas les événemens, je les expose.]

[86: Le 23 Juin, M. Carnot, après avoir déposé à la chambre des pairs l'acte d'abdication de l'Empereur, entra dans quelques détails sur l'état de l'armée. Le maréchal Ney se leva et dit... «Ce que vous venez d'entendre est faux, de toute fausseté. Le maréchal Grouchy et le duc de Dalmatie, ne sauraient rassembler soixante mille hommes... le maréchal Grouchy n'a pu rallier que sept à huit mille hommes; le maréchal Soult n'a pu tenir à Rocroy; vous n'avez plus *d'autre moyen* de sauver la patrie, que les négociations.» M. Carnot et le général de Flahaut réfutèrent sur-le-champ cette imprudente dénégation. Le général Drouot acheva de foudroyer le maréchal à la séance suivante... «J'ai vu avec chagrin, dit-il ce qui a été dit pour affaiblir la gloire de nos armées, exagérer nos désastres ou diminuer nos ressources. Je dirai ce que je pense, ce que je crains, ce que j'espère; vous pouvez compter sur ma franchise. Mon attachement à l'Empereur ne peut être douteux; mais avant tout et par dessus tout, j'aime ma patrie.» Le général fit alors un récit avéré et véridique des batailles de Ligny et de Mont-St.-Jean; et après avoir justifié l'Empereur des torts qu'on cherchait indirectement à lui imputer, il reprit: «tel est l'exposé de cette funeste journée; elle devait mettre le comble à la gloire de l'armée française, détruire toutes les vaines espérances de l'ennemi, et peut-être donner très-prochainement la paix à la France... Mais le ciel en a décidé autrement... Quoique nos pertes soient considérables, notre position n'est cependant pas désespérée; les ressources qui nous restent sont bien grandes, si nous voulons les employer avec énergie... une semblable catastrophe ne doit pas décourager une nation grande et noble comme la nôtre... Après la bataille de Cannes, le sénat Romain vota des remerciemens au général vaincu, parce qu'il n'avait point désespéré du salut de la république, et s'occupa sans relâche de lui donner les moyens de réparer les désastres qu'il avait occasionnés… Dans une circonstance moins critique, les représentans de la nation se laisseront-ils abattre? et oublieront-ils les dangers de la patrie pour s'occuper de discussions intempestives au lieu de recourir à un remède qui assure le salut de la France.]

[87: Les plénipotentiaires, partis de Laon le 26 juin, arrivèrent le 1er juillet au quartier général des souverains alliés à Haguenau.

Les souverains ne jugèrent point convenable de leur accorder d'audience, et nommèrent pour les entendre: l'Autriche, le comte de Walmoden; la Russie, le comte de Capo d'Istria; la Prusse, le général Knesbeck; l'ambassadeur d'Angleterre, lord Stewart, n'ayant point de pouvoir *ad hoc*, fut invité simplement à assister aux conférences.

Lord Stewart ne manqua point, ainsi que les instructions donnés aux plénipotentiaires l'avaient prévu, de contester la légitimité de l'existence des chambres et de la commission, et demanda aux députés Français, de quel droit la nation prétendait expulser son Roi et se choisir un autre souverain?

«Du droit, lui répondit M. de La Fayette, qu'eut la Grande-Bretagne de déposer Jacques, et de couronner Guillaume.»

Cette réponse ferma la bouche au ministre anglais.

Les plénipotentiaires, avertis par cette question des dispositions des alliés, s'attachèrent moins à obtenir Napoléon II qu'à repousser Louis XVIII. Ils déclarèrent, dit-on, que la France avait pour ce souverain et sa famille une aversion invincible, et qu'il n'était aucun prince qu'elle ne consentît à adopter, plutôt que de rentrer sous leur domination. Ils insinuèrent enfin, que la nation pourrait agréer le duc d'Orléans, ou le roi de Saxe, s'il ne lui était pas possible de conserver le trône au fils de Marie-Louise.

Les ministres étrangers, après quelques pourparlers insignifians, terminèrent poliment la conférence; et le soir les plénipotentiaires français furent congédiés par la note ci-après.

Haguenau, 1er Juillet.

«D'après la stipulation du traité d'alliance qui porte qu'aucune des parties contractantes ne pourra traiter de paix ou d'armistice que d'un commun accord, les trois cours, qui se trouvent réunies, l'Autriche, la Russie et la Prusse, déclarent ne pouvoir entrer présentement dans aucune négociation; les cabinets se réuniront aussitôt qu'il sera possible.

«Les trois puissances regardent comme une condition essentielle de la paix et d'une véritable tranquillité, que Napoléon Bonaparte soit hors d'état de troubler, dans l'avenir, le repos de la France et de l'Europe; et d'après les événemens survenus au mois de mars dernier, *les puissances doivent exiger que Napoléon Bonaparte soit remis à leur garde.*

(Signé) WALMODEN, CAPO D'ISTRIA, KNESBECK.]

[88: Cette constitution, calquée sur l'acte additionnel, n'en différait que par l'abolition de la noblesse héréditaire, et encore M. Manuel qui développa dans cette discussion un talent du premier ordre, était-il d'avis que la noblesse ne fût point supprimée, comme étant essentiellement nécessaire dans une monarchie. Si j'avais à faire l'éloge de l'acte additionnel et le procès à ses contempteurs, je me bornerais à leur nommer cette constitution.]

[89: Cette chambre, depuis l'abdication de Napoléon, ne fut plus qu'une superfétation. Le départ des pairs qui faisaient partie de l'armée, acheva de la plonger dans une nullité absolue. Sans patriotisme, sans énergie, elle se bornait à sanctionner de mauvaise grâce les mesures adoptées par les représentans. M. Thibaudeau, M. de Ségur, M. de Bassano et quelques autres, s'élevèrent seuls à la hauteur des circonstances; M. Thibaudeau se fit particulièrement remarquer, le 28 juin et le 2 juillet, par deux discours sur notre position politique, qui furent regardés alors et le seront long-tems encore, comme de beaux monumens de courage, de patriotisme et d'éloquence.]

[90: Je rappelle ici l'observation précédente, que je me borne à raconter les faits, sans les juger.]

[91: Le 8 juillet, M. de Vitrolles fit insérer dans le *Moniteur* l'article officiel suivant.

«*Paris, ce 7 juillet.*—La commission de gouvernement a fait connaître au Roi, par l'organe de son président, qu'elle venait de se dissoudre.»

Cet article, composé dans le dessein de faire croire à la France et à l'Europe que la commission avait déposé volontairement son autorité dans les mains du Roi, excita les vives réclamations du duc de Vicence. Incapable de transiger avec son devoir, avec la vérité, il se rendit sur-le-champ chez le ministre du Roi (le duc d'Otrante), lui reprocha durement d'avoir compromis la commission, et lui déclara qu'il ne sortirait point de chez lui sans avoir obtenu son désaveu formel. Le ministre protesta que cet article n'était point son ouvrage, et consentit à le désavouer.

Le comte Carnot, le Baron Quince, le général Grenier, s'étant joints au duc de Vicence, ce dernier écrivit dans le cabinet du duc d'Otrante, la lettre ci-après, dont il est inutile, je pense, de faire remarquer la hardiesse et la fermeté.

«Monsieur le duc, la commission du gouvernement n'ayant pu ni dû charger votre Excellence d'aucune mission en se retirant, nous le prions de faire désavouer l'article inséré au *Moniteur* de ce jour 8 juillet, et d'obtenir l'insertion de notre dernier message aux deux chambres.

(Signé) CAULINCOURT, CARNOT, QUINETTE GRENIER.

Le duc d'Otrante répondit à cette lettre, par la déclaration que voici:

«Messieurs, la commission du gouvernement s'étant dissoute le 7 juillet, tout acte émané d'elle, postérieurement à son message aux chambres, est nul, et doit être regardé comme non avenu.

«Votre réclamation contre l'article inséré dans le *Moniteur* du 8 juillet est juste; je le désavoue comme nullement fondé, et publié sans mon autorisation.

(Signé) LE DUC D'OTRANTE.

]

[92: Paroles recueillies par M. de Lascases.]

[93: Au même moment, Louis XVIII entra à Paris. Par une autre singularité assez remarquable, ce fut également le jour de la première entrée du Roi dans la capitale que l'Empereur se rendit à bord du brick qui le conduisit à Porto-Ferrajo.]